U0529652

唐朝往事系列

耿元骊 主编

神龙政变
重回大唐

张明 著

辽宁人民出版社

© 张明 2025

图书在版编目（CIP）数据

神龙政变：重回大唐 / 张明著 . — 沈阳：辽宁人民出版社，2025.1. — （唐朝往事系列 / 耿元骊主编）. — ISBN 978-7-205-11202-8

Ⅰ . K242.09

中国国家版本馆 CIP 数据核字第 2024HX6437 号

出版发行：	辽宁人民出版社
	地　址：沈阳市和平区十一纬路 25 号　邮编：110003
	电　话：024-23284191（发行部）　024-23284304（办公室）
	网　址：http://www.lnpph.com.cn
印　　　刷：	天津光之彩印刷有限公司
幅面尺寸：	145mm×210mm
印　　张：	11
字　　数：	187 千字
出版时间：	2025 年 1 月第 1 版
印刷时间：	2025 年 1 月第 1 次印刷
责任编辑：	赵维宁
助理编辑：	姚　远
封面设计：	乐　翁
版式设计：	一诺设计
责任校对：	吴艳杰
书　　号：	ISBN 978-7-205-11202-8
定　　价：	78.00 元

总 序

盛唐：中华文明的辉煌时代

唐朝有自己独特的气质。当我们提起唐朝，经过长达千年集体记忆形塑，大概每一个华人都会立刻呈现一幅宏大画卷萦绕脑海，泱泱大国典范形象勃现眼前，甚至还会莫名有一种自豪感油然而生。三百年波澜壮阔（实289年），四千位杰出人物（两《唐书》有姓名者约数），五千万蒸民百姓（开元载簿约数，累计过亿），共同在欧亚大陆东端上演了一出雄浑壮丽、辉煌灿烂的人间大剧。

唐朝在中国历史上有着巍然的地位。它海纳百川，汲取万方长处；自信宏达，几无狭隘自闭之风。日本学者外山军治以域外之眼，推崇隋唐时代是"世界性的帝国"，自有其独到眼光。唐代在数百年乱世基础上，在经历多次民族大融合之后，引入周边各族之精英及其文化，融合再造生机勃勃的新一代文化，从而使

神龙政变：重回大唐

以华夏文明为中心的中原文明再次焕发出生机与活力。唐朝，也成为中华文明辉煌的时代。如果在朝代之间进行比赛，唐代在大多数项目上都能取得前几名，"唐"也与"汉"共同成为中华代称。

唐朝有着空前辽阔的疆域。其开疆拓土之勇猛气概与精细作业之高超能力，一时无双。皇帝的"天可汗"称号，使唐成为周边各区域政权名义共主。这是一个大有为的豪迈时代，自张骞通西域以来，再次大规模稳定沟通西域，所谓"是时中国盛强，自安远门西尽唐境凡万二千里，闾阎相望，桑麻翳野"。在南方则形成了稳定通畅的广州通海夷道，大概是同时代世界上最远的航路。杜环、杨良瑶在中亚游历，促进了东西方海路沟通，大批波斯、大食商人来到广州，唐代和中亚、西方直接往来越来越密切，唐帝国是世界舞台上的优胜者。

大唐独有气质、巍然历史地位、空前辽阔疆域，共同形成了"盛唐气象"。"盛唐气象"也从最初描绘诗文格调的形容词，逐渐转变为唐代整个社会风范的代名词。"盛唐"逐步成为描绘唐朝基本面貌最常用词语，一个典范概括。唐朝各个方面，都呈现出进取有为和气质昂扬的面貌，无论是精神、文化还是生活上，都展现了独特时代风貌，其格局气势恢宏，境界深远，深深体现

总　序　盛唐：中华文明的辉煌时代

在盛唐精神、文化、生活等各个方面。

盛唐的精神

大唐精神体现在何处？首先是开放的心态，其次是大规模的制度建设。没有开放心态，就不会建成这些制度。唐朝有传统时代最开放的万丈雄心，不自卑，也不保守，更没有"文化本位主义"的抱残守缺。上层统治群体胡人血统很深，胡汉通婚情况很普遍，社会氛围基本不强调排外。唐高祖母独孤氏，太宗母窦氏、皇后长孙氏，这些都是鲜卑人。"胡客留长安久者，或四十余年"，来华的日本人很多在唐娶妻生子，大食国李彦、朝鲜半岛崔致远等，都考中进士，日本人阿倍仲麻吕进士及第后还当过官员。华夷观念上，没有鲜明对抗。唐朝人不自限天地，也不坐井观天。

在制度建设方面，唐朝延续了隋朝之初创，多方面建立了模板标杆，后代仿而行之，千年而未改，是盛唐精神最佳外在表现。在中央行政体制上，建立了完善的三省六部制，其体制健全，运行相对其他制度较为顺畅。结束了家国一体、门阀政治局面，以皇帝为核心，建立官僚政治制度，以严密官僚体系，分门别类推动行政运作，这个基本框架和运行模式历经改良在后世得到了长期沿用。在法律上，唐代创建了律令格式体系，形成了中

神龙政变：重回大唐

华法系。特别是唐律，不仅仅在中国，在东亚历史上都有着重要地位，得到了长期沿用。在科举体制上，进一步完善科举模式，也得到了长期沿用。科举公平考试最受益者无疑是寒素出身者，推动并加快了社会阶层流动速度。在礼制这个社会等级秩序最鲜明标志物的建设上，唐代也有着最大贡献，形成了最早的国家礼典，在东亚文化体系当中影响巨大。

盛唐时期昂扬向上，走在各方面都开创事功的道路上，能出现贞观之治、开元盛世新局面，也就不足为奇。虽然安史之乱打破了原有局势，但是它并没有颠覆已经形成的大格局，所以唐朝仍能继续维系百年以上。

盛唐的文化

唐朝是文化的时代，各种艺术形式都让人有如臻化境之感。大唐是诗之国度，唐诗是诗之顶峰，唐诗至今仍是我们中国人日常最爱古典文化，谁不能脱口而出一两句唐诗呢！唐诗厚重与灵巧并重，对现实、人生总是充满着昂扬奋发的精气神，所体现出的时代精神是那么刚健、自豪！读李白诗，不由得让人有意气风发之感。读杜甫诗，不由得起家国之深思。才气纵横如李白，勤思苦练如杜甫，是唐诗当中最亮的双子星。读边塞诗，似亲行塞上，悲壮深沉。读田园诗，则宁静致远，平和悠适。即使安史之

总　序　盛唐：中华文明的辉煌时代

乱以后，大唐仍然有元稹、白居易、韩愈、柳宗元等诸多诗文大家。韩、柳更是开启古文运动，兴起一代文体新风。无论是诗还是文，大唐诗人都已长领风骚千年之久。即使到了白话文广泛通行的今日，唐诗、古文又有哪个华夏子孙不读之一二呢？

而绘画、书法、舞蹈与音乐、史学等都在中国历史上具有重要意义，是前此千年的总结，又是后此千年的开创。吴道子是唐代最有名的天才画家，"吴带当风"，被称颂为"气韵生动"，自成一派；而山水画也开始兴起，出现了文人画，两派画风都深深影响了宋朝人审美趣味，流风余韵至今日。书法在本质上已经脱离了记录符号，其实也是一种绘画，是绘画和文字本身含义的结合体。唐代书法大盛，书法理论自成一格。前期尊崇王羲之书法，盛唐之后形成了张旭草书新体，书风飘逸；又形成了颜真卿楷书，端庄正大，成为至今通行常用字体，其影响可谓远矣。舞蹈与音乐更是传统时代的顶峰，太宗时形成"十部乐"，广泛引入了域外曲调。盛唐时代，更是从玄宗到乐工，都精于音律，《秦王破阵乐》《霓裳羽衣曲》大名流传至今。唐代史学承前启后，《隋书·经籍志》确定了史部领先子、集的地位，一直沿用到《四库全书》。纪传体成为正史唯一体裁，也是在唐代得以确立，"二十四史"由唐朝修成有8部之多。设史馆，修实录，撰国史，成为持续千年的国家规定动作，影响之大，自不必言。

文化是盛唐精神的最佳展示，是大唐时代风貌的具象化展示，表达了全社会的心理和情绪。

盛唐的生活

盛唐时代经济富庶，生活安定，杜甫有一首脍炙人口之史诗可为证："忆昔开元全盛日，小邑犹藏万家室。稻米流脂粟米白，公私仓廪俱丰实。"这就是唐代经济社会繁盛的形象化表述。盛唐时代，"天下大稔，流散者咸归乡里，……东至于海，南及五岭，皆外户不闭，行旅不赍粮，取给于道路"，几乎是到当时为止农业经济条件下，所能取得的最高峰。南方特别是江南得到了广泛开发，开元、天宝之时，长江三角洲开发已经取得了显著成绩，工商业更加发达，经济水平在全国取得了领先性地位。

盛唐时代，也是宗教繁荣时代。高宗建大慈恩寺，请玄奘译经。武则天更是深度利用佛教，在全国广建大云寺，推动了佛教大发展。玄宗尊崇密宗，行灌顶仪式，成为佛弟子。除唐武宗灭佛之外，唐代其他皇帝基本是扶持利用佛教。在中国历史上，唐代是佛教全盛时代，整个社会笼罩在佛教影子之下。唐朝也崇信道教，高祖自称老子后裔，高度推崇道教，借道教提高李氏地位，建设了一大批道教宫观。太宗规定道士地位在僧人之前，高

总　序　盛唐：中华文明的辉煌时代

宗追封老子，睿宗两个女儿出家入道。玄宗对老子思想高度赞赏，尊《老子》为《道德真经》，并亲自为其注释，颁行全国。

在唐代社会生活中，婚姻、丧葬、教育、养老是最重要的内容。盛唐时代，婚姻仍然非常看重门第，观察对方家族的社会名望和地位，对等才能让子女结合，基本实行一夫一妻多妾制。丧礼是社会关系确认重要标志，唐代有厚葬之风。在丧葬仪式方面，朝廷出台了官方规定，形成了系统化、程序化仪式。教育在盛唐时代也被高度关注，中央设立六学二馆，地方上设置了郡学和县学，开元时期全国各州县普遍设学。唐朝强调以"孝"治国，唐玄宗亲自为《孝经》作注，提高了老人地位，对老人提供各种礼节性待遇。

盛唐时代，虽然围绕最高权力争夺不断，但是百姓生活尚称安乐。然而，"渔阳鼙鼓动地来，惊破霓裳羽衣曲"，大唐转折来得也很猛烈，安史之乱对盛唐造成了重大伤害。另外，在我们对大唐赞叹有加的同时，不得不说，唐代短板也很多，特别是原创思想开拓性不足，微有遗憾。在传统时代唐朝所具有的开放性足以为傲，但是对其相对的封闭性也要有明确认识，值得思考。唐朝社会精英可以对外开放，但是普通百姓必须遵守牢笼规则，遍布长安的高墙和里坊就是佐证。大唐女性，看起来可以袒胸露

神龙政变：重回大唐

乳，气质昂扬，独立自主，但只是少部分贵族妇女。大部分普通女性，还是生活在枷锁之中，虽然还没有裹脚这种身体残害，但是被禁锢的附属品命运还是传统时代所常见。

总之，唐朝个性鲜明，"大一统"最终成为定局。在唐朝之前，只有汉朝在一个较长时期内落实了大一统。隋朝虽然恢复了大一统体制，但是流星般的命运让它没有时间稳固大一统。唐朝立国稳定，最终把大一统定局为中华政体的深层底蕴结构，从此，大一统有了稳定轨道和天然正义性，延续千年，成为中华民族社会心理的共同基本。

如此唐朝，谁又不爱，谁又不想了解呢？然而时代变迁，让每个人都从史籍读起，显然不可能。虽然坊间关于唐代的读物已有不少，其中品质高超者也为数甚多，但是在文史百花园当中，自当要百花齐放，因此即使关于唐朝的普及性读物已经汗牛充栋，我们还是要在这著述之海当中，继续增加一些新鲜气息，与读者共赏唐朝之美！我们曾表达过，孟浩然"人事有代谢，往来成古今"最能代表我们的心声。没有人，没有事，也就没有历史。见人，见事，方见历史。所以，我们愿意努力在更多维度上为读者提供思考和探寻唐代历史的基础，与已经完成的"宋朝往事"略有不同，在人和事两方面基础上，增加了典制内容。大唐

总　序　盛唐：中华文明的辉煌时代

三百年历程，人事繁杂，典制丰富。我们采中国传统史学模式当中的纪事本末、列传、典制体裁之意，并略有调整，选十事、五人、五专题进行定向描绘，各书文字流畅，线索清晰，分析准确精当，且可快速读完。希望读者能和我们一起从更多维度观察唐、了解唐、思考唐，回首"唐朝往事"。

公元617年，留守晋阳（今山西太原）的唐国公李渊起兵，拉开了大唐王朝序幕，攻势如破竹，一年不到就改换了天地。虽然正史当中塑造了一个平庸的李渊形象，但是实情是没有李渊的方略和能力，就不会建成大唐。玄武门之变，兄弟刀兵相见，血流成河；父子反目，无奈老皇退位。从玄武门之变到出现贞观之治，二十多年时光，选贤任能、开疆拓土、建章立制，李世民留给世界一段值得长期探讨、反复思考的"贞观"长歌。太宗才人武媚，与高宗李治一场姐弟恋，却开创了大唐一段新故事。武周霸业，建神都洛阳，成就武则天唯一女皇。神龙元年（705），李武势力默认，朝臣积极推动，"五王"主导政变成功，女皇被迫退位，重新成为李家儿媳。此后十年间，四次政变，四次皇位更迭，大唐核心圈就没有停止过刀光剑影，但是尚未伤到帝国根本。玄宗稳定了政局，"贞观之风，一朝复振"，再开新局，开放又自由，包容又豁达，恢宏壮丽的极盛大唐就体现在开元时代。

神龙政变：重回大唐

"开元盛世"四字，至今脍炙人口。

盛极而衰，自然之理。盛世接着就是天宝危机，酿成安史之乱。这场大变乱，改变了中国历史走向，时间长，范围广，破坏大，影响深。战乱过后，元气大伤。河朔藩镇只是名义上屈服，导致朝廷也只能屯兵防备。彼此呼应，武人势力极度膨胀，群雄争霸，朝廷无力。唐宪宗元和时代，重新形成了短暂振兴局面，这也是唯一一位能控制藩镇的皇帝，再次构建了由中央统领的政治秩序。元和中兴也成为继开元盛世后，大唐王朝最后一次短暂辉煌。宪宗身后，朝廷局势一天不如一天，穆宗、敬宗毫无能力，醉生梦死。文宗时代，具体操办政务运行的朝臣，以李德裕、牛僧孺各自为首的政治集团党争不断，势同水火，"去河北贼易，去朝中朋党难"。宦官权重，杀二帝，立七君，势力凌驾皇权之上。导致皇帝也难以忍受，文宗试图利用"甘露之变"诛杀宦官，但是皇帝亲自发动政变向身边人夺权功败垂成，朝臣一扫而光，大唐也就踏上了不归路。

大唐功勋卓著的名人辈出，自不能逐一详细介绍，只好有所选择。狄仁杰，我们心目中的"神探"，实是辅周复唐大功臣，两次为相，为君分忧，为民解难。特别是劝说武则天迎回李显，又提拔张柬之等复唐主力人物。生前得到同时代人赞誉，死后获

总　序　盛唐：中华文明的辉煌时代

得了后世敬仰。郭子仪在战乱中显露英雄本色，平安史，击仆固，退回纥，是力挽狂澜的武将代表。长期位极人臣，生活在权力核心地带，谨慎经营，屹立不倒，"完名高节，福禄永终"，可谓文武双全，政治智慧超群。上官婉儿是唐朝著名女性代表，有着出色的文字能力，是可以撰拟诏敕的"巾帼宰相"，还可以参与军国权谋，但命运多舛，未有善终。近年来墓志出土，形成了一波婉儿话题。韩愈，千古文宗第一人。谏迎佛骨，显示了韩愈风骨。一代文化巨人，"匹夫而为百世师，一言而为天下法"，努力振兴儒学，文起八代之衰，推动"古文"运动，千年之后，仍然能够感受到他的影响。陆羽，唐代文人的代表，撰写了世界上第一部茶叶专著——《茶经》，号为"茶圣"，影响千年，成为古今中外吟咏不已、怀念不止的人物。

　　大唐创业垂统，建章立制。三省六部，成为中国古代官僚行政的典范。三省六部是决策机构，九寺五监是执行机构。虽然三省屡经变迁，但是所确立的中枢体制模式，却是千年如一。六部分科管理行政，其行政原理至今还在运行。九寺五监，今日"参公""事业"单位名目仍可见其遗意。唐代法律完善，律令格式体系齐备，是中华古典法系的杰出代表，对东亚影响可谓广泛。大唐生活，千姿百态。衣食住行，是维系每个大唐人生存的基

神龙政变：重回大唐

本，婚丧学老，是每个大唐人成长所必有的经历。八件大事，又都和等级制度挂钩，是观察唐朝日常的最佳窗口。古都长安，是东亚中心，也是当时"世界"之都，是经济中心，是文化交流中心，是思想和学术的高地。巍巍长安，是盛唐气象直接承载体，长安风华引领着世界风潮，展示着盛唐文明所达到的高度。吐鲁番地处丝绸之路要地，是中外文明交汇融通之处。多元人口组成，多元文化集结地，是大唐开拓西域的关键节点，具有重要的军政和战略地位。凡此种种，理当书之。

以上，就是"唐朝往事"的总体设计。我们希望以明晰的框架，建设具有整体感的书系。既有主线，又可分立；有清晰流畅语言，有足够的事实信息，也有核心脉络可以掌握。提供给读者既不烧脑又不低俗的"讲史"，以学术为基础，但是又不是满满脚注的学究文。专业学者用相对轻松的笔调来记录和阐释，提供一点不一样的阅读感受。这个目标能否实现还很难说，但是我们正在向此努力。我们21人以一年时光，共同打造的20部小书，请读者诸君阅后评判！

感谢鲍丹琼（陕西师范大学）、侯晓晨（新疆大学）、靳小龙（厦门大学）、李航（洛阳师范学院）、李瑞华（西北大学）、李效杰（鲁东大学）、李永（福建师范大学）、刘喆（北京师范大学）、

总　序　盛唐：中华文明的辉煌时代

罗亮（中山大学）、雒晓辉（中国社会科学院古代史研究所）、孟献志（首都经济贸易大学）、孙宁（山西师范大学）、王培峰（山东师范大学）、许超雄（上海师范大学）、原康（淮北师范大学）、张春兰（河北大学）、张明（陕西师范大学）、赵龙（上海师范大学）、赵耀文（重庆大学）、朱成实（上海电机学院）等学界友朋（按姓名拼音为序）接受邀请，给予大力支持，参加"唐朝往事"的撰写工作，更要感谢他们能在一年多的时间内不停忍受我的絮叨和催促，谢谢大家！感谢辽宁人民出版社蔡伟先生及其所带领的编辑团队，是他们的耐心细致，才使得本书以这样优美的状态呈现出来。

现在，亲爱的读者，请您展卷领略"唐朝往事"，与我们一起走进大唐，思考大唐！

耿元骊

2024年3月26日于唐之汴州

目录

总　序　盛唐：中华文明的辉煌时代　　001

引　子　　001

第一章　周唐之间——复杂多面的朝臣　　006
一、朝臣为什么选择武则天　　010
二、顾命大臣裴炎的抉择　　015
三、心向大唐的大臣　　022
四、千姿百态的官员　　030

第二章　武氏诸王——武周政治新势力　　040
一、几乎走向毁灭的武家　　042
二、武氏诸王的崛起　　048
三、武氏诸王的政治功能　　054
四、武氏诸王的政治行径　　062

五、武氏诸王的政治品格　　070

第三章　太子危机——武周的火药桶　　083
　　一、武则天的太子困局　　086
　　二、王庆之请愿事件　　089
　　三、岌岌可危的皇嗣　　094
　　四、婢女的能量有多大　　097
　　五、安金藏力挽狂澜　　100
　　六、狄仁杰的助攻　　104
　　七、还是李家太子　　109

第四章　风雨前的宁静——武周末期的政治和解与危机　　115
　　一、武周末年的政治和解　　117
　　二、李武一家亲的尝试　　125
　　三、后宫干政永远都很危险　　134
　　四、武周走向终结的序曲　　142

第五章　重回大唐——"神龙政变"的始末与争议　　153
　　一、老而弥坚的张柬之　　155

目　录

二、各有特色的政变领导人　164

三、张柬之发起政变前的活动　171

四、山雨欲来风满楼　176

五、突如其来的政变　187

第六章　站在局外——历史难以评说的政变　194

一、二张到底有没有谋反　195

二、政变的主谋到底是谁　198

三、政变时机背后的利益　202

第七章　混乱至极——政变后中宗的糟心事　206

一、女皇的最后岁月　207

二、难以远离的武则天　211

三、政治大平反运动　218

四、政变之后的封赏与贬斥　222

第八章　沉渣泛起——武家势力的复起与覆灭　230

一、武家势力的重新崛起　231

二、五王的黯然退场　236

  三、王同皎刺杀武三思　　　　　　　　　243

  四、景龙政变与武三思之死　　　　　　　246

  五、武家势力走向衰落　　　　　　　　　253

第九章　女主再现——中宗后期混乱的朝局　　257

  一、中宗对女主政治的养成　　　　　　　260

  二、上官婉儿与安乐公主　　　　　　　　269

  三、韦皇后势力的崛起与活跃　　　　　　276

  四、中宗朝政局的持续动荡　　　　　　　285

尾　声　尘埃落定——唐隆政变与先天政变　　294

  一、中宗之死与韦后临朝　　　　　　　　296

  二、李隆基与唐隆政变　　　　　　　　　301

  三、太平公主的权威　　　　　　　　　　308

  四、尘埃落定的先天政变　　　　　　　　315

后　记　　　　　　　　　　　　　　　　　　327

引 子

"神龙政变",一场发生在唐前期的宫廷政变。官方正史中对它的记载其实非常简略,以至于学者在研究关于这场政变的诸多关键环节时都只能依靠旁证,甚至是推测。但这一场政变又非常具有影响力,不仅在专业的唐前期政治史研究中占有重要地位,在民间也有相当的知名度。直接涉及或许处于政变余波中的女皇武则天和她的"男宠"张易之、张昌宗,唐中宗李显(当时的太子),韦皇后,安乐公主,狄仁杰,张柬之,太平公主,上官婉儿,唐睿宗李旦(当时的相王),唐玄宗李隆基,等等,堪称

神龙政变：重回大唐

"历史人物全明星阵容"。

在传统史书的描写中，这是由忠于唐朝的大臣向日暮余晖的武周女皇发动的一场宫廷政变。忠臣良将诛杀了佞倖张易之、张昌宗，逼迫篡夺了大唐社稷的武则天还位给中宗皇帝。从此，乾坤回归正位，阴阳再度调和，大唐得以中兴。很显然，这是符合传统政治伦理和王朝政治的认识，"脸谱化"的人物形象给所有读过这段历史的人都留下了深刻的印象，至今仍在影响着我们每一个人。

不论古时候的学者还是现代的历史研究者，都更愿意强调"神龙政变"是一个动乱时期的开端。从神龙元年（705）武则天被迫传位给唐中宗开始，到开元二年（714）唐玄宗击败所有政敌为止。不到10年间，唐朝皇城内先后发生的大型政变就有四次："神龙政变（705）""景龙政变（707）""唐隆政变（710）""先天政变（713）"。这四次政变又直接或间接导致了四次皇位更迭：武则天、唐中宗、唐睿宗、唐玄宗。宫廷之内变乱频发，萧墙之间刀光剑影，大唐的核心圈从来没有如此混乱过。而这8年间所有动乱的根源又是互相联系在一起的，从"神龙政变"开始就没有停止。这是一个阴谋的时代。

同时，还有很多人津津乐道于这是一个"女性的时代"。武

引 子

则天，中国古代史上唯一一位大一统王朝正式登基的女皇；韦皇后，当时无人不知想要效仿则天女皇的人；韦皇后的女儿安乐公主，自创"皇太女"称号，也被视为觊觎宝鼎的人；太平公主，性格和能力都与武则天相似的"无冕女皇"；上官婉儿，周旋于所有势力之间的"才女"；等等。

我们这本书里要介绍的内容实在是比较庞杂，要简单概括起来可是太难了。不过仔细想一想，确实有两个地点能串起来这本书里的大部分内容。其中一个是长生殿，另外一个则是玄武门。

正如书名所显示的，本书要讲的主体事件是"神龙政变"，而这个重大宫廷政变的核心地点是长生殿。说起长生殿，更容易让人联想到的其实是唐明皇与杨贵妃的故事。不过这也没什么奇怪的，在唐朝有很多长生殿（院），几乎只要是皇帝居住的寝殿，大多都会采用这一个同样的名字。所以长安太极宫里有，大明宫里也有，甚至华清宫里还有。而神龙政变的长生殿则是在洛阳的皇宫里，当时也叫神都洛阳。

公元705年，武周神龙元年。这一年的正月二十二，女皇武则天正在神都洛阳迎仙宫里的长生殿休养身体。突然之间一队队亮着明晃晃兵器的禁军闯了进来，为首的是自己的宰相张柬之以及几个臣子：桓彦范、崔玄暐、敬晖、袁恕己、李多祚、李湛……他们还簇拥着自己的儿子、当朝太子李显。

这场逼宫政变也与另外一个地点——玄武门紧密相连，因为叛军就是从这个门闯进来的。同样，说起玄武门，也会让人首先想到李世民三兄弟的喋血之争。但其实与长生殿一样，唐朝时期只要是皇宫的北门，一般都叫玄武门。长安太极宫是如此，大明宫也是如此，洛阳的皇宫亦是如此。如果算起来，这应该是唐代的第二场玄武门事变，只不过地点是在洛阳皇宫的玄武门。

然而这又不是一场简简单单的事变。发动这次宫廷政变的原因，起码要追溯到20多年前；这场政变带来的影响，又至少延续到了8年以后。期间又发生了两次类似的玄武门事变，一次是节愍太子李重俊发动的景龙政变，另一次则是李隆基和太平公主联合诛杀韦皇后的事变。

从公元683年唐高宗去世，到公元714年唐玄宗完全掌握政权，约30年间，是唐前期政治最为动荡的时期。尤其705—713年之间，政治动乱频繁发生，前十数年间积攒的政治矛盾，以最为激烈的形式集中爆发了。这期间，各类政治势力轮番登场角逐，朝廷大臣、武氏诸王、李氏宗亲、女皇男宠、韦氏外戚、后宫妃嫔，都有自己发挥的舞台。武则天、中宗、睿宗、玄宗等皇帝也都亲自下场搞斗争，甚至还要舞刀弄剑、带头冲锋。这段历

引　子

史，给我们留下了无尽的想象空间。

以上所有这些都为"神龙政变"及其后8年的历史带来了极高的关注度。既有前辈大家的孜孜耕耘，也有史学新秀的前沿观察，还有来自社会人士的各种解读。以这本小书来说，绝不敢奢望能成一家之言，只希望能以相对简明的行文将这一动乱而又复杂时期内所发生的事件叙述清楚，使读者能有一个清晰的条理。在叙述的同时，融入历史学者的经典研究和新锐观点，启发读者的思考。

最后，本书也有一个小小的企望，就是希望能将读者的注意力稍稍从宫廷政变的秘闻中移开，关注到唐帝国这8年间更为广阔的图景。"神龙事变"以来的8年，其实是唐王朝从武则天到唐玄宗这两个强势时代之间的过渡，是湮没在宫廷政变之下的一个变革时代。皇宫的刀剑之外，从中央到地方的一整套官僚系统还在持续运转，维系着庞大的帝国；从辽东到西域的辽阔边疆上，无数将士还在浴血奋战。唐帝国在这段时期内也正在经历着重大的政治、军事变革，这是理解唐中后期历史变化的重要依据，同样值得关注。

第一章
周唐之间——复杂多面的朝臣

以宰相为首的朝臣是中国古代王朝政治的基本盘,朝廷和宫廷中的任何政治事件都脱离不了与朝臣的联系。但"朝臣"是一个群体,由成百上千人组成,几朝常青树、政坛老油条、初阶愣头儿青,各色人物混杂。朝臣的情况很复杂,要说清楚太难了,所以我们就以朝臣的首领——宰相,作为基本的观察点,来看看这一时期大唐朝廷的基本政治面貌。

唐玄宗时期发生过一次重大叛乱,也就是著名的安史之乱。这场叛乱成为大唐从兴盛到衰亡的分界线。更重要的是,如果把

第一章 周唐之间——复杂多面的朝臣

视角拉到更长的中国古代史阶段来看,安史之乱同样具有分界线意义。从安史之乱到唐末五代这一段时期之内,中国古代的政治体制、社会经济模式以及思想文化都发生了重大变革,以至于不少中国古代历史的分期方法,都会在唐代和宋代之间画一道线。

在这段历史分期之前,从秦汉一直到唐朝时期通常被称为"中国中古时期"。中国中古时期的政治体制,在一定程度上可以称为"君—相"共治时代。皇帝虽然保持着至高无上的地位和权力,但以宰相为首的大臣也能在很大程度上干预国家事务,甚至对皇权产生较大的限制。传统中国古代史研究领域中有一个经典命题,那就是所谓的"君权与相权之争"。秦汉时代通常只有一个宰相(丞相),权力非常大,不但能统领国家所有事务,还能干预皇帝家事。后来,为了分化宰相的权力,出现了多相制。皇帝同时任命多名宰相,互相之间分权、制衡。

唐朝实行的就是多相制,这个"多",既指同时任命三到五名宰相共同执政,也指宰相更换频繁。通常来说,每个皇帝在位期间任用一二十个宰相很正常。唐太宗在位23年,用了29位宰相;唐高宗在位34年,任用47位宰相;玄宗在位44年,拥有过宰相头衔的大臣共42人,实际执政的也有34人。

唐朝有一些时段内的多相制运行非常不正常,其中就包括本书涉及的武周、中宗和睿宗时期。武则天在位15年,创纪录地任用了78个宰相。中宗第一次在位不到两个月,第二次在位5年多,加起来一共5年半,用了38个宰相。睿宗第一次在位6年(武则天实际掌权),第二次在位2年,一共8年,实际掌权2年,任用了25个宰相。平均下来,每个宰相执政时间也就是不到3个月。

唐朝的多相制在高宗之前运行很平稳,在玄宗之后也基本正常,偏偏在这段时间内宰相更换极为频繁。究其原因,还是由于这个时期的朝廷政局太过混乱。皇帝觉得宰相不听话了,换;权贵觉得宰相不合心意了,换;宰相觉得自己干不下去了,换;臣下看宰相不顺眼,参了一本,还是换。每一任宰相的政治命运都必然会受到政局变化的影响,武周和李唐换代之际,权贵势力交替时期,得势的一方会推选宰相,而失势的另一方就不仅仅是罢相而已,大概率连性命都要保不住了。

在这混乱的30年中,以宰相为首的朝廷大臣深度介入了每一场政变。当然,朝臣内部也不是铁板一块,虽然他们中的很多人都保持了相当程度的上古名臣风骨,敢跟皇帝硬刚,能和权贵斗争。但拉帮结派者有之,趋炎附势者亦有之。不过大致在武周时期,朝臣之间虽然亲疏有别,政治观点各异,却并没有出现朋

第一章 周唐之间——复杂多面的朝臣

党问题。

要知道,朋党问题是中国古代政治的大忌。朋党之间的斗争,那可是不论政见对错、不管国家大义、无视百姓生死,只要和我不是一派,那就是我的敌人,非弄死你不可。朝臣之间一旦结为"朋党"关系,就标志着朝廷政治斗争从单打独斗的乱战,变成了拉帮结派的"群殴"。而朝廷斗争演化到了朋党这个极端,也就意味着这个政权的政治生态出现了重大问题,甚至通常会被视为国家走向衰落的标志。

武周时期的政局如此混乱,朝臣之间的斗争也很激烈,却并未出现朋党问题。这既是唐开国以来政治运行极为平稳、吏治清明打下的良好基础,也说明武则天对朝廷大臣的控制非常有效,政治手腕高超。但武则天退位之后,中宗、睿宗相继真正掌握政权的时候,朝廷中反倒出现了明显的朋党问题,恰恰说明这两人的政治能力确实不如武则天。好在玄宗时期,朋党问题得到了暂时性的有效遏制。但唐玄宗终究没能完全杜绝这个现象,以致朋党之争成为与宦官干政、藩镇割据并列的唐后期三大毒瘤,把曾经强盛无比的唐王朝送入了慢性死亡的宿命。我们在本章中先对武周前后朝臣的基本面貌和政治行为做个介绍,有关朋党的问题留在介绍中宗、睿宗时期再讨论。

一、朝臣为什么选择武则天

　　武周是武则天夺取李唐天下创立的王朝，这并没有什么疑问。武周改了国号、换了正朔、变了服色……把中国古代朝代更迭的标志性措施都做了。在古人看来武周和李唐之间的界限很清楚，李唐是正统王朝，而武周是篡夺李唐而来的。中国古代是非常讲究"正统论"的，也就是王朝是否符合法统、能否代表天命。这个"正统论"可是一门大学问，每隔一段时间就会重新确立一次正统，甚至每个时期会同时存在好几种正统理论。

　　一个王朝如果被判定不符合"正统"，那它就是"伪朝"或者是"僭伪"，这影响可就太大了。仅从史书的角度来说，有关这个朝代的大部分历史都会被无视，消失在历史长河中，使得我们后来者根本无从详细了解它的情况。"武周"恰恰就是如此境遇，在中国古代的所有"正统论"中都被列为"伪朝"。不过与王莽篡夺西汉而受到所有历史记载的一致批判不同，历来的史家和史论家在否定武周政权方面的程度并不一致。

　　五代后晋时期修撰的第一部唐代正史——《旧唐书》中，以"则天皇后"的名义保留了武则天的本纪，将其列在高宗之后、

第一章　周唐之间——复杂多面的朝臣

中宗和睿宗之前，这是中国古代史书中非常罕见的、对武则天地位评价很高的史书。因为除了《史记》中的"本纪"范围较为宽泛之外，后来史书撰写形成的一般惯例中，只有正式登基且被承认的"皇帝"才能拥有"本纪"。比如汉代时期领了一张皇帝体验卡，然后就被霍光废了的昌邑王刘贺仍然只有"本传"而没有"本纪"（刘贺被废了之后，他又有了一个更为我们现代人所熟知的称号——"海昏侯"）。而后妃们只能挤在"列传"的第一篇里，哪怕再贤德的皇后、太后都不能再拥有"本纪"。

《旧唐书》竟然保留了武则天的"本纪"，而且在行文中还用"上"这个专指皇帝的词来称呼武周时期的武则天。这就说明五代时期的政治家和史家虽然仍然不承认"武周"政权和"武则天"皇帝称号的合法性，但变相承认了武则天的皇帝地位。

也正因为《旧唐书》这种灵活操作太多了，北宋时期非常讲究正统的大文人欧阳修怎么看它都不顺眼。于是，欧阳修自己动手编了一部《新唐书》，在体例上做了全面修正。《新唐书》中武则天被放进了"后妃列传"里，和其他所有的皇后挤在一起。至于她执政的那段时期，欧阳修也统一用"太后"来称呼她。应该说欧阳修对武则天抱有比较强的敌意，很多关于武则天的负面传闻，《旧唐书》中或者没写，或者写得有争议感，但《新唐书》

里就都给坐实了，用了很确定的语气。比如关于武则天闷死自己女儿嫁祸于人这件事，就是被欧阳修第一次写进了正史里，让人争论至今。

唐朝人自己撰写的史书中，对于武则天地位的处理差异比较大。既有写了武则天各种恶劣传闻的笔记史料，也有模糊表述的官方文书。比如唐代最重要的政治典籍之一——《唐会要》。《唐会要》开篇的前两卷是记述大唐历代帝王的个人情况以及其在位时期任用的宰相；第三卷是记载大唐的各位皇后。武则天虽然没有进入前两卷，却在第三卷中享受了和皇帝一样的待遇。这一卷不仅记述了她的个人情况，而且记录了她在位时期任用的宰相们，说明唐人并没有完全抹杀她的地位。这种矛盾性的认知基本上反映了唐人对于武则天和武周政权的复杂态度。

武则天之后的人尚且如此纠结，武则天当政时期朝臣们的态度就更纠结了。我们必须明白的是，武则天之所以能够从皇后而破天荒地当上皇帝，一定是有出众的政治能力，只靠搞阴谋诡计肯定是不行的。唐高宗有严重的头疼疾病（可能是家族遗传），执政后期已经很少能处理政事，在朝廷政务的日常运作中武则天有很大的发言权，就更不用说重大决策了。

在长期实际执政的过程中，武则天的政治能力获得了当时朝

第一章　周唐之间——复杂多面的朝臣

臣们的认可。这一点很重要。近代之前的学者们，对于武则天和武周都从天命正统和道义的角度进行了极大批判，根本不管事实如何，骂得很难听，"牝鸡司晨"都算是比较文雅的。王夫之，清代著名的历史评论家，他写的《读通鉴论》很有影响力。他对于武则天和武周的评价虽然总体上较为负面，但也肯定了很多积极的因素，这算是古代学者里比较客观的了。

不过现代学界与古代认知之间的差距比较大，绝大部分专业学术研究对武则天和武周的认识还是能保持比较客观的态度，而这种客观认识的基础就是朝臣信任武则天的政治能力。高宗之后的唐朝政局一度比较混乱，这时候政治能力已经获得认可，同时双方又保持了长期合作关系的武则天，就被朝臣默认为值得信赖的领导者。所以武则天才能持续掌权而不会被朝臣集体反对，武则天一步步走向皇帝宝座的过程中也基本取得了朝臣的支持。

历史学者赵文润先生在给武则天写传记的时候说，大臣们把武则天视作太宗以来唐朝政治建设成果的维护者，他们相信武则天的政治能力能够稳定当时的政治局势。晚唐著名诗人皮日休曾经写过一篇文章，他认为武则天在位的20年间，唐朝强盛的态势不亚于贞观年间。这基本代表了唐朝人当时的认识，对于武则天的施政能力表示认同。

神龙政变：重回大唐

我认为这个认识很重要，直接挑明了武则天与朝臣之间关系最核心的部分。朝臣其实只是看重武则天的统治能力，把她当作适合的政治领导人，仅此而已。对于武则天搞出来的武周王朝以及随之而来的武氏诸王、男宠权贵，以宰相为首的朝臣集团其实都不认可。武则天用强力推动了武周建立，又培植了这些势力，但朝臣总在找机会恢复大唐。一旦武则天失去了对于朝政的控制能力，那她与朝臣之间也就会爆发危机，这也是武周在武则天之后必然走向终结的原因之一。

严格意义上，能够被称为武则天党羽的宰相，只有早年帮助她当上皇后的许敬宗、李义府。而在武则天从太后向皇帝宝座进发的几年里，从宰相层面看，她其实并没有什么心腹重臣。这一时期的宰相大多都有各自深厚的政治背景，与武则天的关系并非多么密切。他们在不同时期因为不同的理由而选择支持武则天，却绝不是武则天的党羽，其他朝臣的情况大多也是如此。

公元683年，高宗李治已经走入了生命的最后阶段。他选定了李显（当时还叫李哲）作为自己的继承人，又留下了一道诏书，嘱咐李显遇到军国大事有疑难不决的时候，可以咨询武则天。同时，高宗还给新皇帝留下了当时最为豪华的辅政阵容，其中最重要的两个人就是宰相裴炎和老将刘仁轨。他们和武则天的关系，很能代表当时朝臣的一般情况。

二、顾命大臣裴炎的抉择

裴炎，唐高宗后期的政坛领袖型人物，在中宗即位之初的辅政大臣中最有政治影响力。他和武则天在政治上的关系很密切，两人合作扳倒过一位太子、一位皇帝。

被扳倒的太子就是高宗晚年立的李贤。李贤和武则天之间的关系一直很紧张，两人矛盾的爆发点是"明崇俨案"。明崇俨是个术士，在当时很受高宗和武后的信任。他曾经对武后说过李贤不堪大任，反倒是英王李显（李哲）很有太宗皇帝的风范，而且相王李旦也是大贵之相。从后来的历史发展来看，明崇俨似乎还是有一些本事，这两人确实先后当了皇帝。但太子李贤听到这些传言的时候，心里肯定是不高兴的。巧合的是，不久之后明崇俨被人杀了，而且迟迟抓不到凶手。

尽管当时太子不在长安，武则天仍然怀疑这件事是李贤策划的，还说他有谋反之心。高宗于是派了三个大臣去查案，宰相薛元超、裴炎和御史大夫高智周。这一查就出大事了，太子的东宫里被搜出来几百副盔甲。按唐代的法律，弩和盔甲是严格受到管制的，除了国家军队之外任何人不得拥有。民间可以合法拥有其他武器，刀枪剑戟之类的都能用，唯独不能私藏盔甲和弩。私人藏有三副盔甲或者五张弩就可以判处绞刑。这一下查出来几百副盔甲，那太子的谋反罪算是定死了。李贤由此被废，也有一批官员跟着倒了霉。

历来的史学家都认为，李贤谋反案非常蹊跷，他根本没有发动武装政变的理由。但不论真相如何，李贤就此丧失了皇位继承权，当时的英王李显、后来的中宗，才有机会当上太子。至于裴炎是不是和武则天有所勾结，故意做成了这个案子，目前还没有明确证据。不过从稍后的事态发展来看，裴炎是武则天能以太后的名义继续掌权的关键，他们之间的政治关系绝对不一般。

李显即位后还要为高宗守丧一段时间，期间不能正式临朝听政。唐代已经普遍实行了皇帝守丧以日代月的惯例，也就是说普通人守孝三年，皇帝只需要几十天就行。就是这短短的几十天给了武则天一个大大的机会。期间，裴炎与其他宰相联合上书，请求在这段时间之内的朝政由皇太后下令交门下省处理。裴炎当时正是以门下省的长官出任宰相，因此我们有理由怀疑这个提议就是他主导的。这个奏议的影响很大，武则天自此有了正式的依据，可以以皇太后的身份摄政。

第一章　周唐之间——复杂多面的朝臣

其实按照高宗去世之前的安排，新皇帝只有在遇到难以决定的军国大事的时候，才需要咨询皇太后武则天的意见。这个说法很模糊，既没有说明什么时候需要咨询，也没有说明皇帝必须咨询皇太后。皇帝只要觉得没有什么难办的事情，那武则天实质上就被剥夺了干涉朝政的权力和机会。但裴炎这么一搞，就完全违背了高宗遗诏的本意，而变成了皇太后可以在皇帝守丧期间全权处理国事，不论大小。

裴炎为武则天干政扫平了障碍，武则天也投桃报李，把他提拔为中书令。在唐朝初年的官制中，有三个职位最重要、地位最高，分别是尚书省的长官尚书令，中书省的长官中书令和门下省的长官侍中。在多相制之下，唐朝的宰相很多，名号也很杂乱，但只有这三个是朝廷法典中规定的"真宰相"。因为李世民还是秦王的时候当过尚书令，后来的大臣就都不敢再担任这个职位，朝廷也不再轻易授予，所以尚书令实际被空置，由两个副手尚书左仆射和尚书右仆射代理职权。左右仆射逐渐也被排除出宰相行列，成为位高职轻的闲职，因而朝廷中最尊贵的职位就剩下了两个。同时，由于中书省掌管皇帝诏书和国家政令的起草、拟定，是政务运行的核心部门，因而中书令在唐初的地位从某种程度上说又高于侍中。

武则天顺利获得了干政的权力，裴炎则成为朝臣中地位最高的官员，大家都有美好的未来。唯一不高兴的可能就是新皇帝李显了。"我可是皇帝啊，朝政凭什么你们说了算"。年轻的李显一冲动，就干了几件很不理智的事情，不仅要提拔他的老丈人韦玄贞做侍中，还要授予自己奶娘的孩子五品官。

韦玄贞尽管出身门阀，但官运并不好。直到女儿做太子妃的时候，才借势从普州参军（七八品的小官）一跃成了豫州刺史（三四品官）。现在当刺史还不到三年，连一任都没满，就要再次超格提拔，成为朝臣中的二号人物，显然资历远远不足。至于授予奶娘儿子官职的事情，本来也不是大事。在中国古代，皇帝和奶娘之间的关系很密切，毕竟奶娘对皇帝有养育之恩。在清朝，奶娘家族甚至形成了一股独特的势力。问题主要出在了五品官上。在唐代的官制里，五品官具有标志性意义。五品以下是小官，而五品以上就可以被认为是重要官员了，中书舍人、给事中这类在朝廷中权力很大的官也才五品。很多人混迹官场一辈子都熬不到五品，这个人现在凭空得了个五品官，那是要犯众怒的。

年轻的中宗做出的这两个决定确实有胡闹的意思，裴炎自然表示了反对。结果中宗说了句要命的话，他说我是皇帝，我把天下给韦玄贞都行，何况是一个侍中。裴炎觉得事情不对劲了，就

第一章 周唐之间——复杂多面的朝臣

赶紧报告武则天。其实哪怕说出大天来，中宗也没做什么天怒人怨的大坏事，就是任性了一次，可这偏偏又给了武则天机会。

要知道，武则天这时候能合法干政，就是借了皇帝还在守孝期间的空当。但守孝期很快就过去了，中宗也已经成年，武则天根本没有理由不把朝政还给中宗。武则天已经拖了很长时间，赖着脸就是不还政。这种办法短时间内还行，时间长了绝对要引起朝臣反对。因而武则天一直在等机会，等一个能翻盘的理由。中宗干的这两件事、说的这一番话，恰恰给了她合法的理由。

武太后马上联合宰相裴炎、刘祎之，由大将军程务挺、张虔勖带兵闯进了皇帝办公的宫殿。带兵进去之后，先宣读了皇太后废皇帝的命令，然后把皇帝拽下龙椅。还在一脸蒙的中宗问了一句，我犯了什么大罪吗？武太后冷冷地说，你想把天下都送给韦玄贞，还敢说自己没有罪。可见，武则天废皇帝其实并没有更为有力的理由，只不过是因为她已经执掌朝政几十年，势力远远比新皇帝稳固而已。武则天把中宗废了之后，改封他为庐陵王，立他的弟弟相王李旦（当时改封为豫王）为帝，是为睿宗。此后小皇帝睿宗就作为摆设，武则天正式临朝称制，不用再找理由遮掩了。

要是这么看来，裴炎和武则天能共同废立皇帝、太子，还在

神龙政变：重回大唐

政治上互相扶持，这怎么看也像是同伙啊。但实际上他们之间的关系还真没这么铁，在之后，武则天谋求帝位过程中的种种举措，裴炎基本持反对态度。最典型的案例就是徐敬业反叛案中裴炎的表现。

徐敬业起兵的影响很大，武则天很重视，找裴炎来商量。结果裴炎不紧不慢地上了一道奏疏说，徐敬业起兵根本不算事，这还不是由于睿宗皇帝没亲政，让他们找到了借口。只要您能把朝政还给睿宗，那这股叛军就不战自乱。裴炎这道奏疏算是捅了大娄子。武则天想要夺权才给了徐敬业起兵的借口，武则天必须平了徐敬业才能继续掌权。裴炎不想着帮武则天平叛，反而劝武则天放弃权力。那裴炎和徐敬业就是一伙儿的了。

御史崔詧也是这么看的，他直接上书武则天，说裴炎大权在握，劝您把朝政还给睿宗就是有异心。武则天本来也不喜欢裴炎这个说法，现在有人告他谋反，那就没理由不查他了。朝廷大臣纷纷上奏，为裴炎担保，包括大将军程务挺。但武则天铁了心要搞掉这个不听话的宰相，立个威。于是裴炎被杀的同时，一大批保他的大臣也都被杀，程务挺也没跑掉。

我们还得简单地介绍一下程务挺。他是高宗后期以来唐朝最能打的将领，不论是吐蕃还是突厥，当时的势力都很强大，经常

第一章 周唐之间——复杂多面的朝臣

主动进攻中原。而这一时期他们的大规模进犯基本都要靠程务挺统兵出征才能取胜。所以武则天杀程务挺一直被视作一大昏着儿,属于自毁长城。

不过,政治就是这么残酷。一些史料记载表明,裴炎可能真的不仅和徐敬业有勾结,而且还亲自计划过要武力逼宫。比如裴炎曾经想趁着武则天出龙门游玩的时候,派兵劫持她,然后逼迫她还政给睿宗。只不过连日下雨,武则天取消了出游的计划,裴炎才没能成功。在这种情况下,前线最能打的大将和朝廷中最有权势的宰相关系这么好,那对于武则天来说就不再是安全保障,而是最严重的威胁,必须杀之而后快。

武则天在杀了裴炎之后,专门和朝臣说过这么一段话。她说,我和高宗一起执政20多年,你们这些公卿的富贵都是我给的,天下太平的局面也是我苦心经营的。现在反贼反而都出自你们这些公卿将相之中,你们太对不起我了。裴炎受到先帝托孤,位高权重,性格刚强;徐敬业出身名门,敢想敢干,能拉起队伍;程务挺是前线老将,常胜将军。他们三人是人中龙凤,名气很大。但是他们反对我,就都让我杀了。你们当中还有谁自认为能胜过这三个人的,那你们就继续反对我,不然的话,就老老实实地听我的,别沦为天下人的笑柄。

裴炎和武则天的关系可以说经历过重大转折，从废立皇帝和太子的亲密政治盟友，到不死不休的政治仇敌。那他们之间关系变化的转折点在哪儿呢？笔者认为是武则天的政治野心越过了稳定政局的需要，开始谋求夺权。裴炎审定李贤谋反案是奉了高宗的诏命，并非受到武则天的指使。把武则天推到政治前台，甚至废掉中宗，也是出于维护统治秩序的目的。李显作为高宗末年确立的新太子，治国经验严重不足，很难让裴炎这种政坛老手相信他能治理好国家，那还不如让已经有长时间执政经验的武则天出来代管几年。而中宗能说出把天下让给自己老丈人的话，也说明他在政治上确实不成熟，裴炎也就有了效仿伊尹、霍光的心理。

但武后立了睿宗之后，权势欲望大大增长，甚至谋求自己当皇帝的迹象也开始慢慢显露。这就背离了裴炎和武则天合作的初衷，他想要的是能够稳定政局，把大唐盛世延续下去的武太后，不是篡夺大唐江山的武皇帝。

三、心向大唐的大臣

裴炎的这种心理绝不是个例，而是当时朝臣的普遍认识。他

第一章　周唐之间——复杂多面的朝臣

们并没有像裴炎一样，采取武装谋反、政治变乱的方式反抗，而是在承认武则天统治秩序的情况下表达了对回归李唐的向往，反映了朝臣群体中的主流政治风向。所以在当时的史书中经常可以看到很矛盾的史料，他们一方面支持武则天执政，一方面又不时表示自己是李唐的大臣。这种例子很多。

刘仁轨，唐前期的著名将领，哪怕是在唐高宗时期将星云集的情况下，他也是很突出的那一个。在东征朝鲜半岛时，刘仁轨立下了赫赫战功，还捎带手打赢了中日历史第一战（白江口之战）。在高宗晚年，刘仁轨屡受重任，高宗和武后长期驻留东都洛阳时，全面负责西京长安的留守事宜。

武后废立中宗李显之后，专门派人给刘仁轨送信说，当年汉高祖刘邦把关中交给了萧何，我现在托您镇守长安，也是如此啊。萧何作为刘邦的大管家，尽管没有上前线作战，但在安定后方、供给粮草方面发挥了不可替代的作用，所以成为了汉朝立国的头等功臣。武则天用萧何来比喻刘仁轨，显然是对他镇守长安功劳的肯定，希望他能帮助自己稳定住关中的局面。但刘仁轨没领这个情，当场表示要辞职，还劝武则天千万不要学吕后，这不是啥好榜样。武则天也没生气，反而赶紧派武承嗣带着亲笔信去安慰他。

从刘仁轨的表态来看，他显然不支持武则天废掉中宗，也对太后日益增长的权势欲望表示了担忧。但他同时又不反对武则天，认可武太后是唐朝中央权力的代表。有一件小事很能说明这个问题。徐敬业起兵，裴炎被杀之后，武则天派了个小官姜嗣宗从洛阳来到了长安。刘仁轨问他洛阳的情况，姜嗣宗就把不久前最热门的裴炎案向刘仁轨汇报。姜嗣宗可能是打算装一下事后诸葛亮，他颇为神秘地说自己早就看出宰相裴炎不对劲儿，行为举止有古怪。听到这句话，刘仁轨又专门和他确认了一遍，你早就看出裴炎不对劲儿了？姜嗣宗表示确实如此。刘仁轨就跟他说，你等会儿啊，我有事儿上奏皇帝，现在我去写信，麻烦你给捎回去。

姜嗣宗也没推辞，第二天就带着刘仁轨的信回去，当面交给了武则天。姜嗣宗根本没想到他带回来的是一道催命符，因为刘仁轨在信里写的是，姜嗣宗早就知道裴炎要谋反，知情不报。武则天看完之后，当场就让人把姜嗣宗给推出宫去，就在斩杀裴炎的地方，把姜嗣宗绞死。

宰相刘祎之，是有名的才子，从做臣子的角度来看，他是一个老实人。当时有个小官、司门员外郎房先敏被别的案子牵连，贬为卫州司马。他不服气，来找宰相理论。宰相骞味道不想跟他

第一章　周唐之间——复杂多面的朝臣

废话，直接告诉他这是皇太后做的决定，别闹事了。刘祎之也在旁边，听到之后觉得不合适，就拉过房先敏说，你这种因牵连而被贬官的，按照程序都是由有关部门奏请，走的正常流程。这件小事后来被武则天知道了。她觉得骞味道有违臣道，把好事儿揽到自己身上，把过错都推给领导，就把他贬为青州刺史。而刘祎之相反，是把好事儿归功于领导，把过错揽到自己身上，是个好官，就赏赐他很多东西。而且还专门把这件事树立成典型案例，教育身边的侍从官员。

就这样一个武则天亲自褒扬、维护她形象的典型好官，却并不认可武则天贪恋权势的行为。武则天废中宗立睿宗之后，他曾经跟中书舍人贾大隐说，太后既然能废昏立明，为什么还要临朝称制，还不如还政于新皇帝，以安天下之心。贾大隐立刻就把这句话向武则天报告，武则天听后很不高兴，跟身边人说刘祎之是我提拔的，现在却有背叛我之心，一点儿都不顾我的恩情。三年后，有人诬告刘祎之收受契丹首领的贿赂，武则天派人调查。特使去的时候带了一份诏敕，刘祎之看了之后，说出了一句研究唐代制度史的人都知道的名言："不经凤阁鸾台，何名为敕。"意思就是说你这份诏书都没有经过中书门下同意，哪能叫敕书。然后就把特使给顶回去了。

刘祎之为什么这么说呢？因为按照唐代正常的政务流程，凡是上传给皇帝或者下达给臣子的官方正式文件，都必须经过中书门下。就拿诏敕来说，中书省草拟，门下省审核，两省都盖了章，皇帝再盖章才算一份正式的诏敕。而现在来的这个特使，估计是武则天直接发给了他一份文件，没有经过这个流程，所以刘祎之不认。武则天哪能惯着他呢，直接说他抗拒朝廷调查，将他赐死。

朝臣中想要让武则天还政于李唐的情况非常普遍，以至于酷吏诬陷官员的时候，也会选择给他们扣这个帽子。比如宰相魏玄同，他和酷吏周兴的关系一直不好。直到 689 年，周兴终于找到合适的机会，诬陷魏玄同曾经说过太后已经老了，应该把朝政还给睿宗。要知道，在下一年武则天就要登基当皇帝了，这时武则天正在紧锣密鼓地安排夺权事宜。魏玄同身为宰相，非但不支持，还让她放弃马上就要到手的皇位，武则天怎么能接受呢？听到周兴的汇报之后，她大怒，于是立刻赐死魏玄同。

去魏玄同家里监刑的御史房济也知道魏玄同冤枉，就跟他说，你可以跟我说你也要告发别人，皇帝说不定就能见你，你也就有机会当面诉冤了。魏玄同很有格局，他说被人杀和被鬼杀（自然死亡）都是死，有什么不一样的，我哪能干这种告密的事

第一章 周唐之间——复杂多面的朝臣

情。于是慷慨赴死,时年 73 岁。

要说在这些心向李唐的朝臣中,影响最大的还得是狄仁杰。与前面的几位老臣、宰相相比,狄仁杰属于年轻一辈,在武则天谋求改朝换代的时候还没当上大官,也基本不在朝中,说话没什么分量。直到 691 年,武则天称帝一年后,狄仁杰才从洛州司马被直接提拔为户部侍郎、同凤阁鸾台平章事,当上了宰相。

狄仁杰对待武则天的态度非常具有一贯性,既承认武则天是皇帝,自己要尽武周臣子的本分;同时又认为武则天占据的是李唐天下,迟早要把皇位还给李家。狄仁杰早年在被来俊臣诬陷入狱的时候,就在所谓的供词之中明晃晃地说"大周革命,万物惟新,唐室旧臣,甘从诛戮"。这句话其实还挺具有嘲讽意味,大周王朝开创了新时代,那就让我这个李唐的旧臣从容赴死吧。狄仁杰晚年的时候,武则天犹豫要传位给谁的时候,他还是敢当面和武则天硬刚。狄仁杰说,你是唐高宗的皇后,高宗死后,皇位就该传给太子。你已经占据皇位十多年了,现在要传位给太子,这决不能再变了。

狄仁杰在当宰相的时候,不仅接连挫败了武承嗣、武三思争夺太子之位的企图,而且力主把已经在湖北山里受苦的前皇帝、庐陵王李显接回来当太子。不过,狄仁杰给武周埋下最大的坑还

神龙政变：重回大唐

是要数他培养和推荐的一系列人才，因为这些人都有统一的特征：很有才能的同时也都渴望恢复大唐。狄仁杰至少推荐或提拔了数十名大臣，一时之间桃李遍天下。史书里明确记载的由狄仁杰推荐的人里，就有"神龙政变"五个主要领导者中的四个：张柬之、桓彦范、敬晖和袁恕己。尤其张柬之是经狄仁杰极力推荐才摆脱了怀才不遇的境地，以80岁高龄当上了宰相，最终是由他组织的这一批人，发动了政变。

在做长远打算之外，狄仁杰本人也曾经有过一次十分大胆的尝试，想直接促成中宗掌权。狄仁杰的这次尝试几乎没什么人知道，因为它半路夭折了。中宗第二次登基（705年）之后，御史袁守一弹劾宰相魏元忠的时候才把这件事揭露出来。公元700年4月，武则天到位于河南登封市群山环绕之中的三阳宫，在此期间她突然身体不适，狄仁杰提议让当时还是太子的中宗监国。

武则天这次生病应该是比较严重，直到五月份身体才好转。而到了七月份的时候，武则天仍然不想返回洛阳，甚至打算一直待到秋天气候凉爽的时候再回去。这个局面之下，后来的开元名臣、当时还是小官的张说上书武则天，希望她能尽快赶回去。因为三阳宫距离当时的都城洛阳太远了，有160里，而且处在群山环抱之中，交通十分不便。一旦朝廷有变，武则天根本不能及时

第一章　周唐之间——复杂多面的朝臣

赶回去。张说甚至很直白地说，武则天待在三阳宫就是自己解除了武装，任由变乱发生。

这个时候狄仁杰提议让太子监国，就很耐人寻味了。站在武则天的角度，既可以认为狄仁杰是想让太子稳定住洛阳的局势，震慑那些想要作乱的人；也可以认为狄仁杰是想让太子趁机夺权，毕竟在当时朝廷中最大的不稳定因素就是太子能不能顺利继位、恢复李唐。但这个建议最终并未被武则天采纳，因为同样作为宰相的魏元忠立刻就上了一道奏疏反对太子监国。至于魏元忠是出于什么考虑，我们不得而知。

宰相之外，王及善、吉顼等普通官员也在适当的时候为恢复大唐贡献了自己的力量（立太子，详见后文），甚至有一些普通人也在史书上留下了他们的政治态度。比如武则天时期有个比较神奇的民间人士苏安恒，热衷于给朝廷直接上书。他就在自己的奏表中公然写武则天虽然是当了皇帝，但实在是借了李唐打下的基础。还专门举了《诗经》中的"惟鹊有巢，惟鸠居之"这句话，说武则天建立的武周是鸠占鹊巢。

还有一个民间小故事，也表达了普通人对武则天当皇帝的态度。狄仁杰有个堂姨卢氏，就住在洛阳郊外。他当宰相期间，有一年冬天去拜访堂姨。进门的时候表弟正好从外面猎兔回来，表弟虽然给狄仁杰行了一个礼,表情上却比较轻视他。狄仁杰有点疑惑,就跟堂姨说,我现在是宰相,表弟还没正式工作,用不用我给他安排一个官职?卢氏回答说,我只有一个儿子,不想让他给女皇帝当臣子。狄仁杰听到以后感到十分尴尬,只能遮掩过去。

四、千姿百态的官员

在武周还是李唐这一核心政治问题之外,这个时期的朝臣还表现出了非常丰富的政治姿态。在刚接触唐代历史的时候,笔者就非常喜欢看唐宋时期留下来的一类历史材料,现在所统称的"笔记小说"。这些笔记小说,有的是当事人在晚年写的见闻回忆录,有的是后人收集的唐朝逸闻趣事;也有的是作者花了比较大力气,把当时的历史材料整理了一下,做成了一部野史。总之,都是个人写的唐代见闻,其中充斥着各类八卦趣事、朝廷旧闻、奇特风俗,等等,比一脸严肃的正史好看多了。

从这些历史材料中,我们能见到更加饱满、立体的唐代朝臣的形象,哪怕是正面人物中也免不了存在钩心斗角之人、谄媚阿谀之徒、懦弱无用之辈,更别说那些坏人了。远的不用说,就我

第一章 周唐之间——复杂多面的朝臣

们前面提过的几位正面人物，裴炎、刘仁轨、狄仁杰等，在政治活动中都有过不光彩的行为。

裴炎有点儿嫉贤妒能。679年，突厥贵族阿史德温傅拥兵叛乱，连带起来数十万叛军。裴行俭亲自统兵18万，并管辖程务挺、张虔勖等将领统率的30万大军出征，大胜。撤军回来还没休息，阿史德温傅就拥立阿史那伏念为可汗，卷土重来。裴行俭针对这个情况，搞了一个反间计，许诺阿史那伏念免死，于是阿史那伏念亲自绑了阿史德温傅投降了唐军。但裴炎嫉妒裴行俭立功，就唆使程务挺和张虔勖告状，说阿史那伏念根本不是主动请降，而是被两人逼得走投无路，裴行俭是假冒功劳。然后裴炎出来主持公道，不仅裴行俭的功劳没了，还把阿史那伏念给杀了。裴行俭一声长叹，朝廷这样背信弃义，后面恐怕就没人再投降，仗就难打了。气愤之余，裴行俭称病归隐。

裴炎的嫉贤妒能给边防造成了很大压力，只是恶果没有立刻显现。但刘仁轨的任性报复、不顾大局，直接造成了唐朝大军的严重失败。677年，吐蕃大举入侵。这个时期，吐蕃军力强盛，给唐朝造成了很大困扰。尤其是7年前的大非川之战，唐军一战损失10万大军，成为唐前期最大的军事失败。因此高宗不敢怠慢，派已经是宰相的刘仁轨担任统兵主帅，前往防御。刘仁轨在前线防御期间，每次向朝廷上奏时都被中书令李敬玄阻挠，办事很不顺利。刘仁轨由此怀恨在心。恰巧朝廷有意再次派大军征讨吐蕃，刘仁轨明知李敬玄没有统兵作战的才能，却坚决上书请朝廷派他做主帅。

李敬玄也知道自己没这个本事，一再推辞。但高宗很相信老将刘仁轨的军事才能，而且高宗对李敬玄也有不满，就当面对李敬玄说，即便刘仁轨让我去当前线统帅，我也得去，你怎么敢推辞？李敬玄无奈，只好统兵出征。678年，吐蕃和唐军在青海发生大战。李敬玄命刘审礼做前锋，突击吐蕃军队。吐蕃引诱刘审礼进入埋伏，李敬玄却不敢救援而是率大军一溃千里，直到承风岭才停下，挖掘壕沟固守。吐蕃大军一路尾随而来，包围了唐军。偏将黑齿常之深夜率敢死队冲乱了吐蕃的包围圈，李敬玄才带着残军退了回来。

此战十几万唐军损失过半，要不是有几员猛将拼死突围，李敬玄几乎重演了大非川之败。究其根源来说，这场大败就是唐朝内部将相不和、君臣不谐造成的，而刘仁轨在其中起到了很大的负面作用。

相比以上两人造成的恶果，狄仁杰的问题就显得甚至不是问题了。狄仁杰能够当上宰相，是由于政坛前辈宰相娄师德的推荐。他推荐了狄仁杰,却从来没有对外宣扬过,所以狄仁杰一直不知道。狄仁杰当了宰相之后,觉得娄师德就会当老好人、和稀泥,根本不干实事,所以一直看他不顺眼,想方设法要把他给撵走。这时候连武则天都看不下去了,要替娄师德说句公道话。为什么武则天要主动替娄师德说话呢,因为娄师德是当时政坛里难得的忠厚长者,脾气好到令人难以置信。

有一个非常有名的故事。娄师德当了宰相之后,他的弟弟也被授予了代州刺史。临行之前,娄师德把弟弟叫过来问他,现在我是宰相,你是刺史,我们两人都是实权人物,有点儿树大招风。在这种情况下你怎么才能当好官,不让人找到把柄?他弟弟说,忍。从今以后,哪怕是有人在我脸上吐了一口唾沫,我都不会对他恶语相向,擦干了了事,绝对不会让您担心。要说这样表态已经足够隐忍了,但娄师德说,这哪够。别人能吐你唾沫,那就说明是很生气了,你要是把唾沫擦了,这不还是在对抗他吗?最好不要擦,让唾沫自己干了,他就绝对再也找不到借口了。

这个故事就是成语"唾面自干"的来源。但我们必须要知道,娄师德这么说根本不是因为他窝囊,任人欺负。他的核心思想其实是要谨慎自保,不给想借机惹事的人借口。这在酷吏横行、告密成风的武则天掌权前期确实很有必要,并不是一直都要这样委曲求全。

不过娄师德从政 30 年间，确实一直秉持着与人和善、待人宽厚的原则，这才让武则天都觉得他被排挤简直没有天理。于是武则天把狄仁杰叫过来，拿出娄师德推荐他的奏表给他看。狄仁杰顿时羞愧得无地自容，出来之后就跟人说，娄公对我如此包容照顾，我却不知道，我的品行修养远远不如娄公。

如果说以上诸位大臣还是大义之下偶有瑕疵的话，那另外一些大臣就怎么也得算是奸佞之臣了。其中的代表人物我们也选三位，杨再思、傅游艺和朱前疑。

杨再思，唐朝宰相。这是一个典型的阿谀谄媚之徒，以至于史学家在他的传记里专门花了很大篇幅描述他的政治行径有多难堪。史书里说他在秉政十多年，从来没有过什么突出的政绩，为人巧佞邪媚。他善于观察领导的小心思，凡是领导不喜欢的，他就尽力去贬损；凡是领导喜欢的，他就竭力捧上天。而且为人谨慎小心，谁都不想得罪。有人曾经问他，你都是宰相了，位高权重，为什么要活得这么小心啊？他说，世事艰难，性格太直了容易惹祸，我要是不小心点儿，怎么能保全自身。

张昌宗、张易之两人势力强盛的时候，杨再思不止一次地主动讨好他们。张昌宗长得很漂亮，所以才能获得武则天的青睐，

第一章 周唐之间——复杂多面的朝臣

杨再思就专门阿谀他,"人言六郎面似莲花,再思以为莲花似六郎,非六郎似莲花也"。简直太肉麻了。杨再思还是御史大夫的时候,参加过一次张易之的兄长张同休举办的宴会。宴会上,张同休打趣说看杨再思的面相有点儿高丽(指高句丽)人的特征。结果杨再思裁了一些纸贴在头巾上,披上紫袍,跳起了高丽舞,还跳得有板有眼。

由此不难想象,杨再思为什么能平步青云当上宰相,他实在是太会察言观色、阿谀奉承了。而且由于武则天特殊执政时期,这类人往往都能获得快速晋升。就比如我们下面出场的这位傅游艺。

傅游艺直到689年的时候才从合宫县主簿(从八品上)被提拔为侍御史(从六品下)。这时候他敏锐地抓住了武则天想要称帝的时机,带头搞了一次群众请愿活动,表示一定要武则天当皇帝,取代李唐。然后傅游艺就晋升为了给事中(正五品上),又过了几个月,干脆晋升为门下侍郎(正三品)、加同平章事衔,成为了宰相。一年之间,从八品的小官变成了三品的宰相,晋升速度极其惊人。

按照唐朝当时的规定,文武官三品以上穿紫色官服,四品穿深绯色,五品穿浅绯色,六品穿深绿色,七品穿浅绿色,八品穿深青色，九品穿浅青。按照傅游艺的晋升路径，他一年之内官服就换了四种颜色，由青（从八品）变绿（从六品），由绿变绯（正五品），再由绯变紫（正三品），就如同四季变换一样，因而被人戏称为"四时仕宦"。

但"四时仕宦"这个词可不是什么好词，既能表示他晋升很快，也能表示他的官运很短暂。傅游艺权势煊赫的时候，也正是他得意忘形之时。两年后，有一天他告诉自己的好友，说梦见自己登上了湛露殿。湛露殿是皇帝接见重要大臣的宫殿，傅游艺也不是不能去，但估计他是梦见自己坐了宝座，或者在梦里把自己代入了皇帝的角色。这可就犯忌讳了。他的朋友也不是省油的灯，扭头就向武则天告密。很快傅游艺就被下狱，还没等治罪，他就自杀了。

与傅游艺经历类似的还有朱前疑，他的升官经历更令人咋舌。朱前疑的身世不明，大概可能是个平民。但他胆子很大，也比较能揣摩人的心理。他曾经向武则天上书说自己做了一个梦，梦见皇帝陛下能活800年。这个马屁拍得并不是很高明，但武则天可能是每天听大臣喊万岁听腻了，反而觉得活800岁比较真实，所以就直接赏给他一个拾遗（八品）的官职。

朱前疑得了大便宜之后不久，他又上了一道奏疏，说梦见皇帝白发变黑、掉了的牙又重新长出来，青春永驻了。这个马屁拍得就非常高明了。武则天正式登基当皇帝的时候确实年龄比较大了，她也一直很忌讳别人说自己老，担心自己无法掌控朝局，所以对于能彰显年轻的身体现象都很在意。比如有一次武则天脱落的两颗牙齿又长了出来，就大张旗鼓地宣传，甚至为此改年号为"长寿"。而现在朱前疑说武则天白发变黑、落牙重生，能再次青春永驻，正好戳中了她的心思。于是武则天直接赏赐他为驾部郎中（从五品）。不过似乎这个诏命并没有真正落实，而是被改授一个六七品的小官。

但朱前疑确实更来劲了。有一次他到嵩山出差，回来之后告诉武则天，他听到了嵩山高呼万岁。武则天这次没给他升官，而是赏赐他一个绯色的算袋。这也算是超额的赏赐了，因为唐代官员官服上的配饰和官服颜色一样都是有等级的，绯色算袋，也是高于他这个品级的官员才能够佩戴的。

不过朱前疑心里还是对五品官念念不忘。终于又有机会了。当时大唐正要发兵攻打契丹，军马数量却不够。于是朝廷发了一道诏书，说在京官员如果能出一匹马供给军队使用，那就赏赐给他一个五品官。朱前疑当时就买了一匹马送过去了，但是朝廷赏赐五品官的事儿却迟迟不落实。朱前疑很着急，不断写奏疏，要求朝廷封赏。终于，他这个行为把武则天搞烦了，武则天认为他实在是贪得无厌，就下了一道命令，先把马还给了他，然后将他的官职一撸到底。

看了这么多官员的丑态，我们再说几个正面的。武周时期的酷吏有多残忍，几乎稍微对历史有些兴趣的人就都对此有所耳闻。但偏偏就有一些大臣不信这个邪，敢和他们正面硬刚。这些大臣中有不少人刚强正直、宁折不弯，保持了古代贤臣的风骨，最突出的就是杜景俭和徐有功两人。

杜景俭和徐有功，在武则天称帝之初任职于大理寺，和周兴、来俊臣、丘神勣、侯思止等人共同掌管刑狱。以周兴、来俊臣为首的这些酷吏办案，从来不讲道理，都喜欢往大了办，杀人越多越好。但杜景俭和徐有功跟他们完全不同，在混乱的执法环境之下，仍然坚持宽仁平恕，不滥捕、不乱杀。以至于当时的人都传言，如果被诬陷之后是由徐有功、杜景俭来审理，那就一定能活命；如果遇到了来俊臣、侯思止，那就必死无疑。

他们两个人中，又以徐有功的性格最为刚烈，经常在大殿上和皇帝辩论是非曲直。面对武则天声色俱厉的责难，皇帝身边的侍臣都吓得战战兢兢，但徐有功一点儿都不怕，面不改色心不跳，越争论越来劲。徐有功转任刑部郎中的时候，遇到一件大

第一章 周唐之间——复杂多面的朝臣

案,中书侍郎任知古、工部尚书裴行本等7个人都被诬陷定了死罪。武则天难得想表示宽大,说古人都是以杀止杀,我偏偏要以恩止杀,我不仅要让这些人活命,而且还要授予他们官职,以观后效。来俊臣很不乐意,不断上表要求严惩,武则天仍然不同意。于是来俊臣转变思路,上奏只杀掉罪名最大的裴行本。这时徐有功站出来耍了一个花招儿。他说你来俊臣不应该违背皇帝的好生之德啊,作为臣子虽然可以疾恶如仇,但也必须成全皇帝的美德。如此总算是把这些人的命都给保住了。

当然,这个时期朝臣的各种逸闻趣事还有很多,他们之间的性格、旨趣差异也很大。既在某一个时期内能团结成比较大的政治力量,又会由于各种各样的情况而产生内耗。也正因为如此,才给了政治强人武则天施展政治能力的机会。试想,如果朝臣都是坚定的保唐派,那武则天想要称帝肯定难比登天。但他们又构成了当时朝廷政治的基本盘,弥散其间的李唐思维,又预示了武周走向终结的某种必然性。

第二章
武氏诸王——武周政治新势力

　　武氏诸王在本书所涉及的时段中，是一股曝光度很高、能量很大的政治势力。武承嗣、武三思、武懿宗……都是这一段历史书中的常客，不论好事、坏事，他们总能掺和一把。为了后面他们一个个冒出来的时候，大家能有个初步的印象，我们在这里先来整体介绍一下武氏诸王。

　　武氏诸王都包括哪些人？其实主要就是武则天的父系家族里的人，也就是说必须姓"武"，她在李家生的几个儿子当然不能算在内。从最宽泛的角度说，武氏诸王群体含有"死了的"和

第二章　武氏诸王——武周政治新势力

"活着的"两大部分。

"死了的"就是死后被武则天追封的那些人，主要包括武则天的父辈和兄长。比如她的伯父武士让是楚王，她的哥哥武元庆是梁王、武元爽是魏王，等等。"活着的"这批人最重要，主要是武则天的侄子，比如魏王武承嗣、梁王武三思、建安王武攸宜、千乘王武攸暨等以及武则天的侄孙（侄子的儿子），比如南阳王武延基、淮阳王武延秀、高阳王武崇训，等等。

中国古代王朝中，跟皇家身份有关的政治集团主要是外戚和宗亲两部分。外戚是皇家媳妇的娘家人，包括皇太后、皇后及其他妃嫔的父祖兄弟。宗亲是皇家的自己人，包括亲王、郡王及其子孙。但武氏诸王的特殊性就在于他们既是外戚又是宗亲。

武氏诸王依附于武则天，这是毫无疑问的。所以随着武则天身份的不断变化，他们的政治属性和地位也在不断变化。在武则天从皇后、皇太后、临朝称制的皇太后，到称帝，再到退位成为皇太后的过程中，武氏诸王也经历了从李唐外戚到武周宗王，再到李唐外戚的角色切换。

由于武氏诸王的活动贯穿了武周、中宗、睿宗诸朝，他们崛起、兴盛、衰落的过程与这段时间内的重大事件都有纠葛。所以我们在这一部分只大概介绍其内部关系和其崛起过程。

一、几乎走向毁灭的武家

我们首先必须明确一个概念，虽然武氏诸王一般都作为整体出现，但武家内部的关系非常复杂，根本不那么亲密。这一点决定了武家在武则天时期还能成为一个整体，对外争权夺利。但武则天去世后，随着其他朝廷势力集团的强化，武家内部的分化也就变得极为明显，导致其最后走向了没落。

武家的内部纠葛很多，面面俱到肯定不现实。但武氏家族内部争端中有一个最为突出的表现，就是在武则天的直接打击之下，武则天的父亲武士彟的爵位继承人竟然前后换了两次。我们可以从这个问题入手来解析武氏家族。

武则天的父亲武士彟娶过两个媳妇。第一个媳妇儿相里氏，生了两个儿子，武元庆、武元爽。后来又娶了杨氏，生了三个女儿，武则天排行老二。这对于当时的杨氏母女来说绝对不是什么好事。武士彟死后，武元庆、武元爽以及大伯武士让家里的两个堂兄武惟良、武弘度对杨氏母女很不好。武则天幼年在他们手里应该是吃了不少苦，按照她的性格，忍了这么多年，估计这几位的名字早就上了"死亡笔记"。所以武则天当了皇后之后，这几

第二章 武氏诸王——武周政治新势力

个人不仅没有沾光,反而很快就遭到了报复。

有一次,武则天的母亲杨氏搞了一个家庭聚会,宗正少卿武元庆、少府少监武元爽、司卫少卿武惟良和淄州刺史武怀运都来参加了。酒过三巡之后,杨氏问武惟良,你们还记得以前是怎么对待我们母女的吗?现在又怎么说?武惟良也不示弱,回了一句:"我们是凭借功臣子的身份,有幸能在朝廷当官。最近虽然有了外戚的身份,我们不但不认为这是什么荣耀,反倒很担心啊。"

武惟良的回答不光是嘴硬,还很无礼。他说的"功臣子"身份是指武士让、武士彟等人作为唐朝开国功臣,是有资格为后代提供荫庇的。这种荫庇制度是唐代官员步入仕途的几种正式途径之一,是最为正常的。反而外戚在中国古代的政治逻辑中,一般名声都不太好。因为从东汉外戚专权以来,这个群体的名声就很糟糕了,导致以后历代朝廷都很忌惮外戚的权力。武惟良说的意思是,我们本来靠着祖先的功业都已经获得了朝廷官职,现在武则天当了皇后,添了外戚的身份,看起来更尊贵了,实际上反倒可能让我们背上骂名。

杨氏听了之后很生气,告诉武则天一定要处理他们。本来就跟你们有仇,现在得了便宜还卖乖,不知好歹。要是不处理他们,那就不是武则天了。至于处理的办法就显出了武则天的政治斗争能力。她想了一个光明正大的办法：我现在是皇后了，我家族里的人作为外戚，当朝廷的大官不合适，应该派到偏远地区去当官。

高宗显然觉得这个建议很合理，估计还夸了武则天识大体、顾大局，所以很快高宗就都把他们贬到了外地当刺史。除了武怀运本来就在外地，武元庆到了龙州（今四川平武、江油一带），武元爽到濠州（今安徽凤阳），武惟良到了始州（今四川广元）。武元庆刚到龙州就病死了。武元爽先到了濠州，然后又被贬到振州（海南），也死了。他们怎么死的不好说，有可能与武则天有关，也有可能是因受不了路途颠簸而死。对于古代人来说，长途迁徙确实有可能会因为水土不服或者其他原因造成死亡。但显然这是武则天想要的结果，因为她马上就要出手杀了另外两人。

处理武惟良和武怀运的时候，对于武氏的打击面就更大了。这还得从武则天的外甥女贺兰氏说起。当时武则天虽然成为了皇后，但贺兰氏因为能出入宫中，受到高宗的恩宠，还给了她一个封号"魏国夫人"。这让武则天很恼火。因为贺兰氏的寡母、武则天的亲姐姐其实在更早之前也因为经常出入宫廷，跟高宗之间有点不清不楚，已经被封为"韩国夫人"。她的死也有可能和武则天有关。现在她女儿又搞出同样的事情，这让武则天必欲除之而后快。

第二章　武氏诸王——武周政治新势力

由于当时马上要搞泰山封禅，武惟良和武怀运作为地方刺史，都已经被朝廷召到京城。于是武则天设计了一个现代宫斗剧中很常见的阴谋。武则天先邀请高宗去她母亲杨氏的家里，按照惯例，贺兰氏、武惟良、武怀运等人也都要陪同。这时武则天安排人秘密在武惟良和武怀运进献的食物中下了毒药，再把有毒的食物送给贺兰氏。贺兰氏没有觉察，吃了之后暴卒。

既然在皇帝在场的情况下，发现了食物里有毒，那这可就不是毒死贺兰氏的问题，而是上升为意图谋害皇帝的大案子。于是高宗下令处死了武惟良和武怀运两人。这时候武则天还不解恨，她又让心腹上了一道奏表，说武惟良和武怀运这么干，肯定是有团伙，武元庆和武元爽也有参与，虽然他们已经死了，但是应该继续惩罚他们的家属。

对于他们家属的惩罚就很有武则天特色，这些人被流放岭南，被开除武家族籍，并改姓为蝮氏。让流放的人改姓为蝮、虺等毒蛇或其他毒物的名字，这种事例在武周一朝前后集中出现过，体现了武则天鲜明的性格特点。

武则天这么干是非常绝情的，等于把一大半的武氏后代都流放了。后来武氏诸王中地位最高的武承嗣就是武元爽的儿子，而另一个更有名的武三思就是武元庆的儿子，他们都在这次流放的人员之列，是结结实实到岭南吸了几年瘴气。

更要命的是，武则天当上皇后以后，已经追封她的父亲为周国公，武元爽作为武士彟的儿子，实际继承了这个爵位。现在武士彟的两个儿子和所有孙子都被定罪流放，开除族籍，那就等于武士彟已经绝后，没了继承人。这在看重爵位传承和家族延续的古代来说，是绝对重大的惩罚。

武则天也不想自己背上让父亲绝后的骂名，所以就过继了一个外甥，改姓为武，继承周国公爵位。更妙的是，这个人竟然是武则天姐姐的儿子贺兰敏之。虽说他母亲和姊妹的死都与武则天有关，但还是被选为继承人，可见他是很讨武则天喜欢的。

但这个外甥很快就让武则天失望了。贺兰敏之的品行很有问题，说他是个人渣，一点儿也不过分。他不仅和武则天的母亲、几十岁的杨氏搞暧昧，而且奸污了高宗和武则天给儿子李贤选的儿媳妇——司卫少卿杨思俭的女儿。更让武则天忍不了的是，他竟然当众对自己的女儿、年纪尚幼的太平公主欲行不轨。武则天的母亲死后，贺兰敏之贪污了给杨氏造佛像的钱，在服丧期间穿红衣、听音乐、逛妓院。武则天忍无可忍，将他流放岭南。

贺兰敏之在流放途中不知道因为什么原因自杀了，虽然没有证据，但很有可能还是和武则天有关。唐朝搞政治迫害是有套路

第二章　武氏诸王——武周政治新势力

的，按照当时的法律规定，判处流放的人并不是一辈子都窝到那个蛮荒的地方不能回来，而是到了一定年限之后就可以回家，该怎么过还怎么过。所以若不希望看到政敌再回来，想要斩草除根的话，那就半路下手，让这个人"被自杀"。这种现象很常见。

这个人渣死了就死了，但把贺兰敏之流放的时候，武则天一定还是头疼了一阵的，因为他父亲武士彟再一次绝后了。

关于武氏内部不和，尤其是武氏子侄之间内部斗争的逸闻也很多，我们就不一一列举了。我们这里所说的情况，恰恰代表了一个完整时期内，武则天对武家人的态度。可以看出，武则天在临朝称制之前很有一些快意恩仇的意思，对于武家人并没表现出什么亲情，几乎都是以打击报复为主。但武则天临朝称制之后，她的想法变了。她意识到培植自己家族的势力来替自己打击政敌、争夺权力的重要性。

也正是如此，武家人的命运改变了。武则天把流放岭南的武家后人都找了回来，并让武承嗣继承了周国公的爵位。从此，武氏诸王势力开始逐步崛起。通过这一部分的介绍，我们大致有这样一个印象，那就是武则天对武氏诸王并没有深厚的感情基础，重用他们完全是出于政治需要。这对于我们理解后面要发生的事情很重要。

二、武氏诸王的崛起

严格来说，第一个封王的武家人是武则天的父亲武士彟，还是他的女儿武则天追封的。武士彟在隋末唐初之际，原本是个太原地区的普通地主。陈寅恪先生曾经考证他可能就是个木材商人。虽然后来的学者挖地三尺找资料，又有了别的说法，但大家基本都认同：武家在这时候别说名门大族，连一般的贵族都算不上。

不过，武士彟赶上了一个好时候，李渊和李世民在太原起兵造反了。武士彟的政治眼光不错，赶上了这股风潮，成了当年最初赞助大唐基业的"太原元谋功臣"。这个身份附加的政治地位和其他利益，可是要比大企业上市之前的原始股值钱。在唐朝正式建国之后，武士彟顺利晋级成为普通贵族。

是的，就是普通贵族。因为"元谋功臣"也是要分三六九等的。最高一等的当然是李家人，当皇帝的当皇帝，当太子的当太子，其他的不管哪个犄角旮旯的亲戚，基本能封王的都封王了。其次就是李家所属的关陇贵族集团，这是个传承了百十来年的固定团体，四世三公的家族比比皆是，袁绍来了都不一定能比得过。不管是西魏北周，还是隋唐，人家都是铁饭碗，朝代换了

第二章 武氏诸王——武周政治新势力

没关系，官照样当。最后才轮到这些跟对了人的"散户"，这些"散户"成为最底层的小贵族。

唐朝初年的时候，从东汉以来盛行了几百年的门阀士族仍然很有影响力。更重要的是，在人们的观念里，不管你现在混得怎么样，只要祖上显贵、家族高贵，那就走遍天下都不怕。而如果祖上不行，哪怕你现在风光，也让人看不起。别说唐朝初年一般的贵族，就是李唐皇室也曾经让以五姓七望为首的大门阀欺负过，气得李世民亲自下场把这些门阀给收拾了一顿。所以武则天虽然靠着高超的政治手段当上了皇后，但出身不高一直是她的一块心病。

祖宗混得不行，我现在行了。你们活着的时候地位不高，那我就追封你们，把你们的地位抬高。于是武则天就开始持之以恒并且相当有步骤的行动。武士彠活着的时候，获得的最高官位是工部尚书，爵位是应国公，死后被追赠为礼部尚书。从这两方面下手，武则天在656年第一次抬高武士彠身份的举动是改赠司徒，爵位也被改成周国公。

乍一看之下，步子迈得不太大啊，这个操作的意义似乎有限。但如果稍有一些唐代官制常识的话，就能看出这还是很不一样的。唐朝初年朝廷在官爵授予方面很严格，不会轻易加授，都是严格按照规章制度办事的。武士彠生前最高官位是工部尚书，死后被追赠的是礼部尚书，这俩看起来都是尚书，应该是平级啊，实际上却并非如此。

我们所熟知"吏户礼兵刑工"六部，在唐初的排序并非如此，而是分成了三个层次。吏部和兵部，一个掌管全国文官，一个掌管全国武将，属于掌管文武大事，排在"前行"；户部掌握钱粮俸禄，刑部掌握生杀大权，排在"中行"；礼部负责的事务比较闲杂，工部就是干活儿的，所以排在"后行"。同样是当尚书，从工部改成礼部，就是升迁了一步。如果工部尚书直接改任吏部尚书，那就等于是获得了重用。

而官员死后的追赠，就是朝廷给这个人的一种嘉奖。这种嘉奖大致来说就是一定要比他生前的官职高，但能高多少就要看具体操作了。如果这个人生前是朝廷重臣、国家元勋，那追赠一个高三五品的官职都有可能。但武士彟显然不是，所以就只是从工部尚书追赠成礼部尚书，高了那么小小的一步。不过，到了武则天重新追赠的时候，那就不一样了，皇后的父亲嘛。武则天一口气将礼部尚书（正三品）改成了司徒（正一品）。

至于武则天把他父亲应国公的爵位改成周国公，也是有讲究的。唐代的爵位除了亲王、嗣王、郡王之外，就是我们熟知的公、侯、伯、子、男。虽然爵位一共就这么多级别，但在它们内部还

第二章 武氏诸王——武周政治新势力

有很多差异。就拿"公"这个级别来说，被细分成了开国公、国公、郡公、县公等几个层级。但哪怕同样是国公，也还是有差别的。当时一般比较喜欢用西周初年分封的那些国家的名字命名国公（其他朝代也喜欢这么用），比如宋国公、鲁国公，等等，除了唐国公之外，基本都能用。所以按照春秋战国时期，这些国家的发展脉络，国公用哪个国家的名字，也就有了讲究。比如以春秋五霸，晋、齐、楚、秦、宋等命名的国公，就比以其他小国命名的国公更为尊贵。应国是西周初年分封的一个小国，地位自然是比不上"周"。所以武则天把他父亲的爵位从应国公改成周国公。

659年，武则天的步子迈得又大了一点儿，把武士彟送上了配享功臣的行列。所谓配享功臣，是中国古代一种特殊的礼仪制度。根据皇帝的葬礼程序，先帝入葬皇陵之后，就要把他的灵位牌摆进太庙里。在太庙中，每个刚去世的皇帝都会有个单间摆放灵位。按照"事死如事生"的原则，这时候太庙中的皇帝牌位旁就需要摆放一些臣子的牌位来陪衬，继续做君臣。牌位能选上的臣子就被称为"配享功臣"。

臣子能配享太庙是极高的荣誉，既是对功臣本人生前功劳、地位的承认，又能够给他的子孙赢得一些长期利益。尤其对于武则天来说，让武士彟配享唐高祖庙的难度并不大，还能让自己获得较大收益，是一件很有性价比的事情。

如果严格遵循礼制，每个皇帝的灵位一进入太庙就要安排配享功臣。但实际上唐朝通常不会按时安排配享功臣，而是隔很久之后集中安排一批配享功臣，并将前面的皇帝的配享功臣都补上。比如唐高祖贞观九年（635）就去世了，太宗皇帝直到贞观十四年（640）才为他补上了四位配享功臣，其中两个是李唐宗亲，是在唐代开国过程中有重大战功的淮安王李神通和河间王李孝恭。另外两个是李渊太原起兵时的老兄弟，殷峤和刘政会。

其实这四位配享功臣安排得并不完全合适，对于建立唐朝功劳最大的两位大臣，由于种种纷繁复杂的政治斗争都没能入选。他们就是裴寂和刘文静。直到玄宗时期，围绕在他们身上的政治问题基本消解之后，二人才得以配享唐高祖庙。武士彟虽说比这四位的功劳小一些，但好歹也是"太原元谋功臣"。武则天通过政治运作把武士彟抬进太庙，也没人能说什么。

在这之后，随着武则天权势的稳固，她的操作就开始有点离谱了。670年，武则天将武士彟晋升为太原郡王，成为唐朝立国以来第一个异姓王。前面我们说过，唐初对于官爵的授予非常严谨，甚至唐开国的时候功劳最高的人也只被封了国公，而没有异姓王。如果武则天之前的改追赠、改爵号、升配享等举动，还只

第二章 武氏诸王——武周政治新势力

是在官制、礼制合理范围内小心翼翼地挪步,那么此举表明她已经没有这种谨慎了。

684年,武则天再次把武士彟改封为魏王。要注意的是,这时候的魏王不是郡王,而是切切实实的王。历史上,跟武士彟魏王性质相似的就是曹操。曹操称魏王的时候,魏已经是在东汉政权之下的一个半独立王国了。而魏王武士彟虽然早就去世了,但这个追封的王号却象征着武则天的权力野心。因为这一年武则天刚刚废掉了中宗,又立了睿宗,她以太后的身份临朝听政,掌握实权。武则天虽然还没有称帝,但已经跟皇帝没有什么区别了。

正如我们前文所说,武则天在这个时期对于武家人的态度也发生了变化。武家人从被流放和被排挤一跃而成为朝廷里最活跃的新兴势力。690年,武则天称帝,武周建立,大封武氏子侄为王。

武则天侄子这一辈分的王有:武元爽的儿子武承嗣为魏王(继承武士彟的爵位),武元爽的另一个儿子武承业为陈王。武元庆的儿子武三思为梁王。武惟良的儿子武攸宜为建安王,武攸绪为安平王。武怀道的儿子武攸宁为建昌王,武攸暨为千乘王。武怀运的儿子武攸归为九江王,武攸止为恒安王,武懿宗为河内王,等等。

武则天侄孙这一辈分的王有:武承嗣的儿子武延基为南阳

王，武延秀为淮阳王。武三思的儿子武崇训为高阳王，武崇谦为新安王。武承业的儿子武延晖为嗣陈王，武延祚为咸安王。

朝廷里一下子多了这么多的王，倒也没什么。武则天把他们从流放地拉回来，主要是为了利用他们来进行政治操作，辅助自己夺取政权、打击政敌、稳固朝局。

三、武氏诸王的政治功能

就武氏诸王的政治活动来说，可以分为几个主要的阶段。第一个阶段是在武则天称帝前后，武氏诸王的政治活动，主要是围绕为武则天夺取政权和巩固政权而展开。武周政权稳固之后，武氏诸王的活动进入第二个阶段，他们将斗争精力更多地投入到了争权夺利之中，突出典型就是武承嗣和武三思争夺太子之位。而第三个阶段是在武则天逝世之后，武氏诸王分崩离析，各自保命。

这里先来看他们第一阶段的活动，其他两个阶段我们在后文中逐步展开。在第一阶段中武承嗣最为活跃，在为武则天营造改朝换代氛围的过程中出力最多。他做了很多事情，其中比较重要的有两件，第一件是在公元684年，武承嗣谏议要立武氏宗庙。

唐代皇家的宗庙是太庙，这是我们所熟知的。比较容易被大

第二章 武氏诸王——武周政治新势力

家忽略的是，唐代四五品以上的官员可以立家庙。甚至有一段时间这还是必须完成的政治要求，到了规定品级而不立家庙的人会被认为是不孝，要被弹劾。比如唐初的宰相王珪就因为一直没有修家庙，而在住处祭祀祖先，就被御史弹劾了。

单纯从上述规定来看，武家要建立宗庙并没有问题。但所有政治行为要连起来看才能看出问题。武承嗣提出建宗庙的时间点太敏感了。就在这一年，武则天废了中宗，另立睿宗，以太后的身份临朝听政。武则天掌握实权之后，不仅迁都洛阳，还推行了改换官名、服色等重大措施。这怎么看都是准备夺权，很多人都能看明白。

偏偏在这个时候，武承嗣提出来要给武氏祖先立七庙，这又是一个非常具有争议性的提议。中国古代有关天子宗庙的礼法规定非常复杂，唐朝时期普遍流行的理论是"天子七庙，诸侯五庙"。不过实际上，唐代太庙制度的演变非常复杂，唐初延续了北朝以来的五庙制，后来随着政治需要和礼制需要逐步演变成了七庙和九庙，甚至到了唐后期长期形成了九庙十一室，几个皇帝挤在一个庙里的情况。

不论怎么说，礼法上所谓"天子七庙"的说法深入人心。这时候武承嗣提出来要立武氏七庙，就已经是赤裸裸地准备改朝换代了（因此也有人怀疑这段史料可能是放错地方了）。对于当时的朝臣来说，很多人还没有意识到武则天要称帝，他们普遍认为武则天要学吕后。比如我们前面说到的老将刘仁轨就曾经委婉地劝武则天，不要重蹈汉代吕后和诸吕的覆辙。宰相裴炎当时也曾经以吕后的事例劝武则天不要搞这件事情。武则天对裴炎说，吕后是把权力都交给了活着的诸吕，所以才自取灭亡，而我是追尊已经去世的祖先，这没有什么妨碍。

虽然武则天用颇具狡辩意味的话回绝了裴炎，不过她还是受到影响，实际上只为武氏祖先立了五庙，遵循了"诸侯五庙"的标准。因为前面我们提过，武则天已经把父亲武士彠追封为魏王，现在给武家立五庙，从礼制上没有逾越。于是，武则天分别追尊自己的五世祖以下为公、为王，在东都建立了武氏宗庙，然后又在老家山西文水立了祠堂。

第二件就是营造武则天君权神授的神秘氛围。688年，武承嗣让人在一块白色的石头上刻了八个字"圣母临人，永昌帝业"，然后又将一些紫色的颜料填在刻字里。这是老把戏了，但架不住就是有用，也有人信。不过虽然大家都是心知肚明，还是要做得像一些。这种带有神秘色彩的石头，当然不可能在城市里发现，不能由武承嗣亲自进献，所以他找了个演员。

第二章 武氏诸王——武周政治新势力

陕西人唐同泰充当了这个角色,他写了一份奏表,表示这是在洛水发现的神物,要献给朝廷。这个地点选得很有讲究,因为中国古代,很早以前就有两份神秘物件——河图和洛书,这两份物件都是象征着最终极的天地密码。既然在洛水发现了带字的石头,那就是上天给的最新指示。

"圣母"指的当然不是玛利亚,只能是最尊贵的皇太后。"临人"是君临天下的意思。"永昌帝业"也就是圣母称帝之后的王朝能永世长存。武则天收到奏表之后,在还没有见到实物的情况下,就立刻就把它命名为"宝图",类比于河图、洛书。进献宝物的唐同泰被授予散职游击将军。武则天还决定搞一个重大的仪式正式接手这件宝物。

等一切都安排好之后,武则天先举行了祭拜洛水的仪式,当场接过了宝物。紧接着就举行南郊祭天仪式,向上天报告已经收到指示,并感谢上天的恩德。最后再亲自驾临明堂,接受朝廷百官的朝贺。这一整套礼仪流程,安排合理、结构严谨,完成了受宝、祭天、临朝的全部操作。从武则天的表现来看,她显然知道这件事的内情,说不定就是她直接授意安排的。两年后,武则天给自己选定的第一个年号就是"天授"。

等武则天称帝之后,这种君权神授的表演仍然在继续。693

年武承嗣率领 5000 人集体上书，给武则天上了一个尊号"金轮圣神皇帝"。可能是对这个尊号并不满意，武承嗣在次年又率领 26000 多人给武则天上了一个新尊号"越古金轮圣神皇帝"。这次武则天亲自驾临则天门城楼，接受了这个尊号。

尊号，又称"徽号"，是唐朝时期新出现的一种皇帝政治称号。在尊号出现之前，皇帝（王）一般都有两个称号，谥号和庙号。谥号通行的时间比较长，诸如周武王、晋文公、汉明帝，等等，用文、武等美谥来表彰明君，用幽、灵等恶谥来贬斥昏君。庙号则是皇帝在太庙中的定位，诸如唐高祖、唐太宗等。谥号到唐代的时候已经非常复杂了，加上了非常多描述其功劳和盛德的美辞。唐高祖的谥号全称是"高祖神尧大圣大光孝皇帝"，唐太宗的谥号则是"太宗文武大圣大广孝皇帝"，唐高宗的谥号是"高宗天皇大圣大宏孝皇帝"。

不过这些好听的称号要等到去世之后才能获得，这就让还活着的皇帝比较羡慕。于是"尊号"就应运而生了，这是皇帝活着的时候就拥有的美称。唐前期，一般要皇帝有了非常大的功绩之时，经大臣集体商议，给皇帝上一个尊号。而到唐后期的时候，加尊号的行为已经比较泛滥，只要国家有好事就能给皇帝上尊号，没有好事也能硬上尊号。武则天这次就属于比较明显地硬操

第二章 武氏诸王——武周政治新势力

作,属于没事找事加尊号。

不过问题是,为什么给了"金轮"这么一个怪异的尊号,而不是通常的文武、神圣、孝明之类的美称?这就必须提到武则天在政治身份(皇帝)之外的另一个神秘身份——佛教圣王。

河南龙门石窟中有一尊巨大的卢舍那佛像,据说这个佛像的面容就是比照武则天的样貌雕刻的。这个操作并非简单地出于阿谀,确实显示了武则天与佛教的紧密关系。武则天在称帝过程中,依靠僧人进献的《大云经》,号称弥勒下世,从宗教层面解决了女性为王的合法性问题。而"金轮"则是新一轮的佛教身份加持。

在佛教典籍中有一种说法,在俗世间维护佛教并统治世界的圣王被称为"转轮王"。转轮王有四个等级:金轮王能统领全世界,也就是四大部洲:北俱芦洲、东胜神洲、南瞻部洲和西牛贺洲。而银轮王、铜轮王和铁轮王分别只能统领三个、两个和一个部洲。佛教对金轮王最为推崇,这与中国传统政治理念中,认为皇帝是统领全天下的君主相一致。所以作为最高统治者的武则天自然被赠予了"金轮王"的称号。(现在学术界对金轮王的含义又有了一些新的认识,不过我们还是依据目前比较通行的说法)

在随后的几年中,尽管政治局势发生了很多变化,但武则天一直没有放弃过"金轮王"的称号。她又陆续接受了两个尊号,分别是"慈氏越古金轮圣神皇帝"和"天册金轮圣神皇帝"。

与武承嗣热衷于搞玄之又玄的政治活动不同，武三思主要从形象工程方面着手。694年前后，武周连续击败了突厥、室韦和吐蕃等军队的进攻，取得大胜。于是武三思向武则天提议铸造主要由铜、铁构成的天枢，以纪念军事胜利，表明武则天华夷共主、天下之主的地位。所谓"天枢"，全称是"大周万国颂德天枢"，是一个高46米左右，直径3.6米左右的八棱柱体记功碑。天枢本体之下，则是一座铁山，由铜龙背负，狮子、麒麟围绕在周围。

至于修建天枢的费用和铜铁的来源，武三思颇费了一番心思。如果从国家财政出钱，那不仅会被宰相和御史等群起而攻之，也不能凸显自己的功绩。所以时任礼部尚书，主管四夷事务的武三思就搞了另外一种形式的群众运动，动员当时附属武周的四夷酋长、羁縻部落一起凑钱和铜铁。最终形成了以波斯酋长阿罗憾为召集人，以东夷人毛婆罗为设计师，武三思亲自撰文，武则天亲自题写匾额的天枢。

但由于工程量实在过于浩大，四夷酋长哪怕凑了数千万钱，买的铜铁仍不够用。这个工程的负担还是转嫁给了普通民众，甚至让民间把铜铁农具交了上去，最终才凑够了用量。

中国古代铜矿资源其实一直很紧张。尤其是佛教传入之后，

第二章 武氏诸王——武周政治新势力

大量的铜都被用于铸造佛像，更加造成了铜矿资源的不足。因而唐代长期存在着铜钱流通量不足的问题，严重限制了经济活动的发展。而铸造天枢这样巨大的铜、铁建筑，更加剧了钱重货轻的现象，变相剥削了民众的资产。同时，大量销毁农具铸造天枢，也是舍本逐末的做法，危害了农业生产。

不过热衷于搞形象工程的人，根本不会顾及这些问题，能满足政治目的就行了。而且究其根源来说，武三思能够想到修建天枢，还是为了满足武则天的需要。武则天很热衷于这些形象工程，她自己就主导了更大规模的明堂的修建，甚至明堂被烧毁之后，又下令重修。在武周时代的神都洛阳城中，沿着应天门一线的中轴线上，分布着天枢、明堂、天堂等高大建筑，宣示着武则天君权神授、天下共主的政治内涵。

总的来说，武氏诸王确实比较好地履行了他们的主要政治职能，为武则天称帝、武周夺权营造了良好的政治氛围。在这一主要政治职能之外，诸武还有打击政敌、稳固政权的职责。但在这些政治活动中，由于他们的政治品格和政治表现实在是一言难尽，最终也没能达到武则天对于宗室诸王的期望。

四、武氏诸王的政治行径

晋封王爵之前，武家人在朝廷中已经逐步把持了政治和军事实权。武承嗣、武三思、武攸宁等人都当过宰相，而武攸宜以羽林军大将军的身份掌握北门禁军军权，武懿宗则曾经统率大军征讨契丹。

武则天临朝听政之后，武承嗣几乎立刻开始劝武则天立改朝换代。而为了达成这个目标，他谏议武则天大规模诛杀李氏宗亲和不归附自己的大臣。这两个提议显然符合当时的政治需要，武则天也是这么想的。有了武氏诸王的加入，大大助推了武周换代之际的腥风血雨。

武氏诸王谋害李氏宗亲主要是靠和酷吏合作。史书上明确记载他们的第一次行动是在徐敬业叛乱时期，武承嗣和武三思屡次劝武则天找个理由杀掉韩王李元嘉和鲁王李灵夔。这两位李氏宗王都是李渊的儿子，资历老，德高望重。武承嗣等人担心在这个混乱的时候，他们利用自己的名望反对武则天，就想先下手为强，罗织罪名杀掉两人。由于宰相裴炎极力反对，所以没能成功。但是韩王和鲁王到底是没能逃过一劫，几年之后还是栽在了

第二章 武氏诸王——武周政治新势力

更大的案子当中，这个我们后面再说。

就在武则天准备称帝之前，武承嗣指使酷吏周兴诬告另外两个李氏宗王谋反。这两个宗王都是高宗的儿子，一个是随州刺史、泽王李上金，另一个则是舒州刺史、许王李素节。他们与武则天之间的渊源很深。

许王李素节的母亲很有名，就是当年和武则天宫斗了几年的萧淑妃。李素节是个小神童，据说一天就能背诵500首古诗词，本来高宗还挺喜欢他，但萧淑妃获罪之后，他也就被贬斥了，外出为申州刺史。本来按照朝廷规制，在外地的宗王都需要定时去京城朝觐皇帝。可是有一年突然下发一道命令，说李素节身体不好，为了表示朝廷对他的照顾，以后就不用他跑远路去京城朝觐了。

李素节当然是没有病，显然是有人不想让他再见到高宗。李素节忍了几年之后，还是没忍住。他专门写了一篇作文，叫《忠孝论》，具体内容是什么已经没人知道了，从篇名上看大概是与父子亲情、君臣大义有关。恰好他的王府里有个小官、后来的大名人，当时还是仓曹参军的张柬之，他把这篇作文给送进了宫。

也该着倒霉，这篇作文偏偏让武则天看见了。武则天很生气，原因是不是在于作文的内容，已经不可考了。但李素节的这个行为，已经是一个不好的预兆。我都把你撵出去外地，不让你来京城了，居然还想靠着一篇文章重新让皇帝重视你。上一个这么干的，还是汉代的皇后陈阿娇，买了篇《长门赋》重新获得皇帝宠信。怎么着，你小子想学她啊？

武则天立刻给他安了个贪赃枉法的罪名，将他降为鄱阳郡王，送到袁州管制起来。过了两年，武则天还是不解气，又将他终身监禁，放到岳州看押起来。

泽王李上金的母亲可以说是毫无名气，只知道她曾经是高宗当太子时的宫人，死得比较早，其余一切几乎都不清楚。但史书上有一点说得很明白，武则天很讨厌她，所以连带着李上金也不受待见。李上金本来在寿州当刺史，武则天当了皇后之后，朝中有人揣摩上意，故意找了一些罪名将他免官，封邑也被削了，看押在沣州。

过了几年，武则天为了表示大度，主动上书恢复李上金和李素节的待遇，也允许他们按规定来京城朝见。甚至高宗去世的时候，还允许他们来京城奔丧。几经辗转之后，他们还被封了许王、泽王。看起来一切似乎都好转了，武则天也已经放过了他们。

没想到最后二人还是没逃过去，武承嗣这次搞了个一锅端。李素节先被押到了洛阳龙门，被勒死了。他从舒州被押走的时候，路上遇上了一队出殡的人，家属哭得很伤心。他叹了一口气

第二章　武氏诸王——武周政治新势力

说，我想要病死还求不来呢，你们哭啥啊。李上金更痛快，直接自杀身亡。

除了这两位之外，还牵连了一堆同党大臣。最可怜的还是他们的家属。李素节有13个儿子，9个都随着他一起被杀了。有四个孩子年龄太小，被终身看押在雷州（广东雷州半岛）。李上金有7个儿子，都被流放到显州，6个死在当地，只有1个活了下来。

李上金和李素节两人的案子并不是什么特例。当时所有牵涉李氏宗亲的大案，几乎都有武氏诸王的身影，但他们通常都居于幕后，很难找到直接证据。不过这一次是有明确记载，让我们搞清楚了武氏诸王与酷吏合作的基本模式。

而对不归附武则天的大臣，武氏诸王与酷吏之间也保持了密切的合作。只不过打击面就更大了，直接证据也更难找。现在比较能够确定的是，宰相李昭德的死与他们有密切关系。

李昭德是武周时期比较重要的宰相之一。他的性格特征很鲜明，很自我、很霸道，但他很得武则天的信任，他也倚仗武则天对他的信任独揽朝政，跟他同一时期的宰相豆卢钦望、韦巨源、杜景俭、苏味道、陆元方等都只能随声附和，根本拿不了主意。应该说李昭德是拥护武则天执政的，但他特别反感武氏诸王、酷吏政治，也反感当时流行的政治表演，经常当面驳斥。

692年，正是武承嗣等武氏诸王权势熏天的时候。李昭德直接找到武则天，当面跟她说武承嗣的权力太大，这不是什么好事。武则天的意思是，武承嗣是我的侄子，我相信他，可以让他大权在握。李昭德也很刚，直接说道："姑侄怎么了，这还能比亲父子的关系亲近啊，儿子篡权杀父亲的例子多得是，何况是侄子？现在武承嗣是陛下您的侄子，既当亲王又当宰相，权力地位比您也差不多了，我怕您在皇帝位子上待不长了。"

用这么直接的方式对皇帝说话，甚至有点威胁的意思，可见李昭德的态度。武则天听完以后确实陷入了深思，几个月后，武承嗣就被罢免了宰相的职务。

可以想到武承嗣当时一定是暴跳如雷，这不是李昭德第一次坏武承嗣的好事了。就在前一年，武承嗣搞了一个声势浩大的群众运动，想要当太子，结果让李昭德把领头的人打死了，这事儿也就不了了之了。武承嗣要是不报复李昭德，那就不是他了。武承嗣多次在武则天面前说李昭德的坏话，不过也没什么效果。武则天甚至直接告诉武承嗣，她很信任李昭德，有他处理朝政自己才能睡个安稳觉，李昭德是替她为国辛劳，你就不要再说他的坏话了。武承嗣不好再明着搞事情，但心里一直记恨着李昭德，等待着机会。

第二章 武氏诸王——武周政治新势力

机会太多了，因为李昭德霸道的执政风格实在是得罪人，把能得罪的、不能得罪的都惹了一遍。能得罪的主要是指他的同僚，包括宰相、下属，等等。而不能得罪的就是武氏诸王、酷吏和幸佞。武氏诸王的情况，前面说过。而酷吏群体在当时更是惹不起的一群人，十几个人把整个朝廷弄得乌烟瘴气，文武百官都噤若寒蝉，只有李昭德多次上奏皇帝，陈述他们的奸谋。

李昭德还堵塞了很多人的发财路。武则天很喜欢搞一些祥瑞喜庆的事情，进献的人一般都能获得不错的赏赐，因而民间和官府里搞这种事情的人很多。一次，又有人进献了一个白石头，上面有红色的纹路。李昭德问进献的官员，这个东西有什么特殊的寓意。官员回答说，这个石头是赤胆忠心（红色纹路）。李昭德大怒，骂道："只有这个石头是赤胆忠心，其他石头都要谋反吗？"围观的人哄堂大笑。还有一次，襄州人胡庆用红漆在乌龟的腹部写了几个字"天子万万年"，拿到了宫门口想要进献。李昭德接了乌龟之后，也没废话，直接拿刀把字给刮下去了。然后就说胡庆欺君，要把他判刑。还是武则天出来保人，说胡庆也没什么坏心思，才把人给放了。

得罪的人多了，皇帝再信任他也不行。后来终于有人上了一道奏疏，表示李昭德权力太大，不是什么好事。然后更多的人也纷纷上书。终于引起了武则天的怀疑，将他给贬了。所谓破鼓乱人捶、墙倒众人推，酷吏来俊臣亲自下场，诬告李昭德谋反，最终李昭德还是被杀了。

从上面的描述可以看出来，李昭德案里武氏诸王参与的痕迹尽管很重，但从办案的过程来看，确实没什么直接证据指明武氏诸王参与其中。其余有关朝廷大臣的案子中，也都少不了武氏诸王的身影，比如宰相裴炎案中就有他们活动的痕迹，甚至狄仁杰冤案中也少不了他们。但在这些案子里武氏诸王的痕迹更加隐蔽、更没有直接证据，不好详细展开了。更要命的是，在这些案子里还更多掺杂了争权夺利、恶意报复的因素，这些是有明确记载的。

李孝逸，唐初重臣、李氏宗亲淮安王李神通的儿子。他比较拥护武则天临朝称制，并没有受到什么打击。徐敬业起兵叛乱的时候，就是李孝逸统兵出征，平定了这次大乱，为维护武则天统治的稳定做出了贡献。凭借这次功劳，李孝逸平步青云，一时间成为朝廷中炙手可热的重臣。

这可就让武承嗣等武氏诸王看不过去了，刚刚品尝到权力的香甜，就来了个竞争者。于是武承嗣等人频繁找各种理由诬陷李孝逸。尤其是李孝逸作为李氏宗亲这在当时就是原罪，怎么也能找到攻击的矛头。没过多久，李孝逸就被贬到了施州当刺史。

第二章 武氏诸王——武周政治新势力

武承嗣又添了把火。他指使人诬陷李孝逸,说他曾经批过自己的名字,说"逸"字有"兔",而"兔"是月宫中物,说明他有当天子的机会。一般皇权总是和太阳、龙凤、天等意象联系在一起,其实月亮也有类似的含义。这就犯了当时最大的忌讳,李孝逸离死不远了。不过当时确实距离李孝逸立下平叛这个大功劳不到3年,所以武则天也没杀他,而是把他流放到了儋州(海南岛)。李孝逸不久就死在了当地。

武则天称帝前几个月,正是武承嗣、武三思等人气势最盛的时候,连宰相都比不上他们。当时的宰相韦方质生了一场小病,武承嗣、武三思都去例行慰问。韦方质知道他们来了,还是安安稳稳地坐在胡床之上(不是睡的床,这种床功能上类似沙发),并没有起身给他们行礼。

要是单纯从礼仪规定来说,韦方质如此做倒也没什么问题。韦方质是宰相,他们不是,等于是下级来探望上级。尤其是唐前期的宰相,地位更为崇高,待遇更好。比如宰相上班的时候,所有属员都要在门口列队迎接,还要奏专门的雅乐。哪怕吃饭,宰相也比一般官员的待遇好得多。别的官员吃工作餐只能在房檐底下,称为"廊下食";而宰相则能享受单独的工作餐和餐厅,宰相吃饭的时候任何官员都不能打扰。

但武氏诸王不是一般官员，所以有人劝韦方质不要得罪他们。韦方质可能是真看不过武氏诸王，就说生死有命，大丈夫怎么能对这些外戚奴颜婢膝。还是坚持不行礼。武氏诸王也很对得起韦方质，没过多久就指使周兴、来子珣等人诬陷他谋反，将他流放到了儋州。可能是武氏诸王太恨他了，半路上就把他给杀了。

五、武氏诸王的政治品格

从前面描述的武氏诸王的政治表现来看，他们绝对不是什么良善之辈。笔者也从来不认为他们有什么良好的政治操守和高尚的道德品质，不过他们在某些事情上表现出来的底线，还是让人感到震惊。

所有唐代正史里都记载了武承嗣做过的一件缺德事。当时，右司郎中乔知之家里有一名妾室，名叫碧玉，年轻美貌，能歌善舞，还很有文采。乔知之和她的感情很好，甚至为了她没有娶妻，估计是怕正室欺负她。不同于现在影视剧里常演的，妾室凭借美貌欺负正室夫人，在《太平广记》记载的故事里，几乎记载的全都是正室夫人用各种残酷的方式虐待妾室。

武承嗣不知道从哪里听说了这个碧玉，就以请她来教导自己

第二章　武氏诸王——武周政治新势力

姬妾的名义将她接到家里,然后留下她不让她回家了。乔知之畏惧武承嗣的权势,不敢向他讨回,只好写了一篇《绿珠怨》,托人悄悄捎给了碧玉,倾诉思念之情。碧玉读了以后,哭泣不止,绝食数日之后投井而死。武承嗣从碧玉尸体的裙带中搜出了这篇文字,勃然大怒。然后就指使酷吏诬告乔知之谋反,杀了他全族。

仗势欺人、草菅人命的残暴行径似乎是某些新贵群体的共同特性。武氏诸王中,不仅武承嗣如此,武懿宗在这方面的表现也比较突出。武周时期,以周兴、来俊臣为首的酷吏横行,造成了很多冤假错案,死者无数。武懿宗在武周时期也是屡次承办案件。由他负责的几个案子,都被办成了惨毒的血案,其残忍程度不亚于周兴、来俊臣。

武懿宗办过的第一大案是"刘思礼案",这是由几个神棍引发的滔天大案。案子的主角刘思礼也是权贵子弟。他的家族里出过一个重要人物,即唐朝的开国元勋之一,"太原元谋功臣"刘义节。刘思礼曾经跟着一个叫张憬藏的半仙儿学过相面术,很相信这些鬼神之事。这个张憬藏也不是凡人,据说他跟唐朝著名术士袁天罡齐名。

要说刘家还真是挺神奇,跟这种神秘学的关系颇深。刘义节当年本名叫刘世龙,他还有儿子叫刘凤昌。父子两人,一龙一凤，起这名字是要造反啊。还真有人把这事向唐高祖李渊说了。好在李渊比较明事理，也没真的处理这两人，只是让他们改了名字，避免麻烦。

张半仙儿说刘思礼是个贵人，以后会官运亨通，先当刺史，最终位列三公，当太师。刘思礼比较聪明，他自己想得挺明白，按他当时的地位，要是按部就班地升官，一辈子也不可能当太师。但他也确实糊涂，觉得张半仙儿说得肯定没错。既然不能按部就班当太师，就只能靠立大功，被破格提拔了。要立什么大功劳才能当太师？当然是谋反！只有辅佐了一个皇帝，才能当太师。

就靠这么个荒唐的逻辑，刘思礼竟然真的开始拉帮结派，认认真真地策划谋反。加入他这个团伙的第一个重要成员是洛州录事参军綦连耀。刘思礼对綦连耀说，你身上龙气环绕，肯定要当皇帝。綦连耀则对刘思礼说，你姓刘，正好应了"金刀之谶"，也是应天命、有富贵的人，那就来辅佐我吧。这俩人还真是合适。刘思礼十分相信自己学到的相面术，也不知道学得怎么样，就敢断定这个人要当皇帝。綦连耀是迷信谶语，沾了点边就敢信。

"刘"字的繁体字是"劉"，这个字中有两个重要构件，就是"金"和"刀"。"金""刀"二字在中国古代可是大大有名。从刘汉衰亡开始，民间就广泛流传着"金刀之谶"，经三国两晋南北

第二章 武氏诸王——武周政治新势力

朝,一直流传到五代十国时期,长达数百年。"金刀之谶"的核心当然是刘姓的人要当皇帝,但在长久地流传过程中,产生了各种变体,进而也就有了更为丰富的含义。就因为这么一个谶语,举兵起事者比比皆是,破家灭门者不计其数。

"皇帝"和"太师"虽然确认了自己未来的命运,但他们还得亲自出去跑业务,继续靠着刘思礼相面的本事扩大势力。刘思礼到处给朝廷官员看相,一见面就说人有大富贵,未来能当三品官。看相的人要是着了道,就接着忽悠,说他给綦连耀相过面,是有天命的人。你要是想成就大富贵,就必须得辅佐他。

靠着这么一套手段,他们终于拉拢到了一个重要人物,当时的中书舍人兼吏部侍郎王勮。王勮担任的这两个官职都能参与朝廷核心事务,中书舍人有权参与起草诏敕、处理六部提交的政务等;而吏部侍郎则是主管官员任命。王勮也是鬼迷心窍,真的就被这两个人忽悠了,然后利用职权任命刘思礼为箕州刺史,算是完成了预言里的重要一步。

世上没有不透风的墙,在他们继续拉人入伙的过程中,终于遇到了一个明白人。明堂尉吉顼也被拉去忽悠了一通,吉顼立马就反应过来他们是要谋反。他也没耽误,直接就找上了当时因为一些事情被贬官的头号酷吏来俊臣。既然来俊臣参与进来了,那事情就直达天听了，武则天当即命令河内王武懿宗主审此案。

本来就是个很简单的神棍谋反案，一审就明白了。但是主审官武懿宗可不这么想，他认为这个案子要往大了办，越大越好。所以武懿宗没怎么为难刘思礼，不但好吃好喝好招待他，甚至许诺他可以不死。只是武懿宗提了一个要求，那就是必须多多地攀咬，供出来的人越多越好。

要供出来的人自然不是随便定的，而是武懿宗指定的世家大族、朝廷重臣，甚至包括稍微得罪过他的。就这样，这个案子的规模越来越大，宰相李元素、孙元亨，代理吏部侍郎石抱忠、刘奇，给事中周𬤇，以及著名文学家王勃的哥哥泾州刺史王勔、弟弟监察御史王助，等等，都牵涉其中。

所谓的谋反名单上一共牵扯了世家大族、朝廷重臣36家。武懿宗把他们都抓进来严刑拷打，将罪名坐实。最后这36家都被判了灭族大罪。而跟他们有牵连的亲戚、朋友，又被流放了数千人。武懿宗到底还是没放过刘思礼，把他给杀了。

从另一个侧面也能说明这个案子的残忍程度。"刘思礼案"发生在697年，已经是武周末年了，当时很多酷吏都已经被惩治，酷吏政治几乎都要结束了。而且当时朝廷的大氛围是和谐，政治气氛开始变得宽松，李氏宗亲和武氏诸王之间也开始频繁互动。

第二章 武氏诸王——武周政治新势力

但就在这种气氛之下,武懿宗还是丝毫不收敛,搞出了震惊朝野的大案。

武懿宗还办过另外一个小案子,体现了他的另一种残忍。几年前突厥曾经大规模入侵过北方,甚至打到了赵州(石家庄附近)。开国功臣、玄武门功臣段志玄的儿子段瓒和另一个大臣杨齐庄在较早之前都因事被突厥扣押,这时也被突厥带到了赵州。段瓒找准了机会,打算和杨齐庄一起逃跑。偏偏杨齐庄比较胆小,没敢跑,段瓒就先跑了。

段瓒回来之后受到了朝廷的奖赏。杨齐庄不知道怎么想明白了,没过多久也跑了。他们俩之前商量逃跑的详情被朝廷知道后,武则天就对杨齐庄产生了怀疑,让武懿宗来审杨齐庄。武懿宗很快给案子定了性,说杨齐庄当时犹豫不决,就是心怀不忠的表现,应该判死刑。应该说杨齐庄相当冤枉,尤其是他还要和大叛徒阎知微一起被处决。

关于阎知微,还有一件我们不得不说的事情。武周时期正是突厥第二帝国崛起的时候,突厥常年入侵武周,朝廷很头疼。有一次,突厥提出想和中原和亲,但与一般和亲不一样的是,这次突厥出女性,中原出男性。朝廷大臣普遍反对,认为从来没有过这个先例。

武则天还是力排众议同意了,并且派出了自己的侄孙武延秀去和亲,又让阎知微、裴怀古等人作为和亲使。和亲团队到了突厥以后,突厥反悔了,说想和李唐的正统宗室和亲,这个姓武的算什么东西。突厥把武延秀一行人全扣押了,然后威胁他们。使节裴怀古不卑不亢,但阎知微腿一软就投降了。

阎知微可不是普通人,他是大画家、大工程师阎立本、阎立德家族的后人,出自名门望族。突厥很希望利用他的名望搅乱中原,就封他为"南面可汗",率领其他投降突厥的官员当先锋,攻打中原。

这次突厥打到赵州的时候,阎知微就是先锋。但等到突厥撤军的时候,他们觉得阎知微没什么用了,就跟他说,你自由了,回中原去吧。阎知微当场就傻了,走投无路之下被武周的军队给抓住了。

武则天怎么可能放过这个大叛徒呢,随后就把他五马分尸。并将尸体送到当时最热闹的西市展览,命令百官都得向他的尸体射箭。要说阎知微落得这么个下场倒是还说得过去,可是杨齐庄要和他一起被处决,算是倒了大霉。杨齐庄没有被车裂,不过也没逃过被乱箭穿心,满身被射得像刺猬一样。然后武懿宗把他的肚子剖开,掏出的心脏被扔到地上的时候还在怦怦地跳。

第二章　武氏诸王——武周政治新势力

如果说前面两个案子里，武懿宗的残酷还和一般的酷吏拉不开距离，那么他干过的另外一件事，就完全是毫无人性了。同样是这一年，契丹军队再次入侵，武懿宗被任命为行军统帅，率领20万大军迎击。但是他并没有成为统军大帅的胆略，大军临近赵州前线的时候，他怕了，直接退兵到了相州（河南安阳附近）。由于退兵太过匆忙，他丢弃了大批军用物资，而且还造成了契丹军队肆无忌惮屠杀赵州百姓的惨剧。

等到契丹退兵之后，朝廷又派武懿宗、宰相娄师德以及魏州刺史狄仁杰担任安抚使，分别去河北安抚受到战争伤害的民众。其他两位大使都是安抚民众、救济灾民，武懿宗就不一样了，每到一个地方都先杀人。契丹大军掳走了很多河北百姓，现在这些人都跑回来了。武懿宗却认为他们都是叛徒、反贼，用非常残酷的手段虐杀他们，剖心挖胆，血流成河。武懿宗不仅没有任何心理负担，还神情自若、谈笑风生，可谓残酷至极。

契丹大军在河北的时候，统帅名叫何阿小，也是屠杀了大批百姓。现在又遇上了一个同样残酷的武懿宗，河北百姓可算是倒了大霉。无奈之下只好编了个俗语讽刺他们："唯此两何，杀人最多。"前一个何，是指契丹统帅何阿小，后一个则是指河内王武懿宗。武懿宗回到朝廷之后，又上了一道奏章，认为应当把河北地区原来给契丹军队干过活儿、被胁迫过的所有百姓都灭族。这道奏表要真是被批准了,不知道又要死多少无辜的河北百姓。

好在朝廷还有能进谏的言官。左拾遗王求礼在朝堂之上当面把武懿宗给骂了一顿。他说河北地区的普通百姓本来就没有受过军事训练,也没有防备,凭借他们根本打不过契丹大军,被胁迫也只是想苟且偷生而已,怎么能说是叛国?倒是你武懿宗拥兵数十万,兵强马壮,遇到契丹大军,还没接战就望风而退。这才让契丹势力在河北地区蔓延,导致河北百姓不得不受到胁迫,所以说你才是罪魁祸首。现在你武懿宗想把这个责任都推给普通百姓,我看你才是不忠不孝之臣。请皇帝陛下先杀了武懿宗以告慰河北受苦的百姓。

大理卿杜景俭也上奏,认为这些河北百姓都只是受到胁迫之人,不应该治罪。武懿宗根本无法反驳这些义正辞严的奏疏,只好偃旗息鼓。武则天也同意了王求礼和杜景俭的意见,没有问罪于河北百姓。

除残忍之外,武懿宗还十分贪财。有一次,武则天在宫中举行家宴,宴请武氏宗亲。宴会期间,武懿宗突然对武则天说,他有急事上奏。武则天看他如此慌张,以为发生了大事。结果武懿宗说,他以前封地内的税赋都是由自己王府派人征收,现在朝廷

第二章　武氏诸王——武周政治新势力

规定改由地方政府代为征收，税赋每次都收不足，比以前少了很多。武则天一看竟然只是为了这么一件小事，气坏了，把武懿宗骂了一顿。说他好歹是个亲王，这也太没出息了，为几百户税赋的小事几乎惊吓到皇帝。这么看来，恐怕当不起这个王爵了。武则天说着就命令卫士把他拖下去，武懿宗赶紧叩头请罪，其他武氏诸王也出来求情，这才把他保下来。

武懿宗也不是特例。在武氏诸王中，还有几人也十分贪财，以建昌王武攸宁最为突出。武攸宁也曾经担任过宰相，他执政期间并没有什么突出的政绩，但捞钱的本事很大，他经常作为武则天的财务负责人。武则天想在洛阳北邙山的白司马阪修建一座大佛，费用由全天下所有的僧尼来承担。武则天让武攸宁来负责向僧尼收税，花费要十多万缗（缗，唐代通行的货币单位，约为一千钱）。宰相李峤和御史张廷珪都上书劝谏，不要搞这个花费巨大的工程，武则天才同意停止修建。

武攸宁为了满足武则天的财务需要，设置了专门的"勾使"，也就是专门收钱的使者。这个使者的唯一职责就是收钱，而且是征收正常税赋规定之外苛捐杂税以及各种名目的费用。这让老百姓苦不堪言，史称"毁族者十之七八"。勾使是宰相直接派遣下来的使者，宰相是武家人，背后是皇帝，没人敢惹，告状都没地方去。武攸宁为此专门新建了一座大库，有多达 200 多间屋子用来储存收来的财物。一次，大库不慎失火，所有财物都被付之一炬，连一个完整的铜钱都没剩下来。

残忍嗜杀、仗势欺人、气量狭小、聚敛贪财，等等，活动比较频繁的这几位武氏宗王，几乎把中国古代政治标签中坏人标配集齐了。但这还不够，他们还得加上趋炎附势、阿谀奉承、毫无气节这几条。

武则天晚年非常宠信男宠，比如薛怀义、张易之、张昌宗，等等。这些人一时之间权势熏天、炙手可热。这时武氏诸王纷纷放下自己的身段，做出了很多令人不齿的举动。薛怀义得宠的时候，武氏诸王称呼他为"薛师"。到了张易之、张昌宗得宠的时候，他们又亲切地称呼两人为"五郎""六郎"。甚至武承嗣、武三思、武懿宗等人曾经专门等候在张易之的门口，全然不顾自己的尊贵身份，争相为他牵马执鞭。

要说武氏诸王都是汲汲于权钱的品格低下之辈，那也不符合事实，他们之中确实还有性格忠厚恬淡之人。比如娶了太平公主的武攸暨，他就是个性情温厚的老实人，在纷繁复杂的朝局之中与世无争，因而武周时代和神龙年间的腥风血雨、权谋斗争都和他没什么关系。

第二章 武氏诸王——武周政治新势力

　　严格来说，武攸暨甚至是个可怜人，因为他和太平公主的婚姻并不幸福。太平公主真正喜欢的人，她的第一任丈夫薛绍因卷入了一场谋反案被杀。武则天打算把她嫁给武攸暨。但当时武攸暨的正妻还活着，太平公主不可能做妾，所以武则天就杀了武攸暨的正妻，强行"成全"了这对夫妻。太平公主不喜欢武攸暨，也对武则天不满，所以就开始热衷于搞政治、养男宠。武攸暨是个老实人，也不管她。武攸暨默默无闻地死在了中宗神龙年间，而这个时期，正是太平公主开始活跃于朝堂之上，参与最高权力争夺的时候。等到太平公主在与李隆基的政治斗争失败之后，已经死了的武攸暨也被牵连，甚至墓地都被毁了。

　　武家另一个与世无争的人是武攸绪。他从小品行就比较高尚，性情恬淡。被封王之后，他过得很不自在。在跟随武则天搞了中岳封禅之后，他终于受不了了，要求就地辞官归隐，就留在嵩山南麓生活。武则天对他的要求感到很惊讶，先同意了他的请求，然后派人一直监视他，怕他有诈。他对这些倒是没什么心理负担，悠闲自在地过起日子。夏天找个石洞避暑，冬天回到茅草屋里避寒，弹琴、读书，完全是山野人士的生活做派。武则天赐的珍玩华服、王公大臣送的器具物品，他从未打开过，就那么放着接灰。

神龙政变：重回大唐

　　武周退位、中宗重新即位之后，下了一道诏书把他召回京城，授予他太子宾客。他不好明着拒绝，就去京城了待了几天，然后又回到嵩山隐居。睿宗继位之后又想召他出来做官，他这次干脆连去都没去。在从中宗到玄宗即位这几年的腥风血雨中，武氏诸王纷纷遭难，只有他一直平平安安地继续过自己的日子。玄宗初年，武氏诸王基本都已经死光了，武攸绪还是没事。他可能觉得住在嵩山还是有点碍眼，就向玄宗打了个报告，想搬到庐山去隐居。玄宗跟他说，你别搬了，就在这住着吧，过年过节的时候我还能让地方官去慰问一下你。不搬就不搬吧，武攸绪继续在嵩山生活，一直到开元十一年（723）寿终正寝。算是武氏诸王里比较少的得了善终的人之一。

　　武攸暨和武攸绪算是武氏诸王中的异类，史书中对绝大多数武氏诸王都没有多少正面评价。政治品格卑劣、政治行径粗暴，这是我们从现有史书中总结的他们的群体特征，也是我们这一章呈现的主要内容。武氏诸王在武周朝、中宗朝以及睿宗朝这几个时期的活动，深刻搅动了当时的政局，也引发了重大动乱。他们在每个时期的活动如何，我们在具体章节中再持续展开。

第三章

太子危机——武周的火药桶

　　选择皇位继承人,在中国古代一向是非常复杂而且影响极大的事情,因为那是真的"家里有皇位要继承"。所谓皇位继承人,在中国古代通常被称之为太子。作为"常备副皇帝",太子在平时享有仅次于皇帝的政治、礼仪地位,可以单独居住一个大宫殿群(东宫);特殊情况下,可以临时行使监国权,全权处理朝廷政务,等等。理论上,太子在皇帝驾崩之后就可以继承皇位,成为掌控偌大国家的最高主宰,这种合法继承权成为太子享有独特地位和具有特殊诱惑力的最大来源。

神龙政变：重回大唐

但从历史上看，能够正常行使这种合法继承权，顺利继承皇位的太子实在太少了，尤其是唐朝。唐朝前期虽然正常立太子，但大多数都不得善果。大唐的第一个太子李建成就死在了著名的"玄武门之变"中。玄武门之变的胜利者、千古明君唐太宗倾心培养的太子李承乾，又因为图谋叛乱被废。高宗李治的太子们，遇上了最大的劲敌政治能手武则天，几乎被团灭。因为"废王立武"事件，高宗李治废了第一个太子李忠；武则天疑似亲手毒杀了李治最看好的太子候选人李弘，又间接杀了李治立的第二个太子李贤，再亲手废了李治选定的继承人李旦。睿宗的太子、后来的玄宗李隆基也通过和姑姑太平公主的搏杀才顺利掌权。玄宗立的首位太子李瑛也很惨，跟自己的两个弟弟先被废为庶人，随后被杀，成为著名的"三庶人"冤案。

唐后期干脆就没有正常的太子制度了，拥有军权的宦官成为"皇帝拥立者"，太子成为一种过渡身份。因此，武则天的丈夫唐高宗李治几乎是"独苗"，是唐代太子顺利行使合法继承权的唯一案例。

一般来说，不管在哪朝哪代，做太子都不是好事，因为太子的身份实在是尴尬。在平时他只是装饰性的"常备"，而不是实际管事的"常务"。他虽然是未来的皇帝，但身家性命又全捏在

第三章　太子危机——武周的火药桶

现任皇帝的手上。唐朝前期太子的危险系数更高，有一个主要的原因在于"玄武门之变"留下了较为恶劣的先例，而频繁发生的宫廷政变又加剧了这种情况。

从培养接班人的要求上看，太子是未来的皇帝，就必须成为道德楷模、学术代表、政务能手，还必须和朝廷大臣搞好关系，培养自己的执政班底。做不到这些的太子会被认为是无能，面临被废黜的危险；而真正能做到这些要求的又会被现任皇帝视为威胁，面临生命危险。太子与皇帝虽然基本都是父子关系，但是众所周知，最是无情帝王家。皇帝父亲带着一国之主的权力威压和一家之主的伦理威势，要是再配合上长寿基因的加持，太子儿子就很难能盼到顺利继承皇位。

对于武则天当政时期来说，情况更加复杂。不仅当太子特别危险，甚至如何立太子也成为一个棘手的问题。而且围绕着太子问题，武则天、武氏诸王与朝廷大臣之间进行了长时间的拉锯战，几方势力最终亮明了政治底牌，划分了政治阵营，为武周政权的结束埋下了伏笔。

神龙政变：重回大唐

一、武则天的太子困局

其实在谋求帝位的过程中，武则天就已经意识到了皇位继承问题比较难办。但是当时徐敬业叛乱、李氏宗亲不服、朝臣人心不附……更多现实问题都要优先处理。所以武则天想通过比较模糊的政治操作，长期搁置这个问题。

公元690年，武则天以临朝称制的身份，接受了时任皇帝睿宗李旦的让位，登基为皇帝。她转而命李旦以皇嗣的名义居住在东宫，跟母亲的姓，改名叫武轮，一应礼仪都按照太子的规格办理。

从表面上来看，似乎皇位继承人已经确定，李旦就是太子。但实际上李旦拥有的只是"疑似候选人"的空名。他的名号不是太子，而是含义很模糊的皇嗣，这就很有操作空间了。武则天高兴的时候可以解释，"皇嗣"就是"太子"的同义词；不高兴的时候也可以解释，李旦是我的儿子，"皇嗣"就是"皇子"的同义词。反正最终解释权在武则天手里，你还没地方告她欺诈。

武则天之所以采取这样的处理方式，主要还是因为复杂的政治考量。武则天是开天辟地以来的第一位女皇，虽然她本人在政

第三章 太子危机——武周的火药桶

治上达成了"女人当皇帝"的成就,但是她无法规避父系社会的通用规则。按照封建时代的礼制和宗法,武则天与继承人之间的合法继承关系,无法简单通过选立太子来实现。

太子的首选当然是自己的儿子,但偏偏武则天和他们之间的纠葛太复杂。李显,原来的中宗,被武则天废了,被降为庐陵王,外放到湖北房州软禁。李旦,原来的睿宗,也被武则天逼着退位,降为皇嗣,放到东宫软禁起来。这就让武则天很难处理和他们之间的关系。

横亘在她们母子之间的主要问题就是互相不信任。两个儿子整天瑟瑟发抖,时刻担心亲妈要弄死他们,毕竟这事儿也不是第一回了。况且从历史上看,从三国时期开始,但凡被搞下台的皇帝就没有一个不是莫名其妙"被死亡"的。

而武则天也时刻担心这两个儿子要重新夺权,把自己赶下台,但她确实又不能无缘无故地杀掉这两个儿子。从母子亲情的角度看,这两人毕竟是她的亲儿子,而且是最后的两个儿子。从政治的角度看,他们背后还有很多心怀李唐的大臣支持。这些大臣虽然佩服武则天的政治能力,也支持武则天称帝,但绝不会同意武则天杀掉这两个人。李显和李旦是他们心中"李唐"的代表,武则天去世之后,必须由他们即位,重回大唐。双方互相猜忌但又不能轻易动手，是随后几年里所有围绕继承人问题所发生的大案的背景。

除了儿子之外，武则天还可以选的就是武姓诸王，主要是自己的侄子们。选择诸武的难处在于，他们的政治能力都比较值得怀疑，对于他们能不能撑起朝局还是让人没有信心。而且绝大多数朝廷重臣都不喜欢武氏诸王，绝不会在政治上支持他们。最关键的是，武则天和诸武之间其实并不亲近，这从前面的描述中就可以看到。

所以综合起来，武则天面临的难题就变成了：

立儿子？朝廷大臣对于两人很欢迎，在合法性上也没什么问题。但他们都是"李唐"的代表人，即位之后"大周"政权就一定会荡然无存。

立侄子？武家人继续当皇帝，倒是有可能保住"大周"的名号。武氏诸王很积极地在谋划，武则天也确实动过这个心思，但是会引起朝廷大臣的激烈反对。

在现代某些人看来，武则天还有第三个选择，那就是立女儿太平公主。这其实就有点闹着玩儿的意思了，肯定不行。虽然太平公主很强势，但这是对于宗法规则和礼制规范的彻底冲击，会引起全天下的强烈反对，难度要比武则天称帝高出不知多少。

第三章 太子危机——武周的火药桶

排除了立女儿的选项之后,武则天实际就只能在两个亲儿子和一堆武氏诸王之间挑选。既然怎么都不合适,那就把这个问题暂时搁置起来,这实在是没有办法的办法。

但不管怎么说,继承人的隐患终归是没有解决,有些聪明人马上就动起了脑筋。这就是那些通过"武周革命"而一跃成为武周宗室的武家子孙。他们眼见李氏宗亲已经被武则天杀得差不多了,势力衰弱。如果把李旦这个疑似继承人搞下去,那就差不多完全是武家人的天下了。

二、王庆之请愿事件

武家人中对换太子这件事最积极的就是魏王武承嗣。他认为自己从公私两方面来说都是最有资格当太子的。从公的方面来说,他在"武周革命"的过程中功劳最大,武则天很多见不得光的政治谋划,都是通过他来执行的。从私的方面来说,他在武氏诸王中最为年长,而且直接承袭了武则天父亲武士彟的爵位,因此他在心中早就已经默认自己要充任皇位继承人了。

于是在武承嗣的安排之下,一场请愿活动就开始上演了。691年,武承嗣授意当时的凤阁舍人张嘉福(也就是中书舍人,当时中书省改名凤阁）联络了一批游手好闲的"民众"，由洛阳人王庆之带领到宫门口上书，请求立武承嗣为太子。

搞平民请愿这种事儿，其实在唐代以来并不常见，但武周时期恰恰发生过很多次。武则天为了能够顺利称帝，也是依靠了同样的手段。689—690年之间，武则天为了正式称帝，发兵平定了以越王贞为首的李氏宗亲最大规模的反抗行动，然后搞出"天授圣图""弥勒下生"等灵异现象，营造了天授皇权的舆论环境。最后一步就是要获得民意。

就在当年，侍御史傅游艺率领关中所谓"百姓"900多人到宫门口上表，请求现任皇帝睿宗退位，改国号为周。武则天表示不行，但也没有任何处罚，反而把傅游艺晋升为正五品上的给事中，一口气连升七级。这下子可给其他人做了榜样，于是上到朝廷百官、王公贵族，下到京城远近的百姓，甚至到京城出差的四夷酋长，作为方外人士的和尚道士，一共6万多人先后向皇帝上书，一致要求改朝换代。舆论汹汹之下，逼得皇帝没办法，只能上书武则天，表示愿意改姓武，愿意退位。武则天这才顺应民意，勉为其难当了皇帝！

武则天把一手操纵民意的表演做得十分到位，而这件事的实际经手人有可能就是武承嗣。于是武承嗣也依样画葫芦。不管怎

第三章 太子危机——武周的火药桶

么说,名义上武则天都是依靠民意才上位,所以对于这次上书也不能不理睬。不过,还没等武则天表态,朝廷大臣首先就表示了不同意。

对于这次请愿,宰相岑长倩当即表示,皇嗣现在东宫,这种请愿立太子的事儿本就不该谈论,皇帝最好下诏书谴责领头上书的人,然后驱散所谓的民众。武则天又问另一个宰相格辅元,格辅元也说不行。两个宰相挡道,这件事儿就快没戏唱了,于是诸武发动了政治攻势。

当时武则天曾经下过一道诏书,让天下所有地方都修建大云寺,岑长倩表示反对。要知道,武则天能顺利称帝的重大助力之一就是有一帮人宣称她是弥勒下世,而为她提供这种神异理论支持的就是《大云经》。武则天让全天下修大云寺属于绝对的重大政治工程,岑长倩竟然敢公然反对。这就让诸武抓到了把柄,罢免了他的宰相,任命他为武威道行军大总管,出征吐蕃。

抓不到格辅元明显的把柄也没关系,诸武就祭出了百试不爽的大杀招。武承嗣先诬陷格辅元谋反,然后把案子交给来俊臣审理。这种谋反案到了来俊臣手里,规模怎么可能小得了!来俊臣一上手就把岑长倩的儿子岑灵原抓了,再通过他牵连出了司礼卿欧阳通等十数人。尽管欧阳通比较有骨气,不管来俊臣怎么毒打用刑，都拒绝承认谋反。但是没有口供也不要紧，这种事儿来俊臣也不是第一次办，他就弄了一份欧阳通的假口供把案子给定了。就这样，一个以岑长倩和格辅元为首的谋反集团就被定性了。岑长倩还没走到前线就被抓了回来，在次月和格辅元、欧阳通等人一起被杀。

排除了最大的障碍之后，王庆之终于见到了武则天。史书记载了两人之间的对话，很有深意。

问："皇嗣（指李旦）是我儿子，你们为什么要上书废掉他？"

答："《左传》说'神不歆非类，民不祀非族'（神不享受不同族类的人供奉的祭品，百姓不祭祀非本宗族的祖先）。现在是武氏的天下，怎么能让姓李的作为继承人呢？"

很显然，王庆之的回答经过了精心设计。他直指女皇与继承人之间的合法性问题。李旦虽然是她的亲儿子，也改姓了武，但始终代表李唐。让李旦做太子，大周政权就不能传承了，所以继承人只能选武家的人。

这个回答显然引起了武则天的思考，她没有回复，只是让王庆之退下。王庆之没有得到明确表态，也知道这次的机会非常难得。他立刻跪在地上，拼死请命，一定要武则天给个确定的答案。武则天只好给了他一个通行证，告诉他以后可以随时来见。

第三章 太子危机——武周的火药桶

应当说，武则天的这种态度其实已经表明，她对于继承人的问题其实非常慎重，并没有急于换掉李旦的意思，更不会主动支持武承嗣当太子。

王庆之不知道是没有领会这层意思，还是得到了上面的指示，办事过于急躁了。他频繁求见武则天，搞得女皇不胜其烦。有一次，武则天实在是生气，就命中书侍郎李昭德把他拉出去打板子，教训他一下。李昭德把王庆之拉到光政门外（洛阳皇宫的南门之一），对着朝臣说，这个贼子想要废了皇嗣，拥立武承嗣。李昭德先让人扇他耳光，一直打到耳朵、眼睛都冒血，再让人将他拖下去打板子，直接将人打死了。看到领头的死了，那些跟着上书闹事的人也就一哄而散了。

李昭德回去之后，跟武则天长谈了一番。他说："天皇（高宗李治）是陛下的丈夫，皇嗣（李旦）是陛下的儿子。陛下您已经掌控四海，这应该是传给子孙的万世基业啊，怎么能让侄子作为继承人？要知道，自古以来就没有侄子当皇帝之后给姑姑建立宗庙的。而且陛下是受了天皇高宗的托孤重任的，如果把天下交给武承嗣，那天皇自此之后就不能享受祭祀供奉了。"

李昭德的这段话相当有水平，直接击破了王庆之的那套说辞。李昭德首先从宗法关系上，否定了所谓立武氏诸王为太子才能继承大周的理论。王庆之的说辞是从姓氏的角度入手，而李昭德是从宗法礼制角度解析。李旦虽然不是武氏宗亲，但从宗法关系上，确定无疑是武则天的儿子。李旦即位了肯定还会祭祀母亲武则天，但从来没有侄子把姑姑送进宗庙供奉的例子。

李昭德还把高宗李治抬了出来，大打感情牌。武则天和李治之间有一定的感情基础。当年，李治在去世之前把中宗李显托付给武则天，让李显在军国大事方面遇到难题时向武则天请示。但中宗只做了55天的皇帝，就被武则天找个理由废掉了。在这件事上，武则天对高宗有所亏欠。然后他又说，如果把皇位传给了武氏宗亲，不光你，高宗也肯定不能享受祭祀了。进一步把武则天的亏欠感拉满。

显然武则天很认同李昭德的话，以至于武氏宗亲很长时间之内，都不敢再明目张胆地提更换继承人的问题了。不过这也并不意味着李旦的地位有多稳固，两年后，诸武又对李旦发动了持续性的进攻。

三、岌岌可危的皇嗣

693年初，发生了一件很有意味的事件，极大鼓舞了诸武再

第三章 太子危机——武周的火药桶

次争夺太子地位的野心。按照武周时期的礼制,每年年初都要祭祀万象神宫。万象神宫是武则天新修建的一个洛阳的地标性建筑,一般称它为"明堂"。明堂在中国古代礼制上和祭祀上天的"天坛"几乎处于同等地位,因为它是祭祀上古贤王、宣扬德政、宣布政教的场所。武则天时期对于明堂特别重视,把万象神宫修得气势磅礴、富丽堂皇,并且明堂的祭祀都很隆重。但就在这一年的明堂祭祀上,出现了一个不同寻常的现象。

通常情况下,正规祭祀主要有三个人参与,他们被称为初献、亚献和终献。对于皇家而言,前朝的大型重要祭祀,初献通常是皇帝,亚献是太子,终献是地位尊崇的公卿大臣。但在这一年的祭祀中,武则天是初献,武承嗣是亚献,武三思是终献。不仅完全绕开了皇嗣李旦,而且武氏诸王占了亚献、终献两个名额。这对于蠢蠢欲动的政治野心家来说,可是莫大的鼓舞。尤其是李旦亚献地位被武承嗣取代背后的政治意义,更是刺激了当时的人的神经。这又与武则天搞出来的先例有关。

665年,唐高宗带着皇后武则天举行了一次泰山封禅。封禅是人间天子向天地神祇汇报工作的礼仪程序之一,它和在天坛祭祀有一个本质的区别。那就是必须仅限于立下文治武功、实现天下太平的皇帝,而汇报的内容也必须是天下大同等治理成就。可以说，封禅典礼在一定程度上是中国古代最为盛大的祭祀之一。

要说这一年高宗李治去搞封禅确实还行，因为这个时期大唐确实很强盛。高宗继承了贞观时期的遗产，经济发达、百姓安康、四夷归附、天下太平。但这个典礼对于武则天来说十分不友好，因为没有皇后参与的程序。

根据当时设计的礼仪步骤，"封"是祭祀上天，由皇帝初献，公卿大臣亚献和终献；"禅"是祭祀后土，礼仪过程也大致类似。比较特殊的地方在于，"禅"这个程序要以皇太后配享。武则天就抓住了这个环节，在高宗面前大吹枕边风：皇帝初献没问题，自家人嘛。让公卿大臣亚献、终献可不好，男女有别啊。这最好能改一下，让我带着妃嫔参与，也算是儿媳妇孝敬婆婆。高宗还真就同意了这个提议，让武则天充当亚献。

武则天当亚献的事儿离着武承嗣当亚献这件事不算太久，朝廷里的大臣和诸武都不会忘。武则天争亚献，后来就成了临朝称制的太后，现在成了皇帝。现在武承嗣又争来了亚献，那他想干什么？不仅如此，作为终献的武三思也逐渐加入争夺太子之位的行列中。总之，这件事的影响很不好。果然，就在这一年，李旦迎来了最危险的时刻。

第三章 太子危机——武周的火药桶

四、婢女的能量有多大

在这一年，李治迎来了一场无妄之灾。武则天有一个很宠信的婢女，叫团儿，可能是太得宠，导致她已经不太能摆正自己的位置。不知是什么原因，让她对皇嗣李旦产生了忌恨。史书上只是委婉地说"有憾"，也就是对李旦心怀不满。而野史大都声称是她勾引李旦不成而心生怨恨。

团儿利用太后对自己的宠信以及对皇嗣李旦的猜疑，诬告李旦的正妃刘氏、德妃窦氏（窦抗的曾孙女）行巫蛊。经过这么多年的影视剧洗礼，相信大家都知道这是宫斗中多好用的一个理由，不仅操作方便而且罪名很大，摊上了基本就是必死局。武则天直接把两个妃子叫到了嘉豫殿，显然两人没能在这次面见的过程中辩解成功。她们在出宫的路上被偷偷杀害，就地埋在了宫里，甚至都没人知道埋在哪儿。这可把李旦吓坏了。两妃子出门见武则天迟迟未归，他不仅不能问，甚至还不能表现出任何异常。只能装得跟平时一样，在武则天面前谈笑风生、面色如常。

接下来团儿又继续诬告李旦。很快就有人把实情禀告武则天，武则天就把团儿杀了。团儿的后续操作证明，那两个妃子根本就不是她报复的目标,李旦才是。她诬告两个妃子应该是想牵连李旦,只不过没有成功,所以她才再次行动。

团儿之所以能够轻易害死两个妃子,还是由于武周年间的政治环境太过恶劣。正如我们前面所说,朝廷公开鼓励告密。于是告密者经常鼓动权贵之家的奴婢告发他们的主人,甚至德妃的家人也在这时也经历了同样的厄运。

德妃的父亲窦孝谌在润州当刺史,有人知道了德妃的遭遇,就想搞个大案子,把他们家牵连进来。于是窦家的一个奴婢就伪造了一些鬼神之事吓唬德妃的母亲庞氏,然后再告诉她只要夜里进行祭祀祷告就能免除灾祸。正在庞氏祷告的时候,奴婢向官府告发。监察御史薛季昶当即把这件事和德妃联系起来,上奏说她们是一个团伙,庞氏也被判了死刑。

好在庞氏的儿子窦希瑊没有放弃,他找到了侍御史徐有功。徐有功这个人比较敢说话,调查明白之后就上书说庞氏无罪。最关键的是他把薛季昶拉下了水,说这个人是受人指使,恶意制造冤案。是谁指使他没说,但显然当时的人都知道是谁。

得罪了薛季昶背后的人显然是不会有什么好果子吃的。果不其然,徐有功被拿下,判处绞刑。当有人告诉徐有功也已经被判绞刑的消息时,他表示完全不意外,还说反正大家最后都得死,

第三章 太子危机——武周的火药桶

无所谓。然后徐有功就拿把扇子把脸一盖,呼呼大睡了。

可能徐有功的表现太过出人意料,武则天就把他叫了过去面谈。武则天显然翻过徐有功的档案,当面责问他为什么以前断案经常出错。徐有功也不解释,反而说断案出错是我作为臣子犯了小错,而宽容有好生之德才是君王的大德行。武则天被噎得说不出话,就把案子重新审判。庞氏和她的三个儿子被流放岭南,窦孝谌被贬官,徐有功被免职。

从表面上看,窦家后续的案子和李旦没有直接关系。但实际上政治斗争永远不会这么简单。有一个间接的证据表明这一系列的事件,使得武则天对李旦的信任感降低了。因为就在此案之后不久,李旦所有儿子的政治待遇全部降低,并且被外放。

李旦长子李成器(后来改名李宪),在睿宗还是皇帝的时候已经被立为太子。睿宗退位成皇嗣之后,他也被降为皇孙。这个"皇孙"可不是单指辈分,而是有继承人的含义。类似的情况在明代也出现过,太子朱标的儿子建文帝朱允炆就是以皇孙的名义,越过了所有的叔叔直接继承皇位。但经过这件事后,李成器被剥夺了皇孙的身份,降为寿春郡王。

李旦的其他儿子,恒王李成义降为衡阳郡王,楚王李隆基降为临淄郡王,卫王李隆范降为巴陵郡王,赵王李隆业降为彭城郡王。从表面上看，除了李成器从皇孙降为郡王，有明显降级之外，其他人都还是王，似乎没有什么区别，但实际上差别非常大。按照朝廷的规制，"一字王"的地位远超过"双字王"。一字王是亲王，二字王就成了郡王，不仅级别降了很多，而且原来他们都还能待在京城，现在就必须去外地就藩。他们既被调离了权力中心，又被置于地方官员的监视之下。

可见如果这个案子要是继续审下去，总有机会牵连到更多的人，李旦也在所难免。好在遇到了一个不怕事儿的徐有功，李旦平安躲过了这一劫。不过，对于这一年的李旦来说，团儿只是一道开胃菜，真正的危险还没来呢。

五、安金藏力挽狂澜

没多久之后，有人告发前尚方监裴匪躬和内常侍范云仙私自拜见皇嗣李旦，这又是一个要命的罪名。要知道，名义上太子手下是有一套完整的、仿照朝廷百官设置的官僚系统。太子和这些东宫官员之间的关系一般都比较亲密，继位之后也会提拔重用这些人，所谓一朝天子一朝臣，就是基于这种模式。但能和太子见面比较自由的官员也仅限于这些人，朝廷大臣如果不兼任东宫官

第三章 太子危机——武周的火药桶

员却私下和太子见面，就属于结党营私。

太子本就是未来的皇帝，手里也掌握一定数量的卫兵，如果再去搞拉帮结派这一套，那就不由得现任皇帝多想了。你小子是不是想抢班夺权啊！这种事情无论在哪个皇帝那里都是重大罪名，更别提发生在关系糟糕的李旦和武则天之间了。

毫无意外，这个案子又落到了来俊臣的手里。范云仙在严酷的刑罚之下，仍然坚持喊冤，来俊臣就把他的舌头割了。这吓得所有人都不敢给他们求情，罪名也就被定死了。武则天当即下令把这俩人拉出去砍了，而且还专门起用已经荒废了很久的、非常残酷的腰斩。

所谓腰斩，就是用铡刀把人拦腰斩断。由于身体的重要器官都在上半身，没有受到直接损害，受刑人不会立刻死亡，反而会在完全清醒的情况下经历较长时间的痛苦。被处以腰斩的最有名的一个案例是清朝雍正年间的俞鸿图案。他作为河南学政主持考试的时候被查出有家人徇私舞弊，就被判了腰斩。俞鸿图也是个狠人，受刑之后用手指蘸着自己的血，在地上连续写了七个"惨"字才气绝身亡。监斩官把这一惨状报告给了雍正，一向以冷酷著称的雍正也觉得太过残忍，这才最终废除了腰斩的刑罚。

裴、范二人之后，还有左卫员外大将军阿史那元庆、白润府果毅都尉薛大信等人也因为私下见皇嗣李旦而被杀。这些情况让武则天对李旦产生了更深的怀疑，于是下令禁止李旦再和公卿大臣见面。

借着这股风潮，马上有人跳出来告发李旦图谋不轨。想睡觉就有人递枕头啊，武则天正怀疑李旦有什么图谋，机会这就来了。她马上命令来俊臣主审，抓了李旦身边一大批人。严刑拷打之下，很多人都忍受不住，准备承认谋反的罪行，求个痛快。

这正是来俊臣和他背后的势力想要的结果，只要有人承认，李旦就脱不了干系。那么李旦不仅保不住疑似继承人的位置，而且还有生命危险。在这千钧一发之际，又是一个小人物改变了整件事的走向。这个人就是安金藏。

安金藏，原本只是太常寺辖下的一名低级属员。他当时是侍奉李旦的侍从之一，也被来俊臣抓走了。尽管遭受了毒打，但安金藏始终没有屈服。在同僚马上要坚持不住的时候，他对着来俊臣大喊："我说太子没有谋反，你不信我的话，那我就把心掏出来给你看。"随即，他抢过押官的佩刀把自己开膛破肚，五脏六腑全都一涌而出，血流满地。安金藏随即气绝倒地。

这件事很快就传到了武则天的耳中。她当即命人把安金藏抬到宫里，派医官抢救。医官把他的五脏六腑收入身体之中，然后用桑白皮做线缝合，敷上药。经过一夜，第二天安金藏醒了过来。

第三章 太子危机——武周的火药桶

武则天亲自过来探视时,对着他感叹道:"我的儿子蒙冤却不能自辩,这说明他表现出来的忠心不如你啊。"然后,武则天就令来俊臣停止审问,李旦奇迹般地被从悬崖边上拉回来。

这件莫大的功劳,使得安金藏在睿宗重新即位之后平步青云。甚至到了开元二十年(732)的时候,唐玄宗还专门晋封他为国公,并把他的名字刻到了泰山上。同时这件事也在历史上留下了浓墨重彩的一笔,直到现今,历史学家还在为了搞清楚此事更多的细节而努力。

在上穷碧落下黄泉般地努力之下,安金藏以及他做的这件事的更多细节也被发掘出来了。从身份上看,他的祖先为中亚地区的昭武九姓,也就是粟特人。他的父亲安菩,是中亚安国的高级首领,后来率领部族归化入唐。安金藏是安菩的小儿子,而且是个孝子。他母亲去世之后,他不仅在墓旁守孝,而且还亲自为母亲修建石坟、石塔。

安金藏幼年的成长经历可能比较艰辛,没有享受到什么特殊待遇。从种种迹象来看,安金藏当时担任的是"君子不耻"的下九流职务,具体来说就是"巫医乐师百工之人"中的"医"。他是作为太常医工侍奉在李旦身边。

有学者曾经质疑安金藏剖腹事件的真实性,因为当时同样来自西域的袄教徒普遍会表演一种魔术，就是用刀剖开肚子，然后再念动咒语就能恢复如初。但更多的学者并不同意这种看法，认为安金藏剖腹事件完全真实可信。

尽管安金藏精通医术，他剖腹的时候应该知道自己还有被救回来的可能，甚至派来抢救的医官应该就是他的同事。但这件事确实是要拿命来赌的，最核心的问题就是，谁也不敢保证他剖腹之后会有人来抢救。所以笔者很愿意相信，他确实是出于正直、义愤才做出舍命的举动。

通过徐有功、安金藏这两个案子，我们可以很明显地看到，武则天能及时地知道他们在牢狱之中的一举一动。

六、狄仁杰的助攻

对于李旦来说，渡劫一般的 693 年终于过去了，他不仅活了下来，还保住了摇摇欲坠的"皇嗣"身份。该总结还得总结，这倒霉的一年里，发生了这么多的事儿，总不能都是巧合吧。其实谁都明白背后是哪些人在搞事情。

从后果来看，这一年的进攻虽然没能扳倒李旦，但是也差不多了。李旦不能和大臣见面，儿子们也都被发配外地，皇帝对他

第三章　太子危机——武周的火药桶

的怀疑更加深重。在随后的几年里，以武承嗣和武三思为首的武氏诸王仍然在积极地谋求太子之位，虽然没能翻起来什么太大的浪花，但总这么着也不是事儿。对他们来说，只要皇嗣还没正式被确立为"太子"，只要武则天还在位，那时间就还有的是，持之以恒，总有成功的一天。

在这种情况下，已经被封闭起来的李旦自然是没什么办法，能够打破僵局的就只有朝廷重臣了。

我们前面就提到过，武则天手下的大臣对于她称帝没什么意见，但也就只认她这一个人。什么男宠，什么武氏诸王，统统不认。而且他们几乎每个人都明确表态，武则天驾崩之后，天下还得还给李唐。不过毕竟武则天还是很强势，李旦的位置也维持住了，他们还不好做出更激烈的举动。

太子问题沉寂了几年之后，终于又被翻起来了。698年，武承嗣和武三思再次授意多人向武则天进言，还是老一套，"自古天子未有以异姓为嗣者"。眼看事情又要起波澜，这时候一个几乎能一锤定音的人物出现了。他就是大名鼎鼎的狄仁杰。

狄仁杰劝武则天说，太宗皇帝栉风沐雨、筚路蓝缕，亲自上战场拼杀，才把天下平定了。太宗把天下传给了高宗，高宗又把两个孩子托付给陛下。但是现在陛下想要把这个天下交给其他人,这恐怕违背了天意啊。而且姑侄亲还是母子亲,这不用说吧。陛下立儿子当太子,等您千秋万岁之后,就能够配享太庙,永享供奉。但是要立了侄子,那我可从来没听说过有哪个侄子让姑姑进宗庙的。

以上这些话的大概意思和几年前没什么不同,虽然武则天耳朵都快听出茧子了,但它确实有用。不过武则天也没真听进去,她回了狄仁杰一句:立太子是我的家事,你就不要掺和了。

这句话听着可太耳熟了,武则天当初能顺利成为皇后,也是借助了李勣的一句,"此乃陛下家事,何必更问外人"。当时,高宗李治想废掉王皇后,立武则天为皇后。顾命老臣长孙无忌和同样是顾命大臣的褚遂良坚决反对,逼得高宗李治不仅亲自去长孙无忌家里劝说,还偷偷送了他一车金银珠宝、十车绫罗绸缎。皇帝做到这个份儿上,也算是低声下气了,但长孙无忌就是不松口。这时候代表军队势力的李勣的这句话,给了高宗莫大的支持:换皇后是陛下您自己家的事,您问外人干啥。此后高宗和武则天终于通过复杂的政治运作,达成了目标,把武则天扶上了正宫宝座。

"皇帝家事"这个说法,也不仅在唐代出现,类似的说法前溯魏晋南北朝,后至明代都有出现过。既有皇帝自己说的,也有大臣说的。从效果上看,这是一个有点耍滑头的话术,大臣不想

第三章 太子危机——武周的火药桶

表态或者不方便表态的时候可以用，皇帝不想受到大臣掣肘的时候也可以用。

武则天要滑头，可惜碰上了狄仁杰。狄仁杰立刻回答道，皇帝以天下为家，四海之内，任何人都是您的家臣，所有事都是陛下的家事。把天下比作一个人的话，君王是头脑，大臣是四肢，我们都是一个整体。更何况我是宰相，这种事儿我怎么能不管呢？狄仁杰说得义正辞严，这下轮到武则天没词了。后来，狄仁杰借着和武则天闲聊的工夫，给她讲了一通道理，终于说动了武则天下定决心解决太子问题。不过史书上关于二人具体聊了什么、怎么聊的，有两个完全不同的版本。

我们先来看第一个版本。有一次，武则天说自己连续好几个晚上都梦见下双陆棋，但就是赢不了，问狄仁杰这是有什么预兆。双陆棋是中国古代长时间流行的棋类游戏，考古发现过不少实物。虽然关于它的完整游戏规则已经失传了，但根据史料上的描述大致还是能知道一些。双陆棋盘上是有"宫"这个位置，必须要在"宫"里面有自己的棋子才能获胜。当时在武则天旁边的狄仁杰和另一个宰相王方庆一合计，就说："陛下，双陆棋赢不了，是因为没有'子'啊。这是上天在警告陛下，您必须要立自己的儿子当太子啊，不然国本动摇，天下就危险了。"

107

狄仁杰和王方庆玩了一手谐音梗加双关语，用"棋子"的"子"，既代表"儿子"，又代表"太子"。利用双陆棋的规则，点出必须要在"宫中有子"，也就是要立太子、正国本。

我们再看第二个版本。还是武则天说她做了一个梦，梦见一只大鹦鹉，两个翅膀都折断了，问这是什么预兆。狄仁杰回答："鹦鹉就是代表了您的姓氏'武'，两个翅膀就是您的两个儿子，庐陵王和皇嗣。现在他们的处境都不好，所以两翅折断。如果您能重用这两个儿子，那两翼自然就恢复如初，武周也就能国泰民安了。"

同样是一个谐音梗外加双关语的故事。不得不说，这种解梦的方法确实是中国古代最常见的方法之一，也是人们制造政治寓言的时候最喜欢用的方式。不论这两个故事哪个为真，它所起到的作用是一致的。

也许是一贯相信神异事件的武则天，真的认为这是上天警告。又或者是武则天认清了政治现实，只要有这些大臣在，太子的位置就不可能落到武家人手里。自此之后，武则天就彻底断了立武承嗣和武三思的念想，开始认真考虑在两个儿子中间挑一个太子。

第三章 太子危机——武周的火药桶

七、还是李家太子

按常理来说，李旦已经是皇嗣了，要是从两个儿子里挑太子的话，选他似乎顺理成章。但实际上并非如此，不论武则天还是朝臣都更倾向于远在房州的庐陵王李显。

武则天不太想立李旦，主要是因为这些年在京城武则天对李旦打压得太狠，母子之间的隔阂太深了。武则天不仅杀了他两个妃子，还把他的所有儿子外放，又不让他见任何外臣。随着身边的人一个个离去，李旦整天担惊受怕，如履薄冰，如临深渊。这种情况下，武则天恐怕不会认为把太子之位给李旦是个好主意。反而是庐陵王李显，他和武则天之间的隔阂相对比较小。在被武则天废了皇帝之后，李显就远远地离开京城了。这些年来虽说肯定是受了不少苦，但终归远离政治旋涡，受到的冲击比较少。如果把他从苦寒之地接回来，还把本来没有指望的太子之位给他，那他的反应与李旦肯定会不太一样。

朝廷大臣想立李显的理由在于，他目前的身份是嫡长子。武则天和高宗一共生了4个儿子，李弘、李贤、李显、李旦。前两位都已经死了，所以就轮到李显当嫡长子。在中国传统士大夫的政治逻辑中，皇位继承人的最优选择就是嫡长子，再次是嫡子，又次是长子，实在不行了才会以"立贤"的名义从其他皇子中挑选。这是从西周以来持续了数千年的宗法制核心原则，嫡长子为大宗在皇位继承制度当中占有绝对优势。士大夫们都相信，如果即位的皇帝出身不正就会引起其他人对于皇位的觊觎，进而引发政治动荡。所以当时的朝廷重臣普遍认为，李显是太子的最佳人选。狄仁杰就曾经对张易之非常明确地说，只有迎立庐陵王才能避免政治灾难。曾经力保李旦的宰相李昭德也曾多次对武则天说过，应该把庐陵王接回来当太子。

相信这个时候一定会有人不理解，既然大臣们都觉得李显最合适，那他们为什么拼命保护李旦这个"皇嗣"？简单来说，这是两码事。李旦虽然不是太子，但终究是有疑似继承权的皇嗣，在当时是最具合法性的继承人。况且，他面临的是武家人的威胁，李旦这时就是李唐的代表，那朝廷重臣一定要保。如果在和武氏诸王的斗争中，武则天把李旦扶为太子，估计他们也会同意。但现在情况不一样了，既然武家人已经被排除出了太子之位的竞争，要从两个皇子中选一个太子，那他们就觉得李显更合适。

就在这个时候，一个意料之外的事情促成了太子问题的最后解决。这一年初，契丹入侵河北道的战事进入最后阶段。契丹大

第三章 太子危机——武周的火药桶

军围困幽州的时候发布了一篇檄文,声称一定要朝廷把皇位归还给庐陵王李显。显然,契丹人也非常清楚当时武周朝廷内的太子危机。他们倒不是为李显伸张正义,而是纯粹为了挑拨离间,想让武则天猜忌李显有勾结外族的嫌疑,把朝局搅得更乱。

不过这件事给了御史中丞、控鹤监内供奉吉顼一个机会。当时,武则天晚年最得意的两个男宠张易之和张昌宗也都是控鹤监内供奉。吉顼和他们之间还走得比较近。吉顼先吓唬了这兄弟俩一顿。他说,你们两人现在是既得宠又享富贵,不过这都不是靠学识和功勋得来的,终归不是正途。直到现在天下还有不少人盯着你们、忌恨你们。现在你们如果不立个大功的话,以后就没有资本来保全自己的地位和安全。

张易之和张昌宗的政治水平,和吉顼根本就不在一条水平线上。他们俩当时就慌了,一把鼻涕一把泪地问吉顼该怎么办。吉顼趁机说,现在就有个好机会。天下人都还怀念李唐,都想要让庐陵王当太子。要知道现在皇帝年纪已经很大了,她开创的天下要有人能够托付啊。而且皇帝现在已经排除掉了武氏诸王,你们俩如果能率先劝陛下立庐陵王为太子,就能够满足天下人的企盼。有了这份功劳,别说不会遭殃,反而可以长久地保有富贵,多好的事儿!

神龙政变：重回大唐

张易之和张昌宗觉得吉顼说得特别对，两人得空就在武则天面前吹枕边风。武则天本来就有此想法、大臣们还鼎力支持，现在连自己的男宠都说应该立庐陵王李显，那就这么办吧。

一个月后，武则天向自己的亲信说庐陵王现在生病了，房州的医疗条件不好，还是回京城吧。然后就派了职方员外郎徐彦伯去房州，把庐陵王李显以及他的妃子、孩子都接到了神都洛阳。这时候武则天的心情应该是不错的，毕竟终于下决心解决了一个困扰了她很多年的心病，所以武则天向大臣们开了个小玩笑。

武则天把庐陵王接回神都是秘密进行的，朝臣们都不知道。等李显到了洛阳之后，武则天就让他躲在帐子后面，然后把狄仁杰叫了过来。武则天假装跟狄仁杰商量立庐陵王行不行之类的话题，把狄仁杰急得都哭了。看着狄仁杰着急的样子，武则天让庐陵王从帐子后面出来，对狄仁杰说："我把太子还给你了。"

庐陵王不仅回来了，武则天还亲口说他是太子。这对狄仁杰来说可是大喜过望，让他激动不已。但狄仁杰毕竟是个久经考验的政治家，这时候他敏锐地意识到了一个问题，既然我都不知道庐陵王回来当太子了，那天下人就更不知道了，太子不能当得不明不白啊。所以他又对武则天说，太子回来了，但是大家都不知道，还在议论纷纷。这样不明不白回来的太子，不能让大家相信

第三章 太子危机——武周的火药桶

啊。武则天也同意他的看法。就让李显重新出城,到离洛阳不远的龙门住着,然后昭告天下,风风光光地把李显给接了回去。

要注意的是,李显这时候还是庐陵王,武则天虽然亲口说了他是太子,但毕竟没有下达诏书,也没有昭告天下。按照武则天的性格,这件事她还是要慎重考虑、权衡再三,所以才有了接下来这个故事。

某一天,武则天不知道是想再试探一下大臣们的态度,还是真的有所动摇。她专门把宰相们找过来,询问他们立武三思当太子行不行。宰相们听了以后面面相觑,摸不准武则天到底是什么意思,一时间不知道该怎么回答。这时候还是狄仁杰站了出来。他说,我看现在不论是上天还是百姓都还是心向李唐的。契丹入侵的时候,您派了梁王武三思去招募军队,一个多月报名的人还不到千人。后来庐陵王代替他募兵,不过一两天就招募了5万人。人心向背还不明显吗?如果您想找继承人的话,我看非庐陵王李显不可。武则天听了这段话很生气,但也无可奈何,只好作罢。

这个小插曲之后,李显太子候选人的位置基本就已经稳了。这个时候有个人就特别尴尬,那就是当了这么多年疑似继承人的皇嗣李旦。顶着这个虚名,担惊受怕了这么多年,妻离子散、家破人亡,帮着李显把明枪暗箭都挡了,结果现在没自己什么事儿了。从这个角度解读，李旦有可能十分伤心难过。不过毕竟武则天还在位，李显当了太子不还是要经历一样的处境吗？而且李旦终于能摆脱了，从这个角度看，李旦也有可能暗自庆幸。

李旦究竟是怎么想的，我们不得而知。但看到李显回京，皇帝和朝臣要立为太子的意思已经如此明显的时候，经历了长期政治斗争考验的李旦迅速做出了最正确的反应。李旦立刻主动上书要求去掉皇嗣称号，把继承人的位置让给李显。算上让皇帝位给武则天，这已经是他第二次主动请辞了。不过这还没完，李旦积极让位的精神还在持续，几年之后，他又要经历第三次让位。

按照中国古代的一般程序，这种让位不可能一次性成功。所以李旦表现得非常坚决，一次不行就再来一次，甚至连续几天绝食、装病不出门。表演到位之后，武则天也就顺理成章地接受了他的让位。大约在回京半年之后，698年九月，李显正式被确立为皇太子，也改姓武。李旦被降为安国相王，统领太子右卫率。

对了，还得交代一个人，那就是武承嗣。自从庐陵王李显回来之后，他就快抑郁了。自己谋求了这么久的太子之位，这下彻底没了希望，整个人病恹恹的，不出半年，死了，而且就在李显被立为太子之前。

第四章

风雨前的宁静——武周末期的政治和解与危机

皇位继承问题虽然得到了初步解决，但在长期以来残酷的政治压迫中，李氏宗亲与武氏诸王、朝臣与武氏诸王之间的矛盾都很大，各方势力盘根错节，几方之间都是"面和心不和"，甚至完全可以说是剑拔弩张。

在武则天夺权的过程中，武氏诸王非常嚣张，频频迫害李氏宗亲，甚至动辄抄家灭门。经过了这一波屠杀高峰之后，李氏子孙死了一大半。在一个王朝正如日中天之际，突然被自己人夺权，其皇族也遭受了这么大的损失，这在中国历史上也是绝无仅有的。好在，随着武则天权力的日益稳固，尤其是李显再次当上太子，李氏宗亲的处境开始稳定下来。

各股政治势力之间的消长总是此起彼伏。在武周立朝之初风光无限的武氏诸王，经历了太子之争的失败后，变得沉寂了不少。魏王武承嗣眼巴巴地盼了好多年，也没得到太子的位置，一气之下死了。作为新朝新贵，武氏诸王竟然在自己的主场受了这么大的窝囊气，他们很不服气。武承嗣虽然死了，还有其他武氏诸王呢，尤其是原来被武承嗣压了一头的武三思，隐隐成了武氏政治势力新的领袖人物。

李武两家的矛盾这么大，武则天心知肚明。为了让自己的大周政权能顺利传承下去，也为了李武两家能够在自己死后和睦共处、共享富贵，武则天煞费苦心，采取了种种手段，企图让李氏宗亲和武氏诸王都能够忘记争斗和仇恨，把李武两家牢固地绑在一起。

但也许是心力交瘁，一时没有注意，也许是武则天有意培养除李家和武家之外的第三方政治势力，不论原因是怎么样，就在李武两家的矛盾被武则天暂时掩盖之后，她的男宠们，张易之和张昌宗兄弟竟然成长为武周末年一股不可忽视的政治势力。同样是皇帝宠臣、同样是王朝新贵，他们的嚣张跋扈甚至激起了李武

第四章　风雨前的宁静——武周末期的政治和解与危机

两家和朝臣的集体仇恨。

最终，让武周走向终结的理由，并不是"武氏倒行逆施，篡夺神器"之类的口号，而是"讨除二张"。这确实让人有些意外。

一、武周末年的政治和解

几乎就在解决太子问题的同时，武周一朝在政治上出现了一个较为明显的转变。那就是酷吏政治接近结束，政治氛围开始变得比较宽松，朝臣开始能够正常地参与到政治活动中。而这个政治转变的出现，既是出于政治统治稳定之后，酷吏政治必然要结束的历史惯性，也是朝臣和各方力量不断努力的结果。

武周朝酷吏政治基本结束的标志是来俊臣之死。武周朝的酷吏有很多，开元十三年（725）划定了著名酷吏名录，里面有23人。这23个酷吏在审讯手段、品格卑劣方面各有所长，不过再怎么算，来俊臣也绝对是其中的领军人物。因为来俊臣不仅是一个优秀的酷吏，而且他还很有理想，想要通过发动一场前无古人的大案，实现夺权。这就是来俊臣远远超越其他酷吏的地方。

来俊臣在作为酷吏的几年里，虽然几上几下，却一直初心不改，坚持不懈地害人。而且，他想搞死的人很少有能幸存的。终于在697年,来俊臣几乎疯了,憋足了劲儿要搞一件大事情。他打算先诬告武氏诸王和太平公主联合谋反,再诬告当时还是皇嗣的李旦和已经被废为庐陵王的李显联合南北衙禁军共同谋反。

我们来好好分析一下来俊臣这次诬告。他首先诬告的是武氏诸王和太平公主谋反,估计是因为太平公主嫁给了武攸暨,所以被来俊臣算进了武家人里。来俊臣要搞的不是武家一两个人,史书里用的可是"武氏诸王",也就是说,来俊臣打算凭一己之力把风头正劲的武氏诸王一锅端,灭了武家。其次,李家人他也没放过,而且也要全灭。皇嗣李显和庐陵王李旦是当时李氏宗亲中仅存的力量,也是为朝臣所期望的未来领导。而且,他说的是这两人要联合南北衙禁军谋反,那就是说禁军也不可靠了。全天下都要谋反!

所以史书里明确地说了来俊臣这是要"盗国权"。别的酷吏最多是依靠一派打击另一派,最常出现的就是酷吏和武氏诸王合作,打击李氏宗亲。而来俊臣则是完全打破了这个惯例。好在来俊臣这次的野心实在是太大,计划还没有实施,就被人告密了。

告来俊臣的人叫卫遂忠,是一个平平无奇的人,唯一与众不同之处是,他能和来俊臣交朋友。有一次,卫遂忠去来俊臣家里拜访,正好来俊臣和妻子的家人一起开家庭宴会,不想见他。于

第四章　风雨前的宁静——武周末期的政治和解与危机

是门房就说来俊臣出去了，让他改天再来。卫遂忠不信，就闯进去把来俊臣骂了一顿。来俊臣丢了面子，把他绑起来打了一顿，然后将他放了。从此两人算是结下了仇。终于，卫遂忠不知道通过什么渠道听说了来俊臣的这个大计划，就把消息有意泄露了出去。

武、李两家人一听，这还得了。真要让来俊臣搞成了，那就死无葬身之地了。于是他们打算先下手为强，诸武和太平公主集体去皇帝面前把来俊臣干过的坏事都说了，把他弄进了大牢，法司也没耽误，直接将他判了死刑。不过毕竟用了这么多年，武则天对来俊臣还有一定的感情，想保他一命。所以法司上的定罪奏表，拖了好几天武则天也没批复。

墙倒众人推的时候来了，大家都不想放弃除掉这个大祸害的机会。当时朝臣王及善上书说，来俊臣是现在国家最大的罪人，不杀了他，就会动摇朝廷根基。而给来俊臣致命一击的人正是吉顼。吉顼跟来俊臣也有仇，因为来俊臣曾经抢过吉顼的功劳。一天，武则天正骑着马在宫苑中游玩，吉顼牵着缰绳。武则天问他宫外的情形。吉顼回答说，现在外面都在疑惑为啥处决来俊臣的奏疏一直没等到批复。武则天倒也坦诚，她说来俊臣曾经为自己办过很多事，立下过不小的功劳，自己也正在考虑怎么处理他

119

呢。

这时候就看出吉顼的高明之处了,他说来俊臣哪里有什么功劳啊。当初于安远告越王贞谋反,后来李贞真的谋反了(这是武则天诛杀李氏宗亲最多的一次),您也只给了他一个成州司马的小官。而来俊臣呢,勾结一群小人,整天诬告好人,贪赃枉法、大发横财,却让国家蒙受损失,造成人间冤魂无数。他这明明是国贼,哪里是功臣啊。这么一个人,杀了有什么可惜的。

就这么短短的一段话,吉顼不仅完全否认了来俊臣的功劳,而且向武则天说明了利害关系。这时候酷吏政治的高潮已经基本过去了,酷吏被收拾得所剩无几,而最为残酷的来俊臣却还在享受高官厚禄。这下俊臣绝对不能再留了,杀了他就可以把酷吏政治的所有恶果都归罪于给他,从而转移朝臣和天下百姓的积怨。听了这段话,武则天理清了思路,同意判处来俊臣死刑。

杀来俊臣的那天,刑场周围全是被他害过的人的家属,恶狠狠地盯着他。中国古代有一句特别狠的话用来表示对人仇恨,"食其肉、饮其血、寝其皮"。来俊臣死后,这句话就成真了。武则天看到这种情况,顺势发了道诏书,把来俊臣的罪行昭告天下,而且还说要把来俊臣全家抄斩、家产没收,以平息天下苍生的愤怒。朝臣和民众听到消息后,欢欣鼓舞,不管认不认识,都

第四章　风雨前的宁静——武周末期的政治和解与危机

互相贺喜,以后可算是能睡个踏实觉了。

最凶恶的酷吏周兴、来俊臣先后被杀,终结酷吏政治、争取民心的最后一项工作也就提上了日程,那就是大规模平反。就在这一年的九月,武则天和侍臣的一场对话,标志着平反工作的开始。

武则天问侍臣,以前周兴、来俊臣掌管刑狱的时候,办案都喜欢牵连朝臣,说他们共同谋反。国有国法,谋反就得治罪,我虽然是皇帝,也不敢违背国法。其实我也有过怀疑,认为其中有冤情,还曾经派身边的人去监狱里亲自审问,也都拿到了他们亲手写的认罪书,我这才相信。但周兴、来俊臣死了之后,就再也没听过有人要谋反了,这太奇怪了,不免让我又想起来,之前真的没有冤情吗?

要按正常逻辑来说,大臣听了这段话,心里肯定是不服的。武则天这么问,实在是太过火了,太侮辱智商了。这些酷吏明明就是你重用的,而且很多案子还都是你授意办的。现在你装无辜,不承认,把罪过都推到死人(周兴、来俊臣)和近臣(皇帝身边的亲信)身上。

当时还是兵部侍郎的姚元崇(就是后来的姚崇)给出了一个绝妙的回答。他说从垂拱年间以来,凡是因谋反罪而被杀的,基本都是周兴、来俊臣诬陷的，这也是他们的功劳所在。陛下，您让自己身边的人去审问，看似可靠，其实您身边的近臣在这些酷吏面前也自身难保，所以他们怎么敢真的翻案呢？况且，那些受害者一旦改了口供，就会遭受比之前还惨烈的痛苦，生不如死，甚至只求速死，以减轻痛苦。现在终于是老天开眼，皇帝圣明。来俊臣、周兴等人都已经死了。我姚崇敢用全家100多口人的性命向皇帝保证，从今天开始，内外臣僚中绝对不会再有谋反的人。如果有的话，只要有哪怕一点儿真凭实据，那就请按照知情不报的罪名来处置我。

姚崇的回答非常聪明，他知道这个时候跟皇帝掰扯她在酷吏政治中的责任和作用，不仅根本没用，还会激怒皇帝，破坏难得的大好局面。现在根本不用看皇帝是不是想把自己的责任推干净，而是要看到皇帝已经有心思承认过去有冤案了。一定要抓住这个机会，这才是正理。所以姚崇也就顺着武则天的说法，给她把责任择干净。然后，姚崇没有急着要求武则天给过去受冤的人平反，而是先争取今后类似以谋反罪名抓人、杀人的事儿不能再有了。武则天对姚崇的回答非常满意，夸了他一顿。说以往的宰相都只会顺着我说话，这些冤案也就发生了，让我陷于滥刑暴君之流。但是姚崇你不一样，你的话非常贴合我内心的真实想法。

第四章　风雨前的宁静——武周末期的政治和解与危机

第一个享受到武则天思想转变、要摆脱酷吏政治不良影响福利的人是魏元忠。魏元忠的经历堪称神奇，别人是被一个酷吏诬陷就难以逃生，而魏元忠则是先后被三个酷吏陷害，拉到刑场上都被救回来了。魏元忠成名于给高宗皇帝上了三道议论军事的奏疏，高宗觉得他写得很好，让他进入中书省工作。徐敬业叛乱的时候，因为他正好是御史，又懂军事，武则天就派他为监军，与李孝逸率军前往平叛。

结果魏元忠刚平叛回来，就被周兴陷害，判了死罪，武则天念在他有功劳，改判流放。一年后，他重新回到朝廷，担任御史中丞。结果又被来俊臣陷害。这次他人都到刑场了，看着排在他前面的30多个李唐宗室一个个被杀，血流遍地，尸体横陈，要是一般人，吓都吓死了。魏元忠到底是上过战场的人，倒也没害怕，反而自顾自地说，我今天就交待在这儿了。

然后，救命的人来了。中书舍人王隐客这时骑了一匹快马，拿着赦罪的诏书赶了过来。跟他在同一个刑场的其他犯人立刻就欢呼起来，但是魏元忠十分沉得住气，依旧跪在那里。看管他的兵丁说你可以起来了，大概是不杀你了，魏元忠却说，还不知道真假呢，再等等。直到王隐客宣读完诏书，确定改判为流放之后，他才缓缓地站起来，面不改色地行了一个礼。

神龙政变：重回大唐

从流放地再次回京一年多，他又被酷吏侯思止陷害，流放岭南。这次被流放时间比较长，直到来俊臣被诛杀之后，酷吏政治基本结束，朝廷大臣争相为魏元忠鸣冤，他才又回到朝廷当官。有一次他陪同武则天参加宴会，武则天还挺有兴趣地问他，你怎么总是被人冤枉啊？魏元忠说，我好比是一头鹿，而酷吏就是猎人，如果有人需要我的肉做汤羹，那他们就会杀了我取肉，我有什么无辜的呢？魏元忠虽然没有再进一步明说，但完全能看得出来，他很清楚武则天和酷吏的关系，所以蒙难之时也不怨恨，被赦免之后也不欢喜，很平淡地接受这一切。

魏元忠虽然被赦免了，但人们预想中的大规模平反并没有立刻展开。期间，也不断有官员上书要求朝廷给受到冤枉的人平反。比如韦嗣立就说，酷吏都伏法了，可是被他们冤枉的人还没有昭雪，他们的亲人、朋友也还在颠沛流离之中，希望陛下能够施行仁政，把从垂拱年间以来遭受到诬陷的人，不论罪行轻重一律平反。已经死了的恢复名誉，还活着的任由他们返回家乡。如此天下人就都知道以前滥杀并不是出自陛下您的意思，而是酷吏所为。这样，人们也就能平息怒火，天下也就安定了。

但韦嗣立上书的时机并不好，699年的时候，太子继承问题刚刚稳定下来，武则天正忙于安抚李武两家，平息两家之间的矛

第四章　风雨前的宁静——武周末期的政治和解与危机

盾，实在是顾不上其他事情。又过了几年，702年，监察御史魏靖上疏希望能详细审查来俊臣等酷吏办的案子。这次武则天同意了，并派了监察御史苏颋全权负责。苏颋办事很认真，查清了一大批案子，为很多人平反。但还是没有做到全面平反。又过了两年，704年，李峤、崔玄暐一起上书，请求把武周立朝之初，受到酷吏诬陷的人一概平反。随后，桓彦范又连上10道奏疏，请求把文明元年（684）以来所有受到诬陷的人平反，那些真有造反情形的，除了领头人物之外也都赦免。这次武则天同意了。

武则天之所以同意，就在于她认为朝廷局势现在基本稳定了，李武两家也形成了比较稳定的态势。如果把酷吏政治以来造成的冤案全部平反，可以进一步营造宽松的政治氛围，有利于中宗继承皇位后展开治理，也有利于稳定朝政。

但需要说明的是，武则天这时虽然同意平反，但已经没有时间执行了。因为下一年的正月，就发生了神龙政变，武则天被迫退位，平反工作实际是由中宗来完成的。

二、李武一家亲的尝试

在前面一节提到，武则天在一段时间里集中精力想要解决李武两家的争端，缓和他们之间的关系。这也是武周晚年政治的一个重要方面，是武则天进一步营造宽松政治环境的需要。

采取让李武两家一直和睦相处下去的措施，当然很难。出台一部皇室友好法案，规定李武两家永远不能互相伤害，这显然是不可能的，不符合中国古代政治常识。武则天解决这个问题的基本方案是打感情牌，具体措施主要有两个。

第一个措施比较神奇，武则天让李武两家的主要成员指天发誓。这个举措在历史上的正式称呼是"明堂盟誓"，算是武周时期比较奇特的政治现象之一。

搞政治盟誓，在人类历史上有非常悠久的历史。不论古今中外，在人间信誉普遍没有保障，而人们又都比较迷信，相信有天罚的情况下，大家都喜欢让天神当公证人、担保人和强制执行人，以指天发誓的形式，写下一份盟约。在中国历史上，最常搞盟誓的时期，是春秋战国时期。比如春秋时期，各个诸侯国之间有记载的大规模盟誓就多达250余次。我们目前能见到的春秋时期盟誓的历史资料，就是山西侯马市发现的晋国盟书。

而按照盟誓中最重要的一个程序，这些盟誓活动一般也被称为"歃血为盟"。大致来说，参加会盟的各个诸侯国在达成基本协议后，都会写出一份正本、很多份副本。然后找一个风水比较

第四章 风雨前的宁静——武周末期的政治和解与危机

好的地方,刨个坑,拉来一头牲畜,通常是牛(也有用马和羊),把牛在坑里杀了之后,由选出来的盟主,拿着割掉的牛左耳接一些血,放在大盘子里(也就是所谓"执牛耳"的来历)。参会的各方诸侯,蘸牛血涂在嘴上,向天地宣誓一定会遵守盟约。最后,把盟约的正本放在牛的身上埋了,副本由参会诸侯各自领走。

武则天搞的这次盟誓,虽然不是歃血为盟,但含义基本一样。明堂,我们前面提过,是武周时期最重要的政治标志性建筑物,既有人间皇帝作为最高施政场所的政治功能,也有沟通天地、前代先王的神圣功能。武则天非常强调这场盟誓的重要性,所以把地点特意选在了这里。

699年,太子李显、相王李旦、太平公主等人作为李家一方的代表,梁王武三思、千乘王武攸暨等作为武家一方的代表,在明堂正式举行确立双方友好关系的宣誓仪式。盟誓的誓文浇注在一块铁券之上,由官方的史馆收藏。可惜的是,这块铁券遗失了,并没有流传下来,所以双方宣誓的具体内容是什么,我们并不知道。

武则天当然明白,宣誓只是一种具有象征意义的手段,约束力相当有限。她作为盟主,活着的时候还能控制局面,一旦她去世了，那这个盟誓也就是一张废纸。所以，武则天真正重视的是另一个措施，也就是让李氏与武氏之间广泛通婚。在武则天设想的最理想情况中，李显接替自己之后，仍然保持"大周"的国号，李武两家都是皇族，共享富贵。作为一个王朝，同时拥有两姓皇族，这也算是中国历史中绝无仅有的。

与此有些类似的情况，仅仅在曹魏一朝出现过。据说曹操本姓夏侯，后来改姓为曹。所以在曹魏一朝，夏侯、曹都是国姓。但武周不一样，李和武并不是有家族传承关系的两姓皇族，而是互相仇视的敌人。既然先天条件不足，那就让他们以通婚的形式结合起来。时间长了，就变成你中有我、我中有你，不亲也亲。李武双方既然纠缠不清了，那两家祖先的恩怨也就从不死不休的政治仇杀，变成了家族内部争端，破坏力就比较有限了。所以武则天亲自出面撮合，除了之前讲过的让武攸暨娶了太平公主以外，又把太子李显的闺女新都郡主嫁给了武承业的儿子陈王武延晖，永泰郡主嫁给武承嗣的儿子南阳王武延基，安乐郡主嫁给武三思的儿子高阳王武崇训。大搞姑表亲婚姻，亲上加亲，并且由此衍生出一个李武婚姻政治集团。

应当说武则天搞盟誓的行动必然失败，但让李武两家广泛通婚的举措在很大程度上成功了。尽管武周在"神龙政变"中被终

第四章　风雨前的宁静——武周末期的政治和解与危机

结了，但武家人依靠着复杂的政治环境以及与李家难解难分的亲密关系而长期影响着政局。如果不是中宗和睿宗二次执政期间的政治斗争过于激烈，武家政治势力比较完整地保存下来，也不是不可能。

按照一般说法，除了以上两个主要举措之外，武则天还很重视从思想上进行教化，提倡忠孝、谦让、友爱，希望能营造一个感化李武两家的道德环境。李氏宗亲和武氏诸王明堂盟誓两个月后，武则天亲自起草并书写了《升仙太子碑》一文，并且在升仙太子飞升的缑山修庙。

升仙太子，其实就是周灵王的太子晋。他的父亲周灵王比较昏庸，太子晋却很有才华，也很有德行，得到了春秋大国诸侯的肯定。他曾经向自己的父亲进谏，得不到采纳后就主动让贤，放弃了太子之位，在伊洛之间漫游。之后有关太子晋的记载就进入了传说环节。他才华横溢，吹笙能作凤鸣之音，在游历期间被仙人浮丘生接上嵩山。他曾在河南缑山遇到了桓良，并让桓良转告家人，说自己要在某年的七月七日飞升。然后就在众目睽睽之下，乘白鹤出现在缑山之巅，举手向众人示意而飞升天界，成为神仙。

关于武则天写这篇碑文的目的，史学界争议很大。历史学家赵文润先生认为，武则天写这篇文章，就是为了劝化李武两家，教育子侄不要争权夺利。与《升仙太子碑》具有同样教化作用的，还有一正一反两篇文章。701年五月，武则天撰写了《许由庙碑》。许由，传说是上古三皇五帝时代，陶唐时期的隐士。据说他很有德行，也非常贤能，于是尧有意把天下让给他。但是他拒不接受，甚至说这种带有名利的话污染了他的耳朵。许由逃走之后，就在颍水之阳，箕山之下耕种隐居。

大约与此同时，武则天还颁发了《停杨素子孙京官侍卫制》。这是一篇政治性很强的诏书。杨素，隋朝的尚书令，执政期间深度参与了隋文帝晚年的政治变乱。在废除太子杨勇、改立隋炀帝杨广这个重大宫廷政变中，杨素扮演了重要角色。由于把杨广这个昏君扶上了太子的位置，武则天对他非常不满，这次还专门下了诏书贬斥他的子孙。武则天在这份诏书里骂杨素惑乱君上、离间骨肉，生为不忠之人，死为不义之鬼。因此，杨素及其兄弟、子孙，永远不得担任京官及侍卫。这份诏书就很有意思了，武则天为什么在晚年把隋朝时的大臣拉出来专门骂一顿呢？赵文润先生认为这是借着贬黜杨素子孙的名义，提倡忠义，警告王公百僚，不许在李武之间煽风点火，挑拨离间。

最后，武则天也亲自做出努力，缓解母子之间紧张的关系。

第四章 风雨前的宁静——武周末期的政治和解与危机

李显被立为太子之后,武则天也把他的儿子都封为王,女儿都封为郡主。把李旦改封为相王,解除对他的长期软禁,让他统领太子右卫率的同时担任右羽林大将军,算是委以兵权,表示重视。让李旦的儿子出阁任事,解除对他们的半看管的状态。除了这些比较官方的措施外,武则天每次出游或者举办宴会的时候,也都让太子、相王等李氏宗亲跟随,大家一起嬉笑欢闹、吟诗作赋,一派天伦之乐的景象。

在打出这么一套组合拳之后,李武两家的矛盾确实被掩盖住了。但武则天很清楚这都是暂时的,要真正等两家人彻底融合了,矛盾才能真正解决。而要等到真正融合,需要两个条件,一个是足够长的时间,另一个就是自己这个李武两家的话事人必须继续掌权。其实,在太子之位已经基本确定,而武则天年事渐高、精力愈发不济的情况下,已经屡次有人劝谏武则天传位太子。比如前面提到的狄仁杰。但武则天一直都没有表过态,除了对退位这件事表示谨慎之外,也有人推测她仍然在担心李武之间根深蒂固的矛盾还没有真正消除。

中国历史上,不论是王位还是皇位,基本都是绝对的终身制。末代皇帝被人搞所谓的"禅让"这种情况不算,皇帝(王)活着的时候主动交出政权,传位给自己选定的继承人,一般都不会有什么好下场。一个较为典型的例子就是著名的赵武灵王。他本人确实雄才大略，为了更好地集中精力执行对秦战略，一直想要把王位传给儿子，从而摆脱所有庶务，只保留军权。但等他真的把王位交出去之后，很快就发生了"沙丘宫变"，他被自己的儿子困死在行宫之中。一代雄主，黯然离场。唐高祖李渊，也是被儿子李世民夺权，郁郁寡欢地过完了最后几年。所以唐朝之后的那些不得已而必须主动交出皇位的太上皇，都非常注意集权，只是名义上把皇位交出去，而实权仍然掌握在自己手上。比如南宋的高宗与孝宗，清朝的乾隆与嘉庆，等等。

截至唐朝初年的历史教训，已经足够深刻，武则天也很懂，她必须谨慎。而且某种程度上，当时的政治局面也根本不允许她提前退位。新太子李显早就被自己废过一次，他这么多年远离政坛，与大臣之间的联系只剩下心向李唐这个感情基础。李显还没有培养起自己的执政团队，对政务不熟悉，让他这么快执政，能不能立得住，能不能与武氏诸王相容，都是问题。

699年，有一件事应该给武则天留下了深刻的印象。当时已经晋升为宰相的吉顼，有一次曾经在朝堂上与武懿宗当着皇帝的面争功。吉顼身材魁梧、能言善辩，而武懿宗身量不高，还有点佝偻。这么一比，武懿宗显得特别受委屈。武则天看着非常生

第四章　风雨前的宁静——武周末期的政治和解与危机

气，直接下场掐架，跟吉顼说，你在我的面前还看不起我们武家人，那以后还得了啊。武则天从此对吉顼很有意见。后来吉顼御前奏事，正讲得神采飞扬的时候，武则天又想起来这件事，突然就打断了他，给他讲了那个著名的故事。

当年唐太宗时期，武则天还是才人的时候，一匹烈马狮子骢难以驯服。武则天对太宗说，驯服它需要铁鞭、铁锤、匕首三样东西，铁鞭抽不服它，就用铁锤敲它的脑袋，还不服就用匕首割断它的喉咙。武则天讲完这个故事，还很贴心地对吉顼说，你都没资格弄脏我的匕首。用意很明显，就是吓唬吉顼。吉顼果然就跟听了鬼故事一样，惊恐不已，叩头不止。

武则天很少这样对她的宰相，但吉顼的行为确实让她很担忧武氏未来的处境，她才不得不吓唬吉顼。也因此，武则天一直不肯放弃皇位，而是要继续拖时间，让李武两家有足够长的时间融合，将来子孙当天子，侄孙为贵臣，各安其分。可以说，武则天在晚年为了处理李武两家的关系，耗费了太多精力，以至于让另一股势力突然获得了危险性的增长，最终打破了她想维持的政治平衡。

三、后宫干政永远都很危险

这一股打破了武周后期宽松政治氛围，也打破了武周后期政治平衡的势力，就是以张易之、张昌宗（简称"二张"）为首的武则天男宠集团。其实，把他们这股势力归到哪一类里都不太合适，只能勉强划归在后宫干政一类里。

男人当皇帝有三宫六院，那武则天当了皇帝，有几个男宠也很正常。武则天的男宠中，早期比较有名的是冯小宝（后改名薛怀义），但他既没什么政治能力，也没有政治野心，在朝政方面的影响力比较小。而后来出现的张易之、张昌宗就不一样了，他们在政坛上活动很频繁，甚至对朝局产生了比较大的影响。

二张有个专属的机构，叫控鹤府，张易之为控鹤监。后来这个机构改名为奉宸府，张易之担任奉宸令。按照史书记载，这是一个没有实权、纯粹为了二张而设置的文学机构。奉宸府内聚集了一些文人充当供奉，诸如阎朝隐、薛稷、员半千等。每次武则天举办宴会的时候，这些人就吟诗作赋、附和贵人，充当气氛组。后来为了给张昌宗增加名气，武则天特意让他主持编纂大型类书《三教珠英》。张昌宗召集李峤、阎朝隐、徐彦伯、薛曜、

第四章　风雨前的宁静——武周末期的政治和解与危机

员半千、魏知古、于季子、王无竞、沈佺期、王适、徐坚、尹元凯、张说、马吉甫、元希声、李处正、高备、刘知几、房元阳、宋之问、崔湜、常元旦、富嘉谟等26人负责编纂。其中除了俗世文献之外，还增加了佛教和道教的典籍，因此以"三教"命名。701年十二月修撰完成，由麟台监（秘书监）张昌宗领衔进呈，全书1300卷，目录13卷。

实际上，奉宸府设置的意义其实远不止如此。在中国古代一直有一个重要的政治传统，那就是某些内廷机构在皇帝的授意下，不断强化在政治中的作用，最终成为能够抗衡甚至取代外廷的实权机关。汉代之前，丞相一定程度上能和皇帝分庭抗礼。而自从汉武帝重视中朝建设之后，皇帝身边亲信的地位就逐渐上升。经过东汉、三国两晋南北朝的长期演化，原本只是内廷之中负责给皇帝传递奏疏的小官中书令，演变成了朝廷最重要的官员之一。

类似的情况在武则天手中也刚刚上演过一次。唐高宗时期，还是皇后的武则天采取迂回策略与宰相夺权。她聚集了一批文学之士，最开始也不参与政务，只是修撰《列女传》《臣轨》等书，但后来就开始慢慢参与诏书起草之类的枢密工作，最终成为能够和宰相抗衡的中枢群体。因为他们通常在皇宫北门听候调遣，因而被称为"北门学士"。现在二张手中的奉宸府也是如此，虽然仍然以娱乐、文学为主要功能，但只要二张以这个机构为依托，持续展开活动，迟早它的性质会发生变化。而这在当时的历史记载中，已经隐隐出现了苗头。

二张集团主要由几部分构成。第一部分是二张的兄弟、亲族，诸如张同休、张昌期、张昌仪等人。第二部分是依附二张的文人和幸佞之人，如阎朝隐、员半千等人。而第三部分的分量就比较重了，他们是以宰相韦承庆、李峤、苏味道等人为首，至少还包括宰相杨再思、中书舍人崔融、秘书少监王绍宗等在内的朝臣群体。这些人因为二张当时的势力很大，已经比较明显地依附于二张了。

以崔融来说，他的政治生涯与二张密切相关。崔融熬了很多年才当上了中书舍人，但因为得罪了张昌宗，被贬为婺州长史。而张昌宗消气后，又把他找回来担任吏部郎中，崔融又熬了几年才重新当上了中书舍人。崔融由此真切地感受到了二张的势力，从此就成了他们的党羽。

前面介绍过，二张非常得武则天的宠信，甚至武氏诸王也不得不巴结他们。还有个小故事很能说明二张在当时的影响力。张昌仪虽然只是洛阳令，但别人托他办的事儿就没有办不成的。有

第四章　风雨前的宁静——武周末期的政治和解与危机

一次早朝途中,有个姓薛的候选官交给他50两黄金和一份求官文书。张昌仪收了礼金,到朝堂之后就直接把求官文书转交给吏部侍郎张锡。但是张锡不知道什么原因,把这件事儿耽误了,几天以后才想起来。这时,他发现那个人的求官文书找不到了。他赶紧去找张昌仪问那个人叫啥,张昌仪骂他说,你还真是成事不足!我也记不得他的名字了,只知道他姓薛,你回去看吧,只要是姓薛的都给个官不就完了。张锡回去一查,竟然有60多个姓薛的候补官员,没办法,张锡只好给他们全部都任命了官职。

二张在朝廷中飞扬跋扈,一些正直的朝臣经常和他们发生冲突。本来按照朝廷大臣的一般习惯,不喜欢这种以旁门左道获得宠信的人,现在二张还主动招惹,那双方不爆发冲突就怪了。就比如每次皇帝举行宴会,二张都恃宠而骄,突破礼仪界限,让朝廷大臣看不惯。当时的中书令王及善虽然没什么学问,但为官正直,看不惯二张的这种行为。王及善多次上书给武则天,希望皇帝能管管他们。结果武则天很不高兴,跟王及善说,你年纪大了,不适合参加这种热闹的活动,管好你衙门里的那摊子事儿就行了。王及善气得不行,连续称病一个多月不上朝,跟武则天闹。武则天知道他闹脾气,也不理他。王及善这下更失望了,跟同僚说哪有中书令一个月都见不到皇帝的,我还是辞官吧。王及善连上了三道辞呈，不过武则天都没批准。

相较于王及善自己生闷气，宰相韦安石就直爽多了。韦安石性格比较刚烈，当时不论是二张还是武三思，他都多次骂过。也是一次宴会的时候，张易之让蜀地的商人宋霸子等人博彩为乐，这对于皇家宴会来说确实格调不高。于是韦安石上奏皇帝说，商人地位低贱，根本没有资格参加皇家宴会，随即命令武士把他们赶出去了。这个举动把当时参加宴会的人都吓到了，结果武则天不仅没有申斥韦安石，还当场表示理解。当时参加宴会的中书侍郎陆元方对此事很有感触，回来之后跟别人说，韦安石才是真宰相，我们都比不上他。

宰相魏元忠是御史出身，担任洛州长史的时候，多次跟二张势力发生直接冲突。洛阳县令张昌仪本来没有资格到洛州府里参加会议，但他仗着二张的势力每次都到会场不走，前任官员都忍了，但魏元忠一到任就把他给撵走了。张易之的家奴狐假虎威，在市场上公然欺压百姓，魏元忠一顿板子把他们都给打死了，一下就镇住了这帮权贵。等到魏元忠担任宰相的时候，仍然在和二张作对。有一次，武则天把岐州刺史张昌期叫到朝廷上来，打算任命他为雍州长史。

这个雍州可不是一般意义上的甘肃凉州，而是唐代专门设

第四章 风雨前的宁静——武周末期的政治和解与危机

置，用于管理关中地区的最高行政区划，长官是雍州牧，一般由亲王担任。雍州牧只是名义上的长官不实际管事儿，比如早年李世民就曾经担任过，而真正管事的是雍州长史，所以这是一个非常重要的职位。正因为如此，武则天也打算走一下程序。

她在朝会的时候问宰相，现在雍州缺少领导，不知道谁能担当这个重任，大家可以推荐一下。魏元忠站出来说，我认为当今朝廷百官中没有比薛季昶更适合的了。薛季昶当时正担任洛州长史，也就是魏元忠的后任。武则天估计是早就准备好怎么应对了，她顺势说薛季昶正在管理东都，这个职位也很重要。我现在有一个人选，你们觉得张昌期怎么样。宰相们一看就明白了，全都附和说皇帝圣明，选对人了。结果又是魏元忠站出来反对，他说张昌期绝对不行，他年龄小，能力也不够，治理一个岐州已经弄得人口逃亡殆尽，何况是事务繁杂、地位如此重要的雍州呢。武则天见状只好收回了这个提议。

后来魏元忠觉得二张在朝中如此横行无忌，公卿大臣都要附和他们，就很看不过眼，于是专门给武则天上了一份奏疏。他说我曾经受到过高宗皇帝提拔，也受到了陛下您的厚恩，所以我必须为国尽责，现在一帮小人待在皇帝身边而不能清除，我有罪啊。武则天看到这份奏疏心里不太高兴，二张就更是忌恨魏元忠了。

姚崇任礼部尚书的时候，接到一起投诉。当时张易之在定州盖了一座寺庙，因缺有名气的和尚主持，所以他就奏请把京城这边十多个有名望的僧人调拨过去。这些和尚不想去，于是就找掌管僧人事务的礼部上诉。姚崇听完之后，就撤销了他们的调令。张易之屡次托人向姚崇说情，姚崇坚决不改主意。张易之等人由此恨上了姚崇，他们逮住个机会，把姚崇贬为太仆卿，而且让他外出当灵武道行军大总管，借机将他撵出京城。直到神龙元年（705），姚崇一回京就赶上了张柬之等人准备发动政变，姚崇顺便就参与了一下，还由此得了不少赏赐，算是给自己报了仇。

说了姚崇，就不能不提宋璟。宋璟的脾气也比较火爆，对二张很不客气。宋璟当时在朝中已经比较有名气，但他的品级还比较低，只是个六品官。二张在皇帝屡次加封之下，已经位列三品。有一次宴会的时候，张易之打算戏弄一下宋璟。张易之专门到宋璟面前说，这不是朝中第一人吗，你的座位怎么反而排在我们后面？宋璟不想搭理他，就说我才疏学浅，所以官职也很低，张卿为什么说我是朝中第一人？这里得补充一个背景知识。当时由于二张很得宠，朝里的官员一般不称呼他们的官职，而是直接称呼张易之为"五郎"，张昌宗为"六郎"。现在宋璟并没有按惯

第四章 风雨前的宁静——武周末期的政治和解与危机

例称呼张易之为五郎,而是称呼他为"张卿",所以旁边有大臣专门提醒了宋璟一句,你怎么不称呼他五郎,而是称呼他为卿啊?

宋璟说,我们都是朝廷官员,我称呼他为"卿"才是正理;如果我和他们沾亲带故,那我就该称呼他为"张五"。你也不是张易之家里的奴才,为什么要称呼他为"郎",你也太懦弱、谄媚了。宋璟这句话一说完,满座震惊。

我们还得好好理解一下宋璟的话。如果按照宋璟这句话的意思去理解,似乎在唐代只有家奴才会称呼主人为"郎",但其实并非如此。在唐代人的口语中,称呼男性为"郎",应用场合非常广泛。不仅家里人可以互相按照排行称呼为"三郎""五郎"之类,朋友之间也可以如此称呼。比如唐玄宗时期,杨贵妃就称呼唐玄宗为"三郎",宫里其他人也跟着这么称呼。其实宋璟更强调一种高低关系。按官员之间的称呼,他称呼张易之为"张卿",这是淡化了他们之间官职的差异。而宋璟说如果是亲人,就称他为"张五",这是把自己看作了张易之的长辈;如果是平辈也可以称呼"五郎"。而宋璟很看不上这时过来献媚的大臣,所以故意贬损他,说你称呼他为"五郎",难道是张易之的家奴。这是强调这个大臣屈服于张易之的淫威,甘当小人,故意谄媚。

虽然这些朝廷大臣和张易之斗得不亦乐乎，而且看起来二张吃了不少哑巴亏。但实际从这些事儿上，我们能清楚地感受到武则天对二张的放纵和维护以及二张借势之下的嚣张，这就是二张势力形成的基础。在武则天晚年，不论是以太子为首的李氏宗亲，还是以宰相群体为首的朝臣，甚至是以武三思为首的武氏诸王，对她的影响力都比较有限，反而二张对武则天吹的枕边风很有效。我们前面说过，李显能顺利当上太子，二张的枕边风是发挥了作用的。这算是二张的枕边风为数不多的发挥了正面作用，其余更多的时候，二张都是搬弄朝廷是非，废立官员，培植自己的势力。前面提到的崔融就深切感受过枕边风的威力，姚崇作为武周年间冉冉升起的政治新星，也被这股风摆了一道。借着这股风的威力，二张终于在武则天晚年搞出两件大案子，把朝臣、李氏宗亲和武氏诸王全给得罪了。

四、武周走向终结的序曲

武则天在晚年一直致力于缓和政治矛盾，团结李武两家，想要给子孙留下顺利继承皇位的良好环境。不过由于二张势力集团的恶性膨胀，武则天也不得不一直给他们收拾烂摊子。

第四章　风雨前的宁静——武周末期的政治和解与危机

第一个与二张有关的大案，事关李武两家。701年的某一天，邵王李重润和他的妹妹永泰公主、妹婿魏王武延基在家里闲聊，就顺便议论了一下武则天年纪大了，张易之兄弟权倾朝野、过多干涉朝政等事。他们的谈话，很快就被人告密于张易之，又被转告给武则天。

李重润，中宗李显的长子，跟他父亲一样命运坎坷。高宗晚年，李显刚被立为太子的时候，地位不太稳固。高宗一直比较担心李显和他的几个哥哥一样，由于各种原因被废掉，总想方设法为他增加保障。正好，这个时候李重润出生了，高宗非常高兴。李重润刚满月，高宗就大赦天下，改元永淳，让全天下人都知道他有多受宠。当年高宗就把还不会爬的李重润封为了皇太孙，给他开设王府，设立辅佐官员。但在他还不懂事儿的时候，随着中宗李显被武则天废为庐陵王，李重润也就跟着去房州受苦了。在房州度过少年时期之后，又随着李显被接回京城当太子，他又被封为邵王。回到京城还没享受几天好日子的李重润没想到，自己这么快就又摊上大事了。

永泰公主李仙蕙，中宗的第七女，据说长得很漂亮。武延基，武承嗣的儿子，在他父亲死后继承了魏王的爵位，也就是武则天父亲这一支中最重要的一个爵位。作为李武两家通婚计划的

神龙政变：重回大唐

一部分，700年的时候，永泰公主嫁给了武延基。

可以说，张易之这次告密涉及的三个人背景都很深厚，绝非一般的朝臣可比。但出人意料的是，这三人都被处死了，没有任何的犹豫或者争论。不过在死亡方式上，各个历史资料记载有很大出入，有的说是被杖杀，也有的说是被毒死。比较可信的一种说法是，武则天没有明确表态，而是下令让太子李显自行处理。李显回想这么多年来经历的风风雨雨之后非常害怕，他认为这是皇帝在考验自己是否忠诚。于是李显一狠心，就让他们全都自杀谢罪了。

20世纪70年代以后，考古学家在永泰公主的墓地里发现了一方墓志铭，里面的内容竟然记载永泰公主是死于难产，于是学界和网络上又兴起一阵翻案风。其实这个案子能被质疑的地方有很多，但真实性偏偏应该没什么问题。虽然通常来讲，地下新出土的墓志或者其他历史材料，因为没有经历过后世的篡改，可靠性更高一些。但作为一种历史资料，墓志又有一些特殊性。很难猜测写作墓志的时候，撰写者受到了什么影响，又或者是出于什么考虑。一般来说，像这种可能是为了避免惹事而欲盖弥彰，可靠性远远比不上其他文字记录。

所以我们把关注点放在这个案子更重要的一些方面上。不论

第四章 风雨前的宁静——武周末期的政治和解与危机

这三个人是武则天打死的、毒死的，还是李显揣摩上意之后被逼迫自杀的，这件事产生的后果完全可以想见，那就是二张势力集团把李武两家彻底得罪了。关于这一点，我们可以从李重润和李仙蕙死后获得的待遇上看出。

李重润后来被追封为太子，谥号懿德，所以一般我们也称他为"懿德太子"。懿德太子墓和永泰公主墓都已经经过了考古发掘。两座墓修得非常豪华，比如永泰公主墓的位置非常靠近乾陵，墓地形制等级又非常高，在考古发掘之前，一直被认为是太子李贤的墓地。结果发掘之后根据墓志铭，才确认竟然是一个公主的墓地。另外两人的墓地在当时的史书上都被称为"陵"。在古代礼法等级森严的情况下，"陵"这个字可不是能随便用的，但他们都出现了"号墓为陵"的情况。可以说，在文献上被明确记载"号墓为陵"，同时又经过考古发掘被证实的情况少之又少，但恰恰他们俩都是如此。

懿德太子还享受到了另一个特殊的待遇——配冥婚。所谓冥婚就是按照事死如事生的原则，给死了的人结一门亲事。这项习俗的起源很早，被官方礼法禁止的时间也很早。不过冥婚实际上屡禁不止，各个朝代都有冥婚现象。而到了唐代，冥婚现象已经被大家默认了，官方典籍里公开记载很多皇家和达官贵人家族配

145

冥婚的事情。由于懿德太子死得太早，还没有结过婚，中宗再次即位后就专门给他操办了一场冥婚，聘的是国子监丞裴粹的亡女。考古工作者在发掘懿德太子墓的时候，确实在主墓室的石椁中发现了一男一女两副残缺不全的人骨架，这可能就是配冥婚的两人，与文献记载相吻合。

生前没法保护他们的周全，只能在死后给他们极尽哀荣，这能充分反映出当时中宗该有多伤心，多怨恨二张。同样，失去了武延基的武氏诸王对于二张的态度也好不到哪里，这个怨恨的种子算是埋下了。

另一件与二张有关的案子，就是"魏元忠谋反案"。魏元忠，谋反案里的老熟人了。不过这也不奇怪，他性格那么耿直，不招这些幸佞之辈忌恨也难。魏元忠屡次对付二张势力集团，他们早就想找借口扳倒魏元忠了。就在魏元忠给武则天上了那道奏疏之后，二张非常害怕，万一武则天不在了，魏元忠肯定会对他们下手，所以二张决定先下手为强。

他们还拉了一个人下水——太平公主非常看重的太常丞高戬，打算一石二鸟（这是把太平公主也给招惹了）。703年，二张诬告魏元忠和高戬私下议论，太后老了，拥戴太子才是长久之计，这就是懿德太子案的翻版啊。但不同的是，武则天虽然立刻

第四章 风雨前的宁静——武周末期的政治和解与危机

就把魏元忠和高戬逮捕入狱，却并没有立刻杀了他们，而是打算公开审判。让他们和张昌宗当庭辩论。

这是张昌宗没想到的，于是紧急叫来跟他们走得比较近、同时在朝臣中也能混得开的张说。张昌宗给张说画了张饼，许诺事成之后给他升官，让他作伪证。张说还真答应了。第二天，武则天把太子、相王以及宰相都叫到一起，让魏元忠和张昌宗当庭对质。两人争论了半天，谁也证明不了，张昌宗这时打算祭出撒手锏，便说我有人证，张说听见了魏元忠说过那些话，陛下问一下就能明白。

武则天马上传召张说入宫。就在张说入殿之前，一大堆等消息的官员先把他给围住了。中书舍人宋璟跟他说，做人最重要的是名声，名声坏了还怎么有脸活在世上。况且举头三尺有神明，你可不要为了保全自己而跟奸党一起陷害好人啊。如果你因为正直而获罪、流放，那是光荣。如果万一不测，那我宋璟一定跟皇帝当面力争，定保住你的性命，实在不行，我陪你一起死。你一定要想清楚，究竟是千古流芳还是遗臭万年，就在你一念之间了。殿中侍御史张廷珪也跟他说，孔子说"朝闻道，夕死可矣"。刘知几也跟他说，你千万不要在史书上留下骂名啊，这会让子孙后代都抬不起头来。

神龙政变：重回大唐

张说听了这些话之后怎么想的，史书里没说。但我们完全能想象他在这短短时间经历了多么激烈的内心斗争。最终，他拿定了主意，走进大殿。跪拜行礼之后，皇帝问他这些事是不是真的，还没等他开口，原告和被告双方就都抢先开口了。

魏元忠看见张说的时候，心里已经凉了半截。他肯定没想到张说真的能来作证，所以情急之下就先喊了一句，张说，你想和张昌宗一起诬陷我魏元忠吗？张说立马回敬了一句，你魏元忠是宰相，怎么说起话来像个市井平民一样？张昌宗这时也从旁插话，让张说赶紧作证。张说稳了稳心神，然后向皇帝回话。陛下您都看见了，哪怕在您面前，张昌宗也敢这么逼迫微臣，何况是在外面。我现在面对满朝文武，不敢不说实话，我确实不知道魏元忠说过那些话，是张昌宗逼我作伪证的。

张易之和张昌宗没想到张说敢临时反水，立马大喊，张说和魏元忠是同伙，他们都要谋反。张说曾经把魏元忠比作伊尹、周公。陛下，伊尹作为宰相，曾经放逐过商王太甲；周公作为辅政大臣，曾经做过摄政王。这还不是要谋反吗？

张说也不愧是开元时期的大才子，他立刻就反驳了两人。他说张易之兄弟俩不愧是不学无术，只知道伊尹和周公这些事情的表象，却不知道他们更深层次的用意。当时魏元忠刚刚当宰相，

第四章 风雨前的宁静——武周末期的政治和解与危机

我还只是一个小小的郎官,我去祝贺的时候,他说无功受赏,很是惭愧。我当时确实跟魏元忠说过,您担当的是伊尹、周公这样的重任,是当时无愧的宰相。伊尹、周公都是千古传颂的重臣,陛下,您任用宰相的时候,不让他们效仿伊尹、周公,还能效仿谁呢?我也知道今天如果依附二张就能立马升官,甚至当上宰相,而帮魏元忠说话就会被抄家灭门。但我不怕死,只怕魏元忠做了冤死鬼,所以我无论如何都不能冤枉他。

听了这么多,作为政坛老手,武则天一下就明白了是怎么回事。她没有立刻给魏元忠的案子定性,而是说张说是反复无常的小人,把他一起关进了大牢,然后派宰相和武懿宗反复提审。好在张说骨头还比较硬,咬死了大殿上的话,不再翻供。

这时候,朝臣都动员起来,营救魏元忠和张说。比如宰相朱敬则上疏说,魏元忠历来忠义,张说被收监却并没有相应的罪名,如果他们俩真的最后被判处死刑,那就让天下人寒心了。最终武则天也没有过多追究,把魏元忠贬为高要(今广东肇庆高要区)县尉,高戬和张说也同时被流放岭南。魏元忠离开京城的那天,专门拜别武则天,当时张易之、张昌宗也都在旁边。魏元忠跟武则天说,我老了,这次去岭南估计是九死一生,再也见不到您了。您以后一定会有想起老臣的时候。武则天问他原因,魏元忠用手指着二张大声骂道，这两个小子，以后一定会是祸乱的根子。魏元忠走了之后，吓得二张赶紧下跪喊冤。武则天也没理这俩人，反而嘴里默念着"魏元忠走了，魏元忠走了"。

从武则天的表现来看，她已经对二张在朝廷中起到的负面作用有所警惕了。但不知道是力不从心，还是有什么难以说明的内情。总之，武则天在此后还是没有惩戒二张，依然纵容他们、维护他们，让朝臣越发群情激奋。

朝臣没能保住魏元忠，心里都不服气。殿中侍御史王晙，直到魏元忠被贬官之后，还打算继续上诉。宋璟劝他说，魏公好歹已经保全了性命，我们继续等待时机给他翻案就行。你现在还拿这件事来招惹皇帝，万一事情更坏了怎么办。王晙说，魏公因为忠心而获罪，我王晙是出于义愤，哪怕陪他一起流放也没有怨言。宋璟只好无奈地说，我不能帮魏公申冤，有负朝廷的期望。可见二人愤懑之情溢于言表。

太子仆崔贞慎等8人曾去郊外为魏元忠践行，张易之又看到机会，打算借这个由头再搞一波。他找了一个自称是柴明的人写告密信，说这八个人和魏元忠一起谋反。武则天派了御史马怀素前来审问，还专门明示他，说这就是事实，你简单问问就行，赶紧回来禀告。结果马怀素去了之后，怎么都不回来，武则天接连

第四章　风雨前的宁静——武周末期的政治和解与危机

派宦官去催他，这些人谋反的情形这么明显，你为什么处理起来这么慢？

马怀素只好回来向武则天当面回话。他说，我必须见到告密者柴明，当面问清楚。武则天说，我哪知道柴明在哪儿，你就根据他写的告密信审问就行了，根本不用见告密的人。马怀素就把他调查的实际情况告诉了武则天，说根本就没有谋反这回事。武则天大怒，斥责他是不是想要放过谋反的人。马怀素也不怕，当面回答说，我没有胆量放过谋反的人，但魏元忠从宰相的位置上被贬官外放，崔贞慎等人都是他的好友，他们去送行哪有什么问题。硬要我诬陷他们谋反，我也没有这个胆量。当年栾布哭彭越，汉高祖都没有怪罪。况且今天魏元忠的罪过远远比不上彭越，陛下怎么能杀了给他送行的人呢？生杀大权都在陛下手里，想要给他们定罪，您自己拿主意就行。如果是让我主审，那就是没有。看到马怀素这么强硬，武则天反倒不生气了，这件涉及无数人命的大案就这么悄无声息地过去了。

不论是情绪激动的王畯、失望无奈的宋璟，还是顶撞皇帝的马怀素，我们都从中看到了十分危险的政治氛围。因为魏元忠的案子，朝臣对二张势力的不满已经达到了顶峰，甚至连一向对朝臣很有威慑力的武则天，都已经震慑不住朝臣了。这是君臣之间

151

离心离德的典型表现，恰恰预示着朝廷离大乱不远了。甚至不仅仅是朝臣如此，在武周最后的这段时间里，李氏宗亲、武氏诸王也参与到与二张之间的斗争中。二张势力集团一时之间已经成为朝廷所有矛盾的焦点，也最终让他们团结在一起，发动了以二张为借口的神龙政变。

事情弄到这一步，笔者为一向精明的武则天在这么危险的政治氛围中竟然毫无作为而感到惋惜。这也是我们在考虑历史人物的时候，必须注意到的一个错误倾向：那就是在任何时候都把他们最具代表性的一面当作了他们人生的全部，理性者一生都精明，贪婪者一生都无耻，奸佞者一生都站在反面。其实仔细想一想就能明白，人生无常，人的性格、品行会随着精力、阅历的改变而改变，不是恒定的。

年富力强的武则天和年老气衰的武则天，她们之间的差别非常大。如果是60多岁，刚称帝那会儿，武则天绝对不会坐视这么危险的一股政治势力坐大。又或者说，哪怕二张势力集团在那时候坐大，也没什么危险的，武则天完全能够掌握朝局。但现在80岁的武则天不仅丧失了政治上的敏锐性，对朝政的控制能力也已经下降到了危险的程度。

第五章

重回大唐——"神龙政变"的始末与争议

"神龙政变"在一段时间内也被叫作"五王政变"。因为这场政变的主要参与者——张柬之、敬晖、桓彦范、崔玄暐、袁恕己五人在中宗登上皇位后同日被封为"郡公",三个月后又全部晋升"郡王"。按照唐朝的爵位制度,"王"这一级别的有亲王、嗣王、郡王三种。亲王必须是皇帝的兄弟和儿子,能继承亲王位的叫作"嗣王",除此之外所有的王都是"郡王"。非李氏宗亲的异姓王最高只能是郡王,不过俗称也是"王",只有正式官称里才用"郡王"。因此张柬之等五人一般也被统称为"五王"。他们共

神龙政变：重回大唐

用一个统称确实有些道理，这五人的人生轨迹本来各不相交，却因为一场政变而走上了荣辱与共的政治生涯。虽不同生，却能共死。

除了主要发动者的经历比较传奇之外，"神龙政变"本身其实也足够离奇。因为相对于其他宫廷政变来说，在历史记载里它的发生没有任何明显预兆，政变过程极其简单。但经过现代历史学家的研究之后发现，这场政变的内情其实极为复杂。"五王"只不过是被推向前台的名义上的领导者，实际上这是一场由李氏宗亲和武氏诸王默许，在朝臣集团掩护之下发动的、必然成功的政变。

比较讽刺的是，从武则天踏上夺权之路开始就一直防备别人搞政变，一直防备了20多年，结果最后还是因为政变下台。在这么多年里，武则天放手使用酷吏，大搞恐怖政治；积极鼓励告密，严重摧毁了正常的政治秩序。武则天也不厌其烦地亲自过问每一起涉嫌谋反的案子，甚至亲自处理每一个细节，无数的人因为被扣上了谋反的罪名而破家灭族。可以说，很大程度上武则天是靠着这一套手段，才成就了她10多年的女皇生涯。

但所谓物极必反，武则天就是太过于相信这一套，导致她在执政晚期已经造成了朝臣的离心倾向，尤其是当这种恐怖政治是由她扶持的男宠集团发起的时候。二张势力集团的恶性膨胀，绝

第五章 重回大唐——"神龙政变"的始末与争议

对是武则天晚年政治生涯的败笔之一。当她的个人情感过于任性，而超过了政治理性所能承受的限度，那二张集团也就由祸乱宫廷的男宠，上升为被朝臣集体敌视的祸国殃民的奸佞。二张肆意发动的两起大案更是让原本矛盾重重的三股政治势力，暂时搁置矛盾，集中起来对付他们。而二张权势的基础——女皇武则天，也就不可避免地成为了针对目标之一。

因此，在这一章，除了对历史记载里的政变进行梳理之外，还要花费更大的精力来介绍历史学界研究的成果。当这两部分对照之后，我们不仅能够更清楚地看到这场"神龙政变"在历史上的影响，还能感受到历史学探究的复杂性和意义所在。

一、老而弥坚的张柬之

"五王"之中的核心人物张柬之，生年不详，卒于中宗神龙二年（706），享年80多岁。不同于其他安享晚年的历史人物，他的高光时刻就在人生的最后几年，是真正的大器晚成。

在中国史研究中，要弄清楚一个历史人物的身世，首先依靠的是正史里的列传。人物列传的开篇一般会介绍他的籍贯和祖先，但宋代以前资料短缺得比较厉害，史书里经常会出现既没有家世,也不知道籍贯的"孙猴子"。张柬之的传记就属于这一类。唐史研究最基本的史书《旧唐书》和《新唐书》里关于张柬之家世和早年生活的记载一片空白,只知道他是襄阳人。《新唐书·宰相世系表》里倒说了他是西晋司空张华的后代,但可信度恐怕不高。

为了搞清楚这些"孙猴子"的情况,隋唐史的研究者们会特别重视一种特殊的资料——墓志。比较幸运的是,襄阳地区在民国以前陆续发现了张柬之家族的九方墓志,很大程度上帮助我们认识到了张柬之的身世。前面提到他祖先为张华的记载不可信,就是根据这些墓志做出的判断。张柬之的父亲张玄弼只当过一个七品的小官,那就还可以推断他家族中祖辈的官职一定比较高,这是因为张柬之能上太学。

唐代国家最高学府有六种,招收学生的标准不是成绩,而是家世。地位最高的国子学只收三品以上官员和国公的儿子、孙子,外加二品以上官的曾孙。张柬之所在的太学是第二等,只收五品以上官以及郡公、县公的儿子和孙子,外加从三品官的曾孙。既然他的父亲不够资格,那么只能是他的祖辈中有人至少做到了五品官。

张柬之的学习态度比较积极,史书中说他"涉猎经史",这

第五章　重回大唐——"神龙政变"的始末与争议

是一句夸人的话。他的学习兴趣是礼学，礼学属于古代的热门专业，前途很好。不过张柬之的学习成绩应该不太突出，至少不是神童。史书上说他曾经受到过学界前辈国子祭酒令狐德棻的赏识。令狐德棻是唐朝的开国元勋之一，唐太宗时期的史学大家，他建议修撰二十四史中的"唐代官修五史"，自己主修了其中之一的《周书》。唐高宗永徽四年（653）令狐德棻担任国子祭酒，一直到龙朔二年（662）才退休。也就是说，张柬之得到赏识的时候是30岁左右，已人到中年。

有了重臣的赏识，张柬之才很快考中进士，获得了人生的第一个官职。虽然史书当中完全没有记载令狐德棻曾经在考试中照顾张柬之的事情，但从唐代科举考试的惯例来看，这几乎是肯定的。唐代科举和我们比较熟悉的考试程序并不一样，考生单凭做卷子很难考中，必须在考试之前就要出名才可以。出名的渠道主要有两种：要么自己已经是知名的诗人或者文学家，如果名气不够，就只能拿着自己的诗文定点投送给当时的名流或者这一科的主考官。如果诗文正好符合主考官的口味，那考中的几率就会很高。这种行为叫"干谒"，投送诗文叫"行卷"，所以唐代很流行"干谒诗"或者"行卷诗"。张柬之获得令狐德棻的赏识，大概率也是此类情况。

张柬之考中后就去做官了。关于他做的官史书中有两种记载，一种是四川青城县县丞，另一种是山西清源县县丞。至于到底是"清源"还是"青城"，谁也说不清楚，因为"青城"古代也写作"清城"，而中国古代史书长期都是靠手写、传抄，两个相近的名字只要一不留神就会写错。不过不管是哪一个，张柬之的仕途起点还可以。很多人认为考中进士就应该当大官，这种观念就和考上清华、北大就能当市长一样，都是错误的。尤其是唐代更不一样，考中进士的人甚至不一定都能做官，必须要经过第二次考试，也就是"吏部试"才可以。"吏部试"相当于公务员面试，主要科目是"身言书判"，也就是看相貌、听谈吐、考书法、写公文。很多考中进士的人甚至会因为长得不好看而很难当官。

县丞是重要的基层官员。虽然品级很低，但进士也都要从基层做起，第一步能当县丞已经是比较不错的起点了。唐代的县会根据所属辖区、重要性和户口多少分成"赤、畿、望、紧、上、中、下"等几类，实际计算等级的时候只有"上、中、下"三等，"赤、畿、望、紧"都算"上"县。边远地区的中县、下县是官员们避之不及的苦地方，但青城县在唐代属于"望"县，人口很多，经济不错；而清源县更是属于"畿"县，是唐代基

第五章　重回大唐——"神龙政变"的始末与争议

层官员中升迁的少有的"捷径"。对唐代的基层官吏来说，如果当了以下几种官之一，那么晋升就会很快。中央部门的有校书郎、正字等，这些官本身工作很轻松，但属于专门储备人才的职位。地方部门的有赤县和畿县的县丞、县尉、参军等。可以说，张柬之的仕途第一步算是平坦。

谁也没想到平坦的路只有一步远，后面却有一个巨坑。张柬之担任县丞之后就陷入了长达 30 年的空白阶段，没有任何资料证明这段时间他干了什么。张柬之完全隐匿在历史之中，只知道他再次出现的时候仍然是县丞。永昌元年（689），张柬之已经六七十岁了，他又来参加科举考试。这一次他参加的是"制举"，不同于他上次参加的"常举"。"常举"是定期举行的科举考试，科目主要有进士科和秀才科。而"制举"是皇帝特别下旨举行的，会以不同的名目招纳定向性的人才，诸如"贤良方正""儒学博通""武艺超绝"，等等。"制科"还有个很特殊的规定，那就是基层官吏也可以参加，中举之后很大概率可以获得提拔。

张柬之这一科的主题是"贤良方正"，考题大意是询问如何选拔人才，如何考核官吏。张柬之的对答全文保留在《文苑英华》之中，主要内容围绕整顿基层吏治，慎重选拔县级官吏展开。他说以前会选择精明强干而又谦逊守法的官员，现在任命基层官吏却只看门第高低、功劳大小，这些官员根本不会治理地方。从对策来看，想必张柬之"消失"的这几十年并不好过，通过正常的途径已经没有办法获得晋升，他只能通过参加选拔考试最后一搏。

如果按正史记载，张柬之这次的作答非常漂亮，这一科同时考试的有1000多人，他拿了第一。不过，这件事可能也并不简单。《太平广记》和《大唐新语》里都记载了类似的故事：张柬之考试之前有相师给他算了一卦，说他以后会位极人臣、当宰相，大家的反应当然是不信。古代臣子一般70多岁就要主动上书请求辞职，回家养老了。已经六七十岁的县丞张柬之才去参加考试，还有人说他以后会当宰相，这太荒谬了。张柬之考完之后，听说自己又没中，就失望地准备回襄阳了。但就在这时奇迹真的发生了。武则天亲自过问了这次考试的情况，觉得考中的人太少，于是中书舍人刘允济又重新阅卷，从落选的卷子里把张柬之提拔了上来。原来张柬之的试卷内容确实不错，但书写格式不符合考试规范，当时就被刷掉了。武则天看过卷子之后，亲自召见他并定为第一名，他的职位也被提拔为监察御史。

从"从八品下"的地方县丞，到中央"正八品上"的监察御史，张柬之的品级虽然提升了四级，但还是处在最基层。唐代御史有三种：侍御史、殿中侍御史和监察御史。监察御史名义上权

第五章 重回大唐——"神龙政变"的始末与争议

力很大,负责监察百官,巡视地方,实际上却是御史里最苦最累的职位,一共只有10个人,却是全国大大小小什么事儿都要管。就这么个苦差事,张柬之又干了将近10年。直到圣历元年(698)才被提拔为中书舍人。

中书舍人是个什么官儿呢?很重要的官。唐前期实行三省六部制,尚书省统辖"吏、户、礼、兵、刑、工"六部,负责执行政令;门下省负责审核政令,而负责制订政令的就是中书省。中书省的官员中书舍人一共6人,不仅具体负责起草大唐的所有诏命,而且分别对应收纳六部呈上的奏章、奏表,先拿出批阅意见后再上奏皇帝。可以说,中书舍人是唐前期朝廷最核心的官员之一,再往前一步就有可能是宰相,前途不可限量。这下子真发达了!

史书记载张柬之在中书舍人的职位上一共干了两件最有名的事儿。第一件事是跟人辩论。当时弘文馆直学士王元感说,守孝3年的时候应该守满36个月。礼学出身的张柬之立马写文章反驳,引经据典地论证三年之丧只用守满25个月。他的文章获得了大多数人的支持,显示了他扎实的学问功底。

第二件事比较重要,突厥的默啜可汗上书请求和亲,希望把自己的女儿嫁到唐朝。武则天当政后期突厥经常进犯边境,她对此非常头疼，一听这等好事，立马答应，并打算让武家的人迎娶。武则天最终选定了自己侄子武承嗣的儿子淮阳郡王武延秀去草原迎娶。张柬之听说后立刻上奏，核心思想就一句话："自古就没有天子向夷狄求取女儿嫁给中原王爷的先例。"武则天正在兴头上，看到这么一封反对自己的奏疏很不高兴。武延秀还是去了草原，然后就被扣押了，直到张柬之发动"神龙政变"的那一年才被放回来。

而经此一事，张柬之也不好过，他被外放为合州刺史（今属重庆），后又改为蜀州刺史（今属四川）。这些地方现在还算富庶，但在当时却是蛮荒之地。就算如此，张柬之在蜀州的时候还上过一封奏疏，反对朝廷每年往姚州都督府（今属云南）派兵驻守。从有记载的这几封奏疏来看，似乎不难理解张柬之为什么在官场这么多年不能获得升迁。不管是朝廷还是皇帝，也不论是不是自己辖区的事儿，他觉得不对的就一定会提出自己的意见。熬了大半辈子才获得的前途耽误了不要紧，被放逐到边远地区也不要紧，意见一定要提，国家的事我就得管！这一切只能说明张柬之是个有格局的人，是个正直的人。张柬之在外地熬了几年之后，升为荆州大都督府长史。然后他又获得了一次进入中央的机会，这次是狄仁杰和姚崇联合帮他争取的。

第五章　重回大唐——"神龙政变"的始末与争议

武则天曾问狄仁杰有没有人才推荐："朕要一好汉使，有乎？"这句话欧阳修在写史书的时候觉得不雅，改成了"安得一奇士用之"，味道差了一点儿。狄仁杰说，如果陛下要的是写得一手好文章的，那现在的宰相李峤、苏味道就完全够用了，但如果要找能治国安邦的人才，非荆州长史张柬之不可。他虽然年老，却是宰辅之才，而且他一直怀才不遇，您如果能用他，那么他一定会为国尽忠。武则天由此把张柬之提拔为洛州司马。当时武周定都洛阳，洛州司马相当于京师的副长官。不久之后，武则天又要狄仁杰推荐人才。

"我上次向您推荐的张柬之还没有重用呢。"

"我已经提拔他了。"

"我向您推荐的是宰相，只提拔为洛州司马还不够。"

于是张柬之又连续升为大理寺少卿和刑部侍郎，他再一次回到了中央任职。又过了没多久，时任兵部尚书姚崇（就是被二张进谗言的那次）要外任灵武军，临行之前再次向武则天举荐，"张柬之沉稳有谋略，能断大事，而且他年龄已经很大了，希望陛下能赶快提拔他。"这次武则天立刻召见了张柬之，并任命他为"同凤阁鸾台平章事"，也就是宰相。此时张柬之已经80岁左右了。

二、各有特色的政变领导人

作为一个经历了大半生基层生涯锻炼的老练政治家，张柬之面对的是武周政权最后几年间错综复杂的朝廷政局。幸好，在此时的朝廷中他并不孤单。清代有人总结了"五王"在神龙政变中的分工，"五王之诛二张也，张柬之启其谋，桓彦范任其事，敬晖、崔元（玄）暐、袁恕己各效其力"。也就是说，张柬之是核心，桓彦范主抓行动，其他三个人分别负责一方面。这个概括大致比较准确。

桓彦范，出身谯国桓氏。谯国桓氏是典型的门阀大族，东晋南朝四大门阀"王庾桓谢"中的"桓"也是这一姓氏出身，不过和桓彦范不是一支。既然是世家大族出身，桓彦范自然不用和张柬之一样经历漫长的基层官吏生涯。

桓彦范少年时期就以家族身份获得翊卫出身。翊卫与亲卫、勋卫并称"三卫"，是唐朝专为世家大族、高官勋贵子弟做官设置的捷径。清代的大内侍卫与唐代的三卫比较类似。三卫名义上是要承担皇宫的警卫任务，实际上工作很轻松，而且由于都是高门子弟，他们很快就能获得晋升，这里只是他们积累资历的中转

第五章 重回大唐——"神龙政变"的始末与争议

渠道而已。桓彦范在圣历年间担任司卫寺主簿时受到了宰相狄仁杰的赏识。然后，他的仕途就真的一路平坦。先被提拔为监察御史，长安三年（703）升御史中丞，长安四年（704）再转任大理寺少卿。

相较于张柬之来说，桓彦范的仕途实在是太过顺利了。所以他与沉稳严谨的张柬之完全不同，放荡不羁、不拘小节。在学习上也不太认真，他写的文章看起来很华丽，不过由于不好好读书，论事说理的时候只能写写意思一下，没办法做到引经据典。他的口才大概也不太好，和别人辩论的时候经常说不了几句话，但好在他心理很强大，总能不慌不忙地应对。总之，桓彦范在性格上带有强烈的豪门公子色彩。这种性格反映在他为官处事之上就是对皇帝权威不太感冒，桓彦范在大理寺少卿任上的主要政绩就是和皇帝武则天唱对台戏。

朝廷众臣和武则天围绕张昌宗的一次斗争。张昌宗让术士李弘泰给他算命，说他以后能当天子。要是放在一般人身上，就算长了一百个脑袋也没命了。但张昌宗不是一般人，这件事被人告发之后，御史中丞宋璟立刻上书要求把他收监审问。可是武则天愣是把事情压下来了，没有任何表示。

众臣群情激奋，桓彦范明知武则天不想治张昌宗的罪，还是坚持上了一道奏章。他说张昌宗既无才也无德,能得到您的恩宠,就应该粉身碎骨报答您,怎么能有非分之想呢?您说他提前跟您报备过这件事,那之后他就不该跟那个妖人术士再来往了。但之后他们还有来往,那就说明他在骗您,只是防止被告发而已。作为您的臣子,他竟然有不臣之心,如果不杀,就可能要亡国啊。桓彦范的奏章里还说了两句特别狠的话,一句是"违天不祥,乞陛下裁择",另一句是"以为陛下纵成其乱也"。这两句话的大致意思是说,张昌宗做的这件事违背天意,大不祥,作为天子您看着办吧。您这次要是不处置,那以后他真的作乱了,天下人都会认为是您放纵造成的。奏疏呈上去之后,武则天还是没有采纳。

除此之外,还有另外一件事。当时的内史李峤曾经上过一道奏疏,大意是:之前武则天用过很多酷吏,比如周兴、丘神勣和来俊臣,等等。我知道这是您改朝换代的时候不得不用的手段,但现在已经过了很多年,希望可以赦免那些因为酷吏而家破人亡的人。桓彦范觉得这份奏章分量不够,他又接着上奏说希望武则天能赦免她垂帘听政以来除带头起兵的徐敬业、琅邪王李冲等几个罪魁祸首之外所有被判谋逆的人。武则天也没有同意这封奏疏。桓彦范这次没有放弃,联合众臣一连上了10道奏疏,一封比一封激动,最后终于逼得武则天同意了。

第五章　重回大唐——"神龙政变"的始末与争议

桓彦范等人能做成这件事可以说是功德无量，救了不知几万人。武则天改朝换代之际遇到很大阻力，不仅李姓宗王不同意，也有很多一般大臣反对。于是武则天就重用了一大批酷吏，有名有姓的就达23人。这些酷吏掌管的监狱比地狱都恐怖。索元礼，武周酷吏的鼻祖之一，特别擅长编造罪名，每审问一个人都能牵连数百人。来俊臣，最著名的酷吏之一，在罗织罪名方面青出于蓝，甚至还写了一本《罗织经》。如果收到了朝廷赦免罪臣的诏书，他总是先把获重罪的人先全部杀掉，然后再把诏书公布出来。周兴，与来俊臣齐名的酷吏，在他手里受害的有数千人之多。丘神勣受命征讨琅邪王李冲的时候，仅仅因为当地官员没穿官服来迎接，他就杀了当地1000多户人……死在酷吏手中的人多，受牵连而被充当官妓、奴隶，背着沉重政治包袱的人更多。桓彦范争取让他们都能获得赦免，不仅给死的人申了冤，更重要的是让活着的人有了希望。

桓彦范在大理少卿的任上曾经说过这么一句话："我现在任职的大理寺，每件事都人命攸关。因此我一定不能只是听从诏命，得过且过。"所以桓彦范上奏的时候经常和皇帝争辩，哪怕遇到皇帝斥责也毫无惧色，反而是越发急切地与皇帝争论。

崔玄暐，本名崔晔，因为犯了武则天祖先的名讳，才改成崔玄暐这个名字。他出身博陵崔氏，是顶级的世家大族。魏晋隋唐时期有五大阀阅之姓，"崔卢李郑王"，又有七个郡望：清河崔氏（今河北邢台一带）、博陵崔氏（今河北定州、衡水一带）、范阳卢氏（今河北涿州、北京一带）、陇西李氏（今甘肃临洮一带）、赵郡李氏（今河北赵县一带）、荥阳郑氏（今河南郑州一带）、太原王氏（今山西太原一带）。这"五姓七望"是中国古代的顶级贵族，家族传承了数百年甚至上千年，代有高官，世有学问。李唐皇室虽然号称出身陇西李氏，但由于浓重的胡族血统，也不被五姓承认。当时从皇族到大臣都以跟五姓结亲为荣，结果五姓根本看不起这些新崛起的勋贵。唐太宗也为此大发脾气，用改族谱、重新评定士族等级、限制五姓婚姻等各种手段压制这些大族。但五姓的地位和影响力并非一朝一夕就能扭转，整个唐朝时期的宰相和高官之位仍然有相当比例被五姓七望把持。

崔玄暐出身于这样的贵族豪门，官运自然更为亨通。他少年时代就已经被自己的叔叔、秘书监崔行功器重。龙朔年间考中明经科，出任高陵县主簿，不久就进入中央，先升任吏部郎中，再晋升中书舍人。长安元年（701），破格提拔为吏部侍郎，两年后就升任门下侍郎，加"同凤阁鸾台平章事"兼太子左庶子，顺风顺水就成了宰相。张柬之跟他真是天壤之别。

第五章　重回大唐——"神龙政变"的始末与争议

出身好的人不可怕，出身好还比你优秀的人才可怕。恰好，崔玄暐就是这样的人。崔玄暐做吏部侍郎时正好是唐代（武周）吏治风气比较不好的时候。吏部主管天下官员的选拔、升迁和考核，是个肥差，大家都习惯了吃拿卡要，请托办事。只有崔玄暐一个人清廉自守，绝不接受请托。这就坏了规矩，让当时的宰相很不喜欢，于是就把他降为尚书左丞。不到一个月，武则天亲自召见了崔玄暐，跟他说："你走了之后，吏部选官的时候屡屡出错，而且听说他们还举办宴会庆祝你调走。看来他们打算继续贪污受贿啊。我现在要让你回去任职。"于是又把崔玄暐调回吏部，继续当侍郎。

崔玄暐在个人品格方面能如此优秀，很大程度上是由于他母亲家教严格。崔玄暐母亲卢氏（也是五姓之一）曾经教育他说："姨家的表哥说过，自家孩子在外做官时说家里很穷，这就是好消息，说家里有钱，那就是坏消息。他说得很对啊。我原来见到家里做官的亲戚拿很多钱财孝敬父母，父母也不问他们的钱是哪里来的。如果是节省下来的俸禄就还好，要是贪污而来，那跟强盗有什么区别。你现在俸禄不少，一定要洁身自好，千万不要辜负我的嘱托。"多贤德的母亲，这是金玉一般的良言啊。崔玄暐和他的弟弟崔昪一直牢记母亲的教诲，一生都以清廉正直著称。

神龙政变：重回大唐

在武周末年，朝廷之中但凡是以正直著称的大臣，一定会和武则天以及她的宠臣发生冲突。崔玄暐也不例外。桓彦范请求赦免罪人之时，崔玄暐也同样屡次上书。朝臣揪住张昌宗图谋不轨之事不放时，崔玄暐也参与了论争，他弟弟崔昇甚至明确说一定要把他处以"大辟"（砍头）之刑。

敬晖，山西人。他的仕途经历比较平常，既不如桓彦范、崔玄暐那么顺利，也不至于像张柬之那样艰难。他少年时代考中明经科，到圣历初年时已经升迁至卫州刺史。调入中央任兵部侍郎后又外放为泰州刺史。大足元年（701），升任洛州长史。两年后，升任尚书右丞。

敬晖从政期间也是以清廉能干著称。他到任卫州刺史之前，突厥骑兵经常突破北方边防线，甚至一路沿着河北平原南下，直抵黄河边。因此处在黄河沿岸的卫州也在加紧修筑城墙工事，甚至秋季农忙的时候也不停歇，大量庄稼都没有人去收割。敬晖一到任就下令停止修城墙，放出所有劳力去收割粮食，他说："再牢固的城，要是城里没有粮食也守不住。哪有放着粮食不收只修城墙的。"他这个举措获得了当地百姓的一致拥护。在他任洛州长史期间，武则天要去长安巡幸。按照制度，皇帝出行时重要机构人员和重要官员都会随行，再专门设立一个留守机构管理留在

第五章 重回大唐——"神龙政变"的始末与争议

都城的皇宫和其他朝廷机构的人员。敬晖这次担任了副留守的职务。武则天回到洛阳时发现他在任期间工作得很不错，就专门下发诏书褒奖，还赏赐他100段锦帛。

袁恕己，河北沧州人。正史里有关他早期经历的记载比张柬之还要少，只说了他在神龙政变之前任大理寺少卿，同时还在相王李旦的府里担任司马。不过，从其他史料里可以发现，他曾经担任过尚书右丞，而当时的尚书左丞是桓彦范。种种迹象表明，他们二人的关系还不错，曾经联合推荐过阳峤出任刺史。

从"五王"的表面经历看，他们之间的联系并不紧密，长期以来经历各有不同，交集并不多，只在一些公开的事情上有过短暂合作。但这肯定不是他们之间关系的全部，因为就在张柬之进入中央朝廷并出任宰相短短几年后，他们就联合发动了旨在改朝换代的"神龙政变"。

三、张柬之发起政变前的活动

比较可惜的是，关于张柬之他们之间是怎么联络，怎么策划的政变，历史上记载完全空白，所以我们也一无所知。但从一些蛛丝马迹可以看出，张柬之很早就有了要通过非常规手段恢复李

171

神龙政变：重回大唐

唐的想法。就在张柬之离任荆州长史回京城任职的时候，他和继任者杨元琰进行了一次谈话。这次谈话的地点很特殊，两人专门找了条船，划到了长江中间。这次谈话的内容也很不寻常，他们议论的正是武氏诸王擅权跋扈，祸乱朝纲之事。谈着谈着，他们又聊到了当时朝廷中的一个传言：武则天要称帝，取代大唐。这时候张柬之显得非常激动，他慷慨发誓，立志一定要恢复大唐。

我认为，这段史料里可能还是用了比较隐晦的说法。张柬之当时可能已经表达要采取非常手段，哪怕发动政变也在所不惜。对此，史书有一定暗示。就在这条史料的最后一句中，专门提到杨元琰后来做到了右羽林将军，在神龙政变中，他统率禁军和张柬之一起诛杀二张、迎立中宗。

笔者曾经在很长时间里不能理解狄仁杰为什么如此欣赏张柬之，极力推荐他当宰相。但是现在推测，有可能在长期接触和互相了解的过程中，狄仁杰也知道了张柬之早就有要通过强有力的手段恢复大唐的想法，并且这么多年以来一直在坚持。狄仁杰虽然也在为恢复大唐而努力，但他的活动基本上都是在合法范围内，寄希望于通过为李氏子孙争取继承权，通过和平交接的手段达成目标。所以狄仁杰很有可能将张柬之视为自己这套方案之外的备选，万一不能实现和平交接，那就让他领导那一批人动手。

第五章 重回大唐——"神龙政变"的始末与争议

对于狄仁杰重用张柬之是为了让他恢复大唐的传统说法,有一部分历史学者表示了质疑。狄仁杰本来年纪就够大了,又找了一个年龄那么大的张柬之,这种风险的不可控性实在是太大了。万一张柬之的身体出现不可控的突发情况,那不就功亏一篑了吗?我认为这种质疑确实很有道理,但也不是不能解释。因为张柬之这时已经不只是一个人了,而是一股政治势力的领袖,他代表的是一群人。狄仁杰把张柬之推到宰相的位子上,也不是因为仅仅看重他个人,而是看重他带领的那一批志同道合的复唐志士。所以哪怕张柬之没有等到那一天,也并不是问题,会有继承人来继续行动。综合以上材料和推想,笔者认为狄仁杰推荐张柬之当宰相,就是为了提高他的身份,进一步方便他联络各方人士,并安排核心人物占据合适的位置。

能证明这一结论的典型事例,就是张柬之利用宰相职位对于军权的把握。作为一个成熟的政治家,张柬之不可能不知道掌握禁军军权对于发动这种政变的重要性。但唐朝自开国之初就在禁军制度的设计上防备这种可能,搞了比较复杂的禁军统领体系,以防有人想要通过拉拢禁军而夺权。尤其是李世民通过政变上台之后,对于禁军制度的建设更加重视。这给张柬之造成了不小的麻烦。

唐前期的禁军分为南衙诸卫和北衙禁军两部分。南衙诸卫也就是我们最熟悉的左右卫、左右骁卫、左右武卫、左右威卫、左右领军卫、左右金吾卫、左右监门卫、左右千牛卫。这16支卫军中，左右千牛卫和左右监门卫各有专门职责，剩下十二卫分别统领天下所有的府兵。因为十六卫的驻地和办公机构都在皇宫以南，所以一般统称他们为"南衙禁军"。

北衙禁军相对来说大家比较陌生一些，它的前身是从太原起兵时就跟随李渊的老兵。在唐朝建国以后，部分老兵继续当兵。李渊和李世民对他们非常信任，于是就赋予了他们看守皇宫内苑的重任，直接负责皇帝的人身安全。因为他们的驻地在皇宫的北边，所以一般统称"北衙禁军"。到武则天的时候，北衙禁军中已经出现了两支势力比较强大的军队，就是由飞骑发展而来的左右羽林军和另外一支号称"千骑"，进而又号称"万骑"的部队。

对于将要发动宫廷政变的张柬之来说，最重要的是向北衙禁军渗透自己的势力。因为北衙禁军身处要害，控制直达后宫核心区域最快捷的北宫门——玄武门。因此，张柬之采取了双管齐下的做法，一方面把自己的亲信桓彦范、敬晖等都任命为左右羽林卫的将军，作为安插到禁军中的保险。另一方面，张柬之也深刻

第五章　重回大唐——"神龙政变"的始末与争议

地知道对于统领较为严密的禁军来说，临时安插将领并不能很好地统率军队，还要尽力争取禁军原有将领的支持。

除了已经转任羽林将军的杨元琰外，张柬之亲自去说服了左羽林将军李多祚。李多祚的祖先是来自东北地区的靺鞨人，但他祖上很早就已经进入汉地生活，不能视其为蕃将。李多祚比较勇猛，屡立战功，张柬之观察之后，觉得他能够作为被争取的对象。于是张柬之对他说，李将军，你担任北衙禁军的将领已经将近30年了，钟鸣鼎食，享受富贵，那你还记得赐给你这些的高宗皇帝吗？李多祚泪洒当场，激动地表态说，我死都不会忘记高宗皇帝的恩情。

张柬之接着说，既然将军知道知恩图报，那就要知道应该如何回报。现在的东宫太子，就是高宗皇帝的嫡子。如今奸人当道，威逼皇室，国家兴亡都在将军手中了。不知道将军你有没有诚意和我一起挽救国家命运，我们再不动手就晚了。李多祚当即表态说，如果是为了李唐天下，那我全听你的调遣。于是两人郑重地对天地盟誓，张柬之顺利引入了禁军中的强援。从政变当天的情况来看，除了李多祚，至少还有薛思行、赵承恩等北衙将领的加入。

对于宫廷政变来说，南衙禁军的重要性虽然差一些，但多掌握一支兵马总没有坏处。对于南衙禁军，张柬之他们并没有采取直接渗透的方式，因为相王李旦当时既掌握太子东宫的兵马，又掌握南衙兵马。在张柬之看来，相王李旦是他们的天然盟友，只派遣曾经担任过相王府司马的袁恕己联络即可。

张柬之把掌握军权的联络活动安排在政变发动前不久，这显然是出于保密的原因。张柬之在政变发动之前能够秘密活动，而不被无孔不入的告密者发现，就在于他们这个集团里的参与者都是朝廷同僚，在没有其他任何明显活动的情况下，只是通过日常工作保持密切联系。不过一旦开始接触军权，那情况就不一样了。军权是非常敏感的东西，绝对无法长时间保密，一旦开始向军队渗透，那政变就进入了不可逆的进程。神龙政变发动在即了。

那张柬之凭什么确认现在必须发动政变了呢？因为二张势力集团现在已经造成了非常严重的后果，让朝臣觉得新的夺权政变已经迫在眉睫，必须主动采取暴力手段维护李姓太子继承皇位。

四、山雨欲来风满楼

就在魏元忠案之后，朝臣一方面带着足够的怨气，如果不找一些宣泄的渠道，可能会有危险；另一方面也是觉得二张势力集

第五章 重回大唐——"神龙政变"的始末与争议

团实在是太嚣张,不能总是被动挨打。于是,朝臣开始连续对二张势力集团发起进攻。

704年七月,当时已经从洛阳令升官为尚方少监的张昌仪、从岐州刺史改任汴州刺史的张昌期以及司礼少卿张同休,一起被人以贪污的罪名告发。由于搜集证据实在是过于容易,很顺利地就把他们下狱收监。没过几天,张易之、张昌宗也被牵连进来,皇帝只好下令与主审官一同审问。负责主审这个案子的是左右御史台,具体来说就是宗晋卿、李承嘉、桓彦范、袁恕己。前两位大家不是很熟,但看后面这两位,我们也能明白,这次是不可能善罢甘休了。

但世事难料,当时的大理卿贾敬言是个善于察言观色的人,他打算高高举起、轻轻放下。这时候贾敬言充分利用了隋唐刑罚制度中对于官员一般犯罪的优待制度,上奏皇帝说,张昌宗强行购买别人的田地,按照律令,应该罚铜20斤。武则天很高兴,立刻就同意了。贾敬言为什么能钻法律的空子,得详细说一下。我们前面说过,唐朝前期还具有非常强烈的古典色彩,很多制度都沿用了从春秋战国,乃至西周以来形成的传统。官员犯罪之后,根据身份的不同能享受到花样繁多的优待制度就是其中之一。

背景比较深厚的官员,可以享受到所谓的"八议制度"。八议,也就是议亲(皇亲国戚),议故(皇帝故旧),议贤(德行修养),议能(才能卓越),议功(功勋卓著),议贵(高官勋贵),议勤(勤谨辛劳),议宾(前朝国君的后裔,被尊为国宾,也就是二王三恪)。唐朝最为完善的法典《唐律疏议》中第一次明确总结了以上八种规定。上述八种人犯了死罪时,司法机关不能直接审判,要先禀报皇帝,说明他们所犯的罪行以及应议的种类,请求大臣商议处罚方案,然后交皇帝批准。一般而言,他们都能得到宽大处理。哪怕是犯了十恶不赦的大罪,这些人虽然不能完全免罪,但也能够降低处罚,比如被判剐刑的人可能就赐个自尽,留全尸,甚至直接改判为流放。而如果犯的是"流"以下轻罪,甚至不必再议,直接减一等处理。

对于一般背景的官员,也有普遍适用的两种优待方式——官当和罚铜。所谓"官当",就是以官抵罪。根据罪行的轻重不同,拿自己担任的官职来抵偿刑罚。隋唐时期是官当法施行的高峰期。大致来说,朝廷把官员犯罪分为私罪和公罪两种,私罪是与职务无关的犯罪,公罪则是在执行公务的时候犯的罪。如果犯私罪的话,自己的官职可以抵扣一年徒刑。而犯公罪的话,五品以上的官可以抵扣三年徒刑,九品以上的官可以抵扣两年徒刑。哪怕是流放,也可以拿官职来赎罪,流放三年相当

第五章 重回大唐——"神龙政变"的始末与争议

于徒刑四年的抵扣标准。甚至唐代的时候还规定,如果现任官职不足以抵罪,只要还保留着以前当过官的授官文书(告身),那这些也可以继续拿来抵扣。可以说,如果一个人的官足够大,那他基本可以免受任何实际处罚,只要肯降低官职或者缴纳罚款就行。

罚铜则是中国古代一种非常具有特色的刑罚,算是对官员优待的一种,应用范围非常广泛。官员犯罪的话,可以根据罪行的轻重,缴纳相应数量的铜来作为处罚,既不影响仕途,也不影响官职。如果官员犯罪程度更高,罚铜也不行了,那还有官当法。

所以为什么说贾敬言是高高举起、轻轻放下。因为他根本不打算给张昌宗任何重罚,甚至连"八议"和官当都不用动用,直接罚铜了事。但御史大夫李承嘉和御史中丞桓彦范可不打算这么轻易放过他们。两人上奏说,张同休兄弟贪赃4000余缗,数额巨大,按照法律张昌宗也应该连带免官。张昌宗不服,上表申冤,说自己对国家有大功,犯这点罪过不至于免官。

于是武则天问宰相,张昌宗对国家有什么功劳吗?宰相们都不想回答,结果我们前面提到过的、特别善于阿谀奉承的杨再思主动站出来说,张昌宗以前给您炼过仙丹,您服用了以后身体健康,这就是天大的功劳了。武则天听了以后非常高兴,就以此为

179

理由赦免了张昌宗，还让他官复原职了。因为这件事，当时的人都很看不起杨再思。言官戴令言还写了一篇《两脚野狐赋》专门来嘲讽他，杨再思恼羞成怒，将戴令言贬官，结果朝廷里的人更加嘲笑他。张昌宗虽然凭借着谄媚之徒的保护逃过了这一劫，但张同休和张昌仪都被一撸到底，被贬为了县丞。

一击不中之后，朝臣还打算再次出手。这次是宰相韦安石亲自出马指证张易之等人，皇帝只好命韦安石和另一个宰相唐休璟一同处理。但还没有查出什么东西的时候，皇帝一纸调令，把这两人全外派了。韦安石被派到了扬州担任长史，唐休璟一口气被派到了营州（今辽宁朝阳）担任都督，兼安东都护。到了这个地步，皇帝还在如此维护二张，任谁都能感觉到要出事了。唐休璟临走之前专门秘密见了太子，跟他说二张恃宠而骄，一定会出乱子，殿下您要早点做准备啊。

到了当年十二月的时候，朝臣与二张之间的对立情绪终于到达了顶点。这时候武则天因为生病，已经好几个月不见宰相和公卿大臣了，只有张昌宗、张易之两人在一旁侍候。这种情况谁能放心？皇帝年龄很大了，长时间生病，不见外人，只有两个"奸佞"在皇帝身边，怎么看都像是要出大乱的样子。

崔玄暐趁着武则天病情稍微好转的时候上了一道奏章。奏章

第五章　重回大唐——"神龙政变"的始末与争议

里说，太子、相王是最适合留在您身边照顾的，现在正是宫中情况最为紧要的时候，希望不要让外姓人出入宫廷。崔玄暐的意思非常明确，就是打算让太子和相王进去照顾皇帝，而支走二张。但史书里并没有写这份奏章的建议是否被采纳了，我们并不知道太子和相王有没有见到过皇帝，但可以肯定的是二张仍然继续留在宫里。

这种情况下，谣言满天飞就不可避免了，甚至屡次有人写传单或者直接在大路的十字路口上贴榜文，明晃晃地写着"张易之兄弟两人准备谋反"。面对这种情况，武则天甚至都没有精力去调查，根本没有制止谣言。随后，一个更加惊天的消息被爆出来。

有一个叫杨元嗣的人报告，早些年张昌宗曾经找过术士李弘泰看相，李弘泰说他有做天子的气势，劝他在定州造一座佛寺，聚拢人气，这样就能够天下归心了。恰好我们前面讲过，姚崇处理过一起张昌宗向自己在定州修建的佛寺调遣僧人的案子，这不就对上号了。术士看相说有天子气，这是多大的罪过，这也是扳倒二张势力集团的绝好机会。于是群臣议论汹汹，一定要查这件案子。武则天只好命宰相韦承庆、大理寺卿崔神庆、御史中丞宋璟共同审理。

但是这几位在审理案子的时候产生了很大分歧，于是分别呈上了审查结果。韦承庆和崔神庆回奏，张昌宗承认李弘泰看相这件事，而且他说已经向皇帝提前汇报过，所以我们的意见是张昌宗可以免罪，而李弘泰妖言惑众，一定要处以国法。宋璟和大理丞封全祯上奏说，张昌宗是胡扯。他自己找来术士相面，还被相出有天子气。如果张昌宗真的没有听信妖言，那他为什么不把李弘泰押送有关部门。他说向皇帝汇报过了，我们不知道真假，哪怕是真的，他也是包藏祸心，伪装忠诚。我们请求按照律法将他抄家灭门，而且还要继续深挖这件案子还有没有同伙。

两份审理意见完全不一致，体现了他们对此事不同的处理表度。韦承庆、崔神庆的态度暧昧，说不好是否已依附了二张，但起码可以看出二人不想这个时候给已经非常紧张的朝局再添一把火。但是宋璟他们就不一样了，他们一定要把事情弄大，不仅要把张昌宗杀了，还要以此为契机给二张势力集团来个一锅端。从宋璟的态度可以看出他符合中国传统史书中颂扬的诤臣形象，但前提条件必须是二张集团确实有谋反的意思，而这一点恰恰是现代历史研究中争论的焦点。具体我们后面再讨论。

不过武则天对此的处理态度也很有问题，她对两份审理意见，很久都没有批示。这下宋璟就急了，到底怎么样，陛下倒是

第五章 重回大唐——"神龙政变"的始末与争议

给个意见啊,想使用拖字诀可不行。于是他不断催促武则天,如果不惩治张昌宗的话,那就会动摇天下人心啊。武则天见实在是躲不过去了,只好说你先停止调查,等我再仔细看一下你们的审理材料。宋璟无奈,只好暂时退下。言官李邕这时候向武则天说,我看了宋璟的奏疏,他是旨在安定天下社稷,而不是为了自己的利益,希望陛下您能批准他的奏疏。武则天还是不听。

那武则天到底是什么意见呢?她根本不打算给出明确结果,又想再次使用调虎离山大法。按照唐代前期的制度,当地方有重大案件的时候,朝廷可以派中央官员前去调查,而去调查的一般都是中央的御史或者大理寺官员。于是,武则天给宋璟下了道命令,让他临时去扬州查个别的案子。宋璟一下就识破了,这不就是刚刚对韦安石、唐休璟用过的手段嘛。他找了个理由拒绝去扬州,继续待在京城等结果。武则天一看不成,又打算派宋璟去查幽州都督(今北京)屈突仲翔贪污案,宋璟还是不去。武则天第三次换了一条思路,打算派宋璟为宰相李峤的副手,去甘肃、四川一带安抚躁乱的百姓,宋璟依然拒绝。

后来,宋璟干脆向武则天挑明,按照朝廷惯例,地方州县官员有罪,如果是品级高的就派侍御史去调查,品级低的则派监察御史去。除非是遇到军国大事,否则御史中丞不应该离开京城去外地办差。而且现在我也没听说过甘肃、四川有什么动乱，我不明白皇帝陛下您派我去那干什么。正是根据上面这些理由，我没有接受陛下让我外出的任命。宋璟说得有理有据，武则天反倒自己心虚，根本没有斥责他抗旨不遵的勇气，所以这件事儿也就过去了。

宋璟没被支出去也就算了，其他也在等结果的大臣一看情况，皇帝这是要耍赖啊，所以干脆一哄而上，打算逼皇帝表态。

大理少卿桓彦范上书说，张昌宗没有立下过任何功勋却享受了过高的荣宠，而且还不知满足、包藏祸心，所以他这次是自招罪责、天降神罚。陛下不忍处罚就是违背天意，大不祥啊。而且张昌宗说向陛下禀告了，那他就不该再和李弘泰有往来，可是他后来还请李弘泰继续为他祈福祛灾，可见他根本就没有悔过之心。他之所以向您禀告，完全是有计划的。如果事情败露了就向您禀报，没有被人发觉那就伺机作乱。奸臣如果能靠这种手段躲避惩罚，那天下还有该罚的人吗？现在事情都已经败露了，皇帝您还是不闻不问，这不仅会使得张昌宗自以为计谋得逞，天下人也会认为张昌宗真的有天命在身而不死，陛下您这是在养虎为患，铸成大错啊。我请您一定要把他交给中书门下和三法司定罪。

桓彦范的这封奏疏措辞非常毒辣，处处以天命和社稷安定为理由，逼着武则天必须惩处张昌宗。但哪怕是这样，武则天还是

第五章 重回大唐——"神龙政变"的始末与争议

不理会,不回复。甚至后来崔玄暐再次上书的时候,武则天竟然打算让有关部门追究崔玄暐的罪责。看来武则天是铁了心要保住张昌宗。恰好在这个时候,崔玄暐的弟弟大理少卿崔昇给张昌宗定了死刑。宋璟立刻上书奏请将张昌宗逮捕入狱治罪。面对朝臣已经开始自行发挥职权,主动开启缺席审判的情况,武则天认为自己不能再保持已读不回的态度了。于是她把宋璟叫过来,打算跟他讲讲道理。

武则天说,张昌宗确实是提前告诉我李弘泰给他算命这件事了。宋璟说,那他是被舆论逼迫,没有办法而已,并不是自愿的。而且谋反是十恶不赦的大罪,根本就没有自首免罪这一说。如果张昌宗不伏法,那要国法还有什么用。武则天发现自己理亏,论不过宋璟,于是变换语气,开始对他好言相劝。谁知道宋璟根本不吃这一套,脾气还上来了,大声对武则天说,我知道张昌宗很得您的恩宠,我也知道祸从口出的道理,但是我就是内心激愤不已,一定要为国除奸,虽死无憾。

武则天的脸色非常难看。宰相杨再思怕宋璟再说出什么激怒皇帝的话来,赶紧命令宋璟退下。宋璟也不领他这个情,当场反驳,皇帝还在呢,就不麻烦宰相您下命令了。

武则天发现如果不当面给宋璟个说法实在是推托不掉了,只好同意了宋璟的请求,让张昌宗去御史台领罪。宋璟马上就回到御史台,等张昌宗到了之后,他就站在公堂之上,当堂审问张昌宗。这边还没问出个结果来,哪知道武则天扭头就派了宦官过来特赦了张昌宗。面对皇帝的特赦令,宋璟长叹一声,发了一回狠:我没有先把这个小子的脑袋给敲碎了,实在是人生一大恨事。后来武则天还打算让张昌宗去向宋璟赔罪,走个后门。宋璟干脆没有见他。

面对如此证据确凿的案子,要是换别人,不说祸灭九族吧,至少也得是杀头抄家。在武周一朝,朝臣见到了太多类似的案子,而且证据根本不如二张这件案子有力。现在武则天面对几乎是铁证如山的案子,却搞起双重标准,一点儿也不讲道理地死保张昌宗。经过了这么一场大案,朝臣对武则天不说是离心离德,至少也是失望至极。

不要忘了,朝臣之所以对这件案子如此重视,还在于当时的历史背景。武则天已经很长时间不能正常处理朝政了,与大臣们之间的关系也疏远了,反而是二张一直待在皇帝身边。万一他们借此机会搞出点什么事情来,那就可是塌天大祸。从现在武则天对二张毫无理由的保护,二张又与武则天整天待在一起的情况来看,他们也许真的在谋划假传圣旨、废黜太子、篡夺江山的举

第五章 重回大唐——"神龙政变"的始末与争议

动。在事关朝廷能否稳定、李唐天下能否恢复的关键时刻，再也不能寄希望于武则天还能保持清醒了。

终于有人决定动手了，谁呢？那就是一直在与二张频繁拉扯的过程中始终保持隐身状态，丝毫没有发声的张柬之。他不是毫无作为，而是一直脱身于乱局之外，秘密联络着各路人马，紧锣密鼓地策划政变呢。

五、突如其来的政变

704年秋冬以来，洛阳的天气一直不好，雨雪交加有100多天了。这似乎预示着朝局混乱的情形。705年正月二十二日，也就是神龙元年开年的第一个月，神都洛阳依然笼罩在一片阴寒之中。但这一天注定是不平静的，张柬之等人终于认为时机已到，调兵遣将，就在这一天以防备二张谋反为借口发动了政变。

由于关于这件事的历史记载非常杂乱，同时也对我们后面的讨论非常重要。因此，尽管在本书的行文过程中总是尽量避免直接使用史料原文，但放一些史料原文在这里做对比，非常有必要。

《旧唐书·则天皇后本纪》：*麟台监张易之与弟司仆*

卿张昌宗谋反，皇太子率左右羽林军桓彦范、敬晖等，用羽林兵入宫禁中诛之。

《旧唐书·中宗本纪》：时张易之与弟昌宗潜图逆乱。神龙元年正月，凤阁侍郎张柬之、鸾台侍郎崔玄暐、左羽林将军敬晖、右羽林将军桓彦范、司刑少卿袁恕己等定策率羽林兵诛易之、昌宗，迎皇太子监国，总司庶政。

《新唐书·则天皇后本纪》：张柬之、崔玄暐、敬晖、桓彦范、袁恕己等率兵讨乱，诛张易之、张昌宗。

《新唐书·中宗本纪》的内容与《则天皇后本纪》基本一致。

可以说，对于唐史研究来说，最重要的两部史书对于"神龙政变"的记载都太简略了。而且比较吊诡的是，在以上四处记载中虽然都将政变起因归咎于二张谋反，却在政变的领导力量方面有不同记录，一处称太子积极参与，甚至是领导了政变；另外三处则说是张柬之等五王诛杀二张之后迎立中宗。不过，这种内容上的冲突对于唐史研究者来说实在是太正常了，毕竟两本书里记载不一样的地方不是一般的多。所以我们一般还会找出事件中重要人物的本传来作参考。

同时，我们还能找到第三本重要的历史资料作为参考，那就是《资治通鉴》。幸好这两部分的材料记载得还比较详细，使我们比较清楚地还原了这场政变的大致过程。

历史资料表明，这场政变有比较严密的计划。比如当张易之发现与他们作对的桓彦范、敬晖等人突然改任禁军左右羽林将军的时候，就产生了疑虑。张柬之等人立刻安排与他们关系比较好的武攸宜做了右羽林大将军，成为桓彦范、敬晖等人的顶头上司，打消了张易之等人的怀疑。

尔后，在政变发生前的最后一刻他们终于开始联络那个最重要的人物——太子李显。当时太子经常由北门进出皇宫，桓彦范和敬晖借职务之便，找了个机会觐见太子，向他坦白了计划的内容。太子表示同意，从而为他们即将发动的政变提供了最重要的保障。

政变正式开始！

张柬之、崔玄暐、桓彦范等人率领左右羽林军与左威卫将军薛思行、杨元琰、李多祚、李湛等率领的千骑，总共500多人，是这次政变的主力军队。政变开始后，张柬之、崔玄暐、桓彦范和薛思行等人率领主力兵马直接冲击玄武门，打开进入皇宫的通道。与此同时派遣李多祚、李湛以及驸马都尉王同皎到东宫去请太子进入皇宫准备继承皇位。相王李旦、袁恕己统领南衙禁军，洛州

神龙政变：重回大唐

长史薛季昶等统领洛州兵马镇住外围。同时，袁恕己还派出一路兵马包围了政事堂（宰相集体议事之所），抓住了当时正在值班的宰相韦承庆、房融和司礼卿崔神庆，切断皇城与宫城的联系。

政变一开始并不顺利。李多祚等人到达东宫的时候，太子却犹豫了，死活不肯出来。这下就麻烦了。在政变过程中，有太子出面，可以解决很多临时突发状况。政变结束了，有太子参与全过程，就能授予他们的活动合法性。现在太子临时变卦，让他们一时间措手不及。

好在驸马王同皎出面去劝太子。王同皎说，先帝高宗生前就已经把天下交给殿下了，结果您平白遭受了废黜、软禁的厄运，从那时候到现在，已经23年了。这些年来，人神共愤，都在思念大唐。现在上天终于给了明确的信号，大唐要重新振兴。北衙禁军和南衙诸卫也同心协力，要在今天诛灭逆贼，恢复李唐天下。我们恳请殿下能够驾临玄武门，领导翘首以盼的众人。

尽管王同皎说得慷慨激昂，但太子还是畏首畏尾。他说，国之奸贼当然要诛杀，但现在皇帝身体不好，也会受到惊吓啊。大家还是先回去，我们慢慢再想办法。李湛一听就急了，现在退回去还能有好下场？他对太子说，这么多大臣、将领都豁出身家性命为李唐天下拼命，殿下为什么要把他们都推到油锅里去啊！请您赶紧出来

第五章 重回大唐——"神龙政变"的始末与争议

主持大局吧。太子也知道实在是没有后退的余地了，才同意出宫。王同皎怕他反悔，亲自把太子抱上马，直奔玄武门而去。

张柬之等人在玄武门也不顺利。禁军将领田归道率领一部分千骑镇守玄武门，他死活不肯开门。张柬之想凭借手里的这点人硬拼，也实在是困难，一时之间就形成了僵局。直到太子来了之后，田归道虽然不再阻止他们进玄武门，但是也不肯合作。于是他们只好斩落门锁，冲进了玄武门，直扑武则天所在的迎仙宫。

张易之和张昌宗此时也在宫中，毫无察觉。大军一到，就直接把他们两个在房檐之下斩杀。然后张柬之直接带兵进了武则天的寝宫，包围了宫殿。武则天正在床上休养身体，听到动静之后立刻坐起来，大声质问作乱者是谁。众人回答说，张易之、张昌宗谋反，我们奉太子的命令已经把他们诛杀了。由于害怕走漏消息，所以就没提前告诉陛下。现在我们带兵进入宫殿，确实罪该万死。

这一回答很有讲究。张柬之等人把太子推出来作为领导，既为政变找到了合法性，又明确地告诉武则天，我们这次政变的规模很大，大家都参与了。在政变的理由方面，也是以中国古代常用"清君侧"为借口。最后，他们甚至还很讲究礼节地表示，我们没告诉您就带兵闯进了宫殿，还请皇帝多多见谅。

191

神龙政变：重回大唐

既然有了领头的，那武则天就直接找了太子李显问话。她还是很轻蔑地说，原来是你啊，现在你们口中的小人既然已经被杀，目的也已经达到，你可以回东宫了。太子还没有开口，桓彦范立刻替他回答，太子怎么能回东宫呢？当年高宗把他的爱子、今日的太子托付给陛下，现在太子已经年长，在东宫待得够久了。而且不论是天命还是人心，都希望李唐能够重新恢复。群臣都不敢忘了太宗皇帝和高宗皇帝的恩德，所以拥戴太子诛灭逆贼。希望陛下能够顺应民意，立即传位给太子。

桓彦范将整场政变的最终目的说了出来。诛杀二张只是捎带脚的事情，逼迫武则天退位，恢复李唐天下才是我们的最终目的。值得注意的是，这句话并非由太子作答，而是由桓彦范代为回答。这不仅仅是因为这些话太子李显不好直接说出，也间接暴露出了中宗在政治上的软弱。

武则天没有正面回答桓彦范的话。带兵逼宫，武则天从政几十年，就没有受过这种窝囊气，她这时绝对不会轻易接受这种逼迫。但确实面对这样的情况，她也没有办法直接回绝，谁知道他们还能干出什么事儿来。所以这时武则天也表现出了顾左右而言他的窘迫。

武则天正在犹豫之间，一眼看到了李湛，她的火气找到了爆发

第五章 重回大唐——"神龙政变"的始末与争议

点。李湛是李义府的儿子,李义府当年可是武则天的铁杆盟友啊。于是武则天毫不客气地训了李湛一顿,你也参与了诛杀张易之的行动吗?我待你们父子二人不薄啊,你今天就这么回报我吗?李湛听了之后,惭愧难当,没有回话。武则天这时候的气势有所回升,她又看到了崔玄暐,于是接着训斥。别人好歹是有人推荐、有人提拔才当上了大官,你可是我亲自提拔的,怎么今天也在这儿对付我?崔玄暐理直气壮地回答,这正是我回报陛下大恩的方式。武则天知道事情已经无可挽回,就又重新躺下,卧而不语。

武则天这边尽管还没有明确结果,但起码已经控制住了局面。于是张柬之立刻派人去追捕二张势力集团的其他人物,将张昌期、张同休、张昌仪等人一并斩杀。次日武则天同意李显以监国的形式暂时掌握国家政权,并由张柬之撰写了《命皇太子监国制》。正月二十四,武则天正式传位于皇太子。正月二十五,太子李显在明堂(通天宫)正式登基,天下又重归李唐。至此,"神龙政变"宣告结束。

由于这次政变是由张柬之等人主要领导、策划,所以一般也称为"五王政变"。同时,也因为这场政变也是在玄武门发动,故此也被视为另一场"玄武门之变"。

第六章
站在局外——历史难以评说的政变

政变虽然结束了，但仔细想想，为什么这场政变会发生？古往今来，不少历史学家围绕这场政变的性质、目的、主谋等方面产生了巨大的争论。这些争论恰恰是我们在看历史书的时候很难想到，又或者是很难想明白的事。同时，通过这些争论，我们也能窥见研究历史与爱好历史之间的鸿沟。

因此，考虑了很久，笔者还是决定加上这一小章，比较纯粹地讨论一下有关神龙政变的争论，以及由这些争论引发的一些浅薄的思考。

第六章　站在局外——历史难以评说的政变

一、二张到底有没有谋反

虽然神龙政变打出的口号是"诛二张"，但是二张是不是真的已经形成了一股强大而独立的政治势力，足以篡夺皇位呢？这一点，在传统史书中几乎从来没有受到过怀疑，却是现代历史学家争论的主要问题。

就拿控鹤监来说，它的成员之一员半千就曾经直接向武则天上书，认为自古以来就没有控鹤监这个官，而且这里面聚集的都是一些轻薄之士，根本没有存在的必要，奏请皇帝废了它。这一方面表明控鹤监的官员并不全部依附二张，另一方面也说明控鹤监的设立其实完全出自武则天的授意，趋炎附势者对二张的攀附，其实根本上是在对武则天表示效忠。

700年五月的时候，武则天曾经依托控鹤监召开过一次宴会，参加者有李显、李旦、武三思、狄仁杰、张易之、张昌宗、李峤、苏味道、姚崇、阎朝隐、崔融、薛耀、徐彦伯、杨敬述、于季子、沈佳期等人。从这份参加者的名单来看，除了武则天、二张外，还有14人。其中一定不属于二张派的有李显、李旦、武三思、狄仁杰、姚崇等5人；立场不明的有薛耀、徐彦伯、杨敬述、于季子等4人，李峤、苏味道亲附二张，阎朝隐、崔融、沈佺期也与二张关系密切。可见，二张势力大概能占到这次宴会参与者的三分之一。

要说二张势力能占据这么高的比例，那实在是太可怕了。不过，如果我们仔细分析的话，这里面其实大有文章。

神龙政变后房融、崔神庆、崔融、李峤、宋之问、杜审言、沈佺期、阎朝隐等数十人都曾经因为依附二张，或者与他们关系密切而被贬官。但过了几年之后，他们又陆续被调回中央。比如景龙二年（708），设立修文馆学士的时候，李峤就是大学士，宋之问、杜审言、沈佺期、阎朝隐都为直学士。曾与二张关系亲密的韦嗣立、韦承庆也先后被召回，而且一路官运亨通。所以对于这些人，不应当把他们都理解为二张一党，而是应该认为他们属于墙头草，其实并没有明确的朋党属性，不论哪个人当权，他们都会巴结，也会因为自己确实有一定才能而被接纳。二张势力集团的权力根源，说到底还是在于二张是武则天的男宠。他们权力的寄生性特点，决定了其根基并不牢固。

如果我们跳出史料里描述的所谓激烈对抗，理性地分析武周晚年的政治局势，也会发现史料上的描写是有些问题的。因为武则天设计了李武联合政权的蓝图，这是她晚年最根本的大政方

第六章　站在局外——历史难以评说的政变

针,哪怕她已经精力不济,哪怕她再如何宠信二张,她也是那个最不能允许二张势力对其政治设计构成威胁的人。二张只是武则天的宠臣,他们的权势依附于武则天的皇权,还绝对没有达到影响武则天百年之后政局走向的程度。

按照史书的说法,武则天在最后这段时间长期卧病在床。只有二张能够随时入宫。假如他们真的有不臣之心,要谋逆造反,那要暗害武则天的时机可太多了。但事实上,从704年八月武则天卧病开始,到705年正月政变发生前,武则天并没有受到二张的任何威胁。二张假如真的准备谋逆,就一定会留下种种蛛丝马迹,至少自身应当有所准备。但事实上,除了我们前面提到过的看相之事能和定州的佛寺对应以外,史书上并没有关于二张叛乱的任何记载。相反,史书上倒是明确记载了二张是在毫无准备的情况下被杀的。

况且武则天长期病重,长期不见大臣这件事本身就很可疑。更像是故意制造出来的紧张气氛,似乎武则天病情很严重,如不及时采取措施,二张会篡权称帝。但从政变当天武则天与政变者的对话来看,她虽然生病了,但是头脑仍很清晰,行动也没有什么大碍。所以大概来说,武则天病情的真实情况应该是,她确实那段时间身体不好,所以减少了与朝臣见面的次数,但所有政务运行都是正常的,她与宰相也根本不是长时间不见面。

再有就是,二张身边的依附者根本没有严密的组织。所以,神龙政变的时候也只是诛杀了二张兄弟及其近亲,而没有诛杀任何二张的依附者。所以哪怕是政变策划者,也并不认为存在一个需要镇压的二张集团。反倒是他们一直在不断表明政变真实的目标,也就是以反对二张为借口发动政变,逼迫武则天退位,恢复李唐天下。政变的策划者以"清君侧"为名,行向武则天逼宫之实,还能达到避免中宗背上不孝罪名的目的,真可谓一举多得。

二、政变的主谋到底是谁

政变的主谋到底是谁?也就是我们前面说的史书记载里为什么会有一条把中宗列为主要领导者,而五王只是参与者的记载。从这个角度出发,有不少人认为政变的发起者不是五王,李显才是最大受益者,他也最有可能是领导者,而且太子李显、相王李旦及太平公主在其中都发挥了重要作用。因为神龙政变是在武则天已经确立了李显是太子的背景下发生的,政变发起者要在历史上被写上一笔不忠不孝,所以有关唐史的记载都对此进行了尽量的修改和掩饰。但面对牵涉众多人物参与的历史事件,史家难免

第六章　站在局外——历史难以评说的政变

百密一疏，在涉及李氏三兄妹的记载中还是留下了一些蛛丝马迹。

首先是中宗。在中宗的皇后韦皇后与高僧慧范、法藏等人的表现中，就藏着一些重要信息。我们都知道韦皇后对中宗有重要影响，所以有一条史料就不得不重视。当时有个西域僧人名叫慧范，会一些旁门左道的法门，在权贵阶层很受欢迎。不仅张易之兄弟二人与他交好，韦皇后也很重视这个胡僧。而神龙政变之后，韦后上奏中宗说，慧范也参与了政变的谋划，应该给予赏赐。于是中宗就命他为银青光禄大夫，赐爵上庸县公。此后慧范可以随意出入宫廷，甚至中宗还多次微服出行，到他的住所去。桓彦范屡次上奏称慧范用旁门左道祸乱朝纲，应当诛杀，中宗都没有理睬。那么慧范是凭借什么获得功劳，甚至参与了神龙政变的谋划呢？从他会旁门左道这一点来说，估计只能是对中宗的天命做了预测，同时也鼓动了政变的进行。

此外，还有另外一个更重要的僧人也被牵扯到神龙政变之中了，那就是法藏。法藏是华严宗的三祖，对《华严经》的传播和华严宗的壮大产生了重要影响。史书里也记载了他积极参与神龙政变，并发挥了重要作用的信息。唐代一个很有名的留学生崔致远在《唐大荐福寺故寺主翻经大德法藏和尚传》中记载了中宗褒

神龙政变：重回大唐

奖法藏的诏书。诏书中也是宣称他预先就洞悉了奸党准备叛逆，警告中宗要做好准备。

倘若中宗是在五王已经策划准备好之后，仅仅需要出面享受政变成果，那他根本没有必要提前去联络佛教势力。而现在隐约出现的这些记载虽然都只能说是蛛丝马迹，但确实显示中宗在政变过程中根本不是事先不知情，也不是被动接受了五王的安排。王同皎是中宗的女婿，在史书中明确记载他积极参与了政变。杨慎交是中宗的另一个女婿，新出土的墓志里记载他也参与了政变。中宗身边这么多人提前知道了政变的消息，并且积极投入其中，要说他完全不知道，那恐怕很难让人相信。

然后是相王李旦。这是没有什么太大疑问的。李旦的司马袁恕己就是五王的核心人物之一。曾经兼任过相王府长史的姚崇在政变中的作用也不可忽视。政变前，姚崇离任宰相，他立刻就推荐了张柬之。政变马上就要发动的时候，他从外地回到京师，张柬之等人立刻就找上他，跟他说事情准备得差不多了，可以行动了。很明显，姚崇不仅早就知道他们要发动事变，估计也是主要策划者之一。这也可以证实，姚崇一定要推荐张柬之担任宰相的理由和狄仁杰是一样的，都是为了方便张柬之发动政变。姚崇的母亲还鼓励他先国后家，放心去干大事。所以政变发生的时候，

第六章 站在局外——历史难以评说的政变

李旦会统率南衙禁军与袁恕己一起在皇宫外围警戒。

至于太平公主在政变中的作用,史书中基本没有提到。但从种种迹象来看,她也在其中发挥了不可替代的作用。太平公主好歹嫁到了武家,她有着左右逢源,游走于李武两大阵营的便利条件。有学者研究表明,当时内廷的许多宫女都积极参与了神龙政变,近年在洛阳北邙山发掘出的十几方宫女墓志中,都记载她们参加政变,甚至献出了生命。内廷宦官在神龙政变中也发挥了积极的作用。在争取这些力量参与政变的过程中,以五王外朝官员的身份而言,显然是鞭长莫及,而太平公主可以自由出入内廷。所以有学者推测,她在政变中的作用应主要体现在动员后宫力量、沟通宫内宫外协同一致等方面。

在内廷参与政变的人中,还有一个重量级人物,那就是上官婉儿。武周后期,上官婉儿屡屡参与批复奏章、制定政令等核心政务,接触到了武周政权的统治核心。神龙政变后,中宗马上下令让上官婉儿专掌诏命,给了她莫大的信任,甚至后来还封她为昭容。

按照唐代后宫制度规定,皇后之下设九品内官,昭容为九嫔之一,正二品,地位很高。从此,上官婉儿以皇帝嫔妃的身份掌管内廷与外朝的政令文告,其政治地位又上升一步。作为武则天后期处理政务的得力助手,上官婉儿在政变后不但没有遭到打压,反而有了新的政治前途,得到中宗的信任。那就只有一种解释,她在政变之前就已经加入了李氏兄妹的阵营,深度参与了神龙政变。而能够策动上官婉儿的,恐怕也是太平公主。

总之,在神龙政变的背后,李显、李旦、太平公主兄妹扮演的角色分量绝对不轻。甚至有学者认为,就是他们三人操纵了整场政变,五王只不过是被推到前台的表演者。但历史研究总是充满了不同意见,有人认为李氏兄妹是主谋,也有人认为是五王为了抢功而发动了政变。

三、政变时机背后的利益

如果再从武则天的角度重新认识一下武周晚年政治局势的话,那又会有不同的认识,对于为什么政变一定要发生在这个时候也就有了新的看法。唐朝有人曾经写过一部记载本朝历史的书,名字叫《唐统纪》。在这部书里,对于神龙政变有完全不同于我们今天能见到的其他史书的说法。《唐统纪》记载,武则天在政变之后曾经哭着对中宗李显说,我把你从房陵接回来,本来就是准备把天下交给你。哪知道"五贼"贪图拥戴太子夺权的天

第六章 站在局外——历史难以评说的政变

大功劳,而使我受到这么大的惊吓。

在历史研究过程中,我们经常会见到不同的历史材料对于同一件事有完全不一样的评价,这倒是没什么。不过《唐统纪》里关于五王发动政变是为了贪图拥戴之功的说法,倒是对于现代历史学家很有启发性,让我们对于神龙政变也有了一些新的看法。中宗本来完全可以等到他母亲寿终正寝之后,平稳地接过政权。神龙元年(705)时,武则天已年过80,政变策划者为什么要以诛二张为借口,冒险行事?因为武则天此时的态度确实阴晴不定,能否顺利还政于李唐,前景完全不明朗。

698年,武则天召李显回洛阳。701年十月,她曾经率领太子和百官还都长安,这些都明白无误地传递了武则天要改周归唐的信号。但703的时候风云突变。从魏元忠案来说,武则天并非不知道所有涉案人,包括那8个送行的人都是冤枉的,但仍然坚持将魏元忠贬官,还必须追究那8个人的责任。这说明武则天是有意识地想对所谓的"太子党"予以打压。也就是从这个时候开始,武则天改周归唐的政策发生了一些微妙的变化。704年,由于二张案件的问题东宫许多重要官员都接连被外放。比如外放为扬州大都督府长史的宰相韦安石长期兼任东宫官职,被外放到东北边境的宰相唐休璟当时正兼任太子右庶子。

203

神龙政变：重回大唐

对于武则天的绝情，她的儿女都有切肤之痛。李显曾经被废黜流放，他的儿子李重润、女儿永泰公主因议论二张而激怒武则天，李显被迫让两个孩子自尽。李旦的妃子刘氏、窦氏，在新春佳节去给武则天请安，却一去不归，李旦还得装作若无其事。太平公主的丈夫薛绍卷入李唐宗室谋反案，被武则天杀掉，作为母亲政治棋局中的一颗棋子，太平公主再嫁武攸暨。

此刻，尽管从流放地回到京城已多年，但李显仍被笼罩在武则天的阴影下。母亲能立自己、废自己、再召回自己，难道就不会将历史重演吗？

李显的忧虑源于武周时期压抑的政治气氛，源于他们兄妹特殊的人生命运，源于自己回到洛阳后的长期等待。面对此时复杂的政治形势，为了确保政权回归李氏，政变就成了必要选择。政变的目标就是让武则天退位，李唐继承人接班。时机的选择却有偶然性，武则天染病这段时间就是天赐良机。

此外还得从当时最高统治集团内部的矛盾分析。如前所述，武则天晚年最高统治集团内部的矛盾，主要是由皇位继承问题引发的李氏宗亲和武氏诸王之间的冲突。武则天曾采取了一系列有效的措施使李武两家之间的隔阂逐渐减少，甚至趋于融合。但由于李武之间的矛盾根深蒂固，直接牵涉到各自的命运和前途，是

第六章 站在局外——历史难以评说的政变

难以完全调和的。为了确保身后李武之间不发生流血冲突，形成李家为天子，武家做公卿的政治格局，武则天引入二张，形成了李氏宗亲、武氏诸王和二张之间的平衡关系。而朝臣也根据这种情况选择了各自的阵营，相互比附，从而形成拥武派、拥李派和附张派。

拥武派，是以武氏诸王为核心。他们与拥李派之间存在很深的矛盾，对武则天不以武氏为太子而以李氏为继承人的做法很不满意。而且由于在立李显为皇太子的这件事上，二张曾推波助澜，并且武延基的死，二张也脱不了干系，所以武氏诸王对二张也很不满意。拥李派，即拥护李显和李旦兄弟的朝臣。附张派，主要是依附二张的人，他们的组成前面说过。

以上三派，在武周最后这段时光中，二张这一派表面上势力一度达到最强。因而张柬之等拥李派打算提前发动事变，夺取拥立之功，以获得事后的封赏。这也就是有所谓五王抢先发动政变，争夺功劳说法的缘由。

第七章

混乱至极——政变后中宗的糟心事

小时候看童话书,总是会用一段特别简短而又美好的话作为结尾,比如,王子与公主从此过上了幸福快乐的生活……但长大了之后才发现,这基本上是不可能的。在真正的人间故事中,更多的是以悲剧结尾,所以笔者总是会逃避看那些以悲剧结尾的电视剧或者文学作品。但在历史学习和研究中,笔者发现自己是逃无可逃,历史往往并没有真正的结局,喜剧的背后连着悲剧,悲剧的后面又给人以希望,然后再把希望一点点打破。

神龙政变也是如此。在政变结束之后,虽然大唐回来了,但

第七章 混乱至极——政变后中宗的糟心事

朝廷的乱局还在继续，并没有随着改朝换代而自动消失。留给重生后的大唐的开局，是一地鸡毛般的糟心事。

武则天还活着，中宗要怎么面对她就是一个巨大的难题。而且该怎么给武则天定位，武则天留下的朝廷政策该怎么对待，这都是涉及统治正统性的重大问题。中宗该如何执政，该如何面对五王，这又是根基比较浅薄的他必须考虑的问题。

政变之后，万象更新。但是如何处理武周以来遗留的烂摊子，对于政变有功者的赏赐、加封，对于被打击对象的惩罚、贬斥，等等，也都充满了政治考量。而这些问题都要在短短的一两个月内完成。这背后牵扯的问题之复杂、斗争之激烈，很值得玩味。

一、女皇的最后岁月

神龙政变之后，武则天又活了300天。这300天是武则天生命的最后时期，也是她有生以来最痛苦的时期。二十五日，中宗复位。二十六日，武则天即被押送上阳宫。上阳宫在洛阳皇城之西，南临洛水，西接榖水，北连禁苑，有观风、仙居、甘露、麟趾、丽春等殿，又有浴日楼、七宝阁及双曜、神和、芙蓉等亭，本来是一个景色宜人的好地方。现在却变成了幽禁武则天的监狱。武则天被安置在观风殿,由左羽林将军李湛看管。

武则天晚年积劳成疾,加上病重之际,又遇宫廷政变,身遭软禁,健康状况急剧恶化。虽然正月二十七日中宗曾率百官到上阳宫,尊武则天为"则天大圣皇帝",但是,对武则天来说,这是没有任何实际意义的。对于她的悲剧结局,当时许多人都很同情,就连预谋政变的姚崇也是如此。武则天搬迁到上阳宫之后,太仆卿、同中书门下三品姚崇曾经为之呜咽流涕。

在精神极度困苦的情况下,武则天又硬撑了将近一年。终于在神龙元年(705)十一月二十六日,武则天死于上阳宫的仙居殿,终年82岁。武则天临终时,头脑很清醒。她召来中宗、相王、太平公主及武三思等,叮嘱后事,留下了一份遗制。遗憾的是这份遗制的原文没有流传下来,我们只能从有关史籍中看出个大概。

《资治通鉴》:遗制去帝号,称则天大圣皇后。王、萧二族及褚遂良、韩瑗、柳奭亲属皆赦之。

《新唐书·则天顺圣皇后武氏传》:遗制称则天大圣皇太后,去帝号。

《旧唐书·则天皇后本纪》:遗制祔庙、归陵,去帝号,称则天大圣皇后;其王、萧二家及褚遂良、韩瑗等

第七章　混乱至极——政变后中宗的糟心事

子孙亲属当时缘累者，咸令复业。

《旧唐书·袁恕己传》：则天崩，遗制令复其所减实封。

《旧唐书·武三思传》：则天遗制令复其减实封。

从这些记载来看，《遗制》的主要内容有以下几点：（1）去帝号，称则天大圣皇后；（2）祔庙、归葬乾陵；（3）让王皇后、萧淑妃等人的子孙复业；（4）恢复武三思的实封之数，为袁恕己增加实封。很显然，《遗制》的用意是十分深刻的，由此不难看出什么是武则天临死时最关心的问题。

中宗复位以后，恢复了李氏的宗庙，武氏的宗庙事实上已被废弃，"大周"已经宣告结束。在这种情况下，继续保留帝号是有害而无益的。去帝号，称皇后，显得与李氏亲近，保留帝号反而容易使得李氏子孙联想到"武周"那段不愉快的经历，无端增加对武氏的敌意。因此，取消帝号显然是明智之举。

祔庙、归陵是武则天最关心的事。武则天之所以从房州召回李显，将他立为太子，一个重要目的就是为了身后能够祔庙、归陵。而武则天一定要归陵、祔庙，大抵主要是出于两方面的考虑：一方面，她毕竟是李家的媳妇，与高宗之间有一定的感情，她还是希望能够继续和高宗在一起，并在李家的宗庙里占有一席之地，以便得到子孙的享祭。另一方面，她深知李武之间的矛盾还没有完全解除，尤其在现在这种情况下，武氏面临着树倒猢狲散的危险。如果自己归陵、祔庙，李氏子孙或许对武氏能够采取比较宽容的态度，这样将有利于江山稳定。至于对王、萧二家缘累子孙复业及武三思、袁恕己等人实封问题的处理，也都是为了缓和她身后可能加剧的矛盾。

但是对于武则天的《遗制》，尤其是其中归葬乾陵一条，给事中严善思表示反对。他在奏疏中表示，武则天再怎么说也是高宗的媳妇，地位低于高宗。这时候打开乾陵合葬，是以地位低的人惊动地位高的人，不和礼法。建议于乾陵之傍，另择吉地，再修一座陵。唐中宗看了奏疏，心里有所动摇，诏令群臣详议。由于武三思等人通过上官婉儿及韦皇后激烈反对严善思的意见，唐中宗才决定停止讨论，下诏遵遗制以葬之。

706年正月二十一日，唐中宗护武则天的灵驾还京，着手准备埋葬事宜。五月十八日，武则天的灵柩沿着唐高宗灵柩经过的地方徐徐进入乾陵地宫。武则天是以"则天大圣皇后"的身份葬入乾陵的。最终到达了她所向往的归宿地，长眠在唐高宗的"御床"。

第七章 混乱至极——政变后中宗的糟心事

二、难以远离的武则天

武则天虽然去世了，但还是给李唐留下了难以磨灭的影响。尤其是该如何定位武则天，该如何面对她留下来的政策，一时之间成为特别复杂的难题。

中宗李显正式开始当皇帝的时候，照例要发一份昭告天下的"一号文件"，说一些自己即位的合法性以及行政纲领之类的话。在唐代这种文件都被统称为"即位诏"或"即位制"。如果有兴趣的话，大家可以翻翻《唐大诏令集》。这本书里收录了目前我们能见到的几乎所有唐代诏书原文，文笔很华丽。而且唐前期和唐后期的诏书在形式上有明显的区别。

唐前期这些诏书内容都比较少，大概一两千字，基本就是夸一夸李唐历代先皇的典型事迹，写一写我当皇帝很惶恐，说一说我现在想干点啥，列一下我现在给大家什么好处之类的。一般来说，除了最后的赏赐外，其他内容都比较虚。但唐后期就不一样了，皇帝的即位诏书越来越冗长，可读性也越来越差。除了前面的内容基本不变之外，诏书里对于朝廷百官、文武大臣乃至于平民百姓的赏赐和豁免（免税、免劳役等）的内容越来越多，事无

神龙政变：重回大唐

巨细，极其繁杂。所以史学界通常认为，唐后期的皇帝即位诏书已经从一种礼仪性的文件，蜕变为了一种政治性很强的文件。

唐中宗的即位诏书内容倒还不是很冗长，尤其是后面关于赏赐、豁免的内容不多，但前面的文字很有深意。诏书中首先追溯了前代皇帝的功绩，包括唐高祖、唐太宗、唐高宗以及武则天。对于武则天部分的描述尤其值得注意，因为它已经开始按照后来人的需要改写了当时的历史。

诏书中对于武则天一定要登基当皇帝的原因给了一个这样的解释。大意是说，当时高宗皇帝刚刚去世，叛逆的臣子就开始作乱，徐敬业在淮南起事，程务挺在边疆呼应。他们的联合叛乱，导致当时天下大乱，政权不稳，急需一位成熟的政治家来安定天下。所以武则天才顺应民心，当了皇帝。这段话近乎胡扯，哪怕所有官方正史中都明晃晃地写着：徐敬业之乱恰恰就是为了反对武则天废立皇帝，意图夺取李唐天下，随之而起的裴炎、程务挺案，又是武则天为了树立政治权威故意搞出来的冤案，但制文里还是颠倒黑白，说武则天是因为有了平定这些叛乱的功劳和安定天下的能力才当了皇帝。总之一句话，武则天是李唐天下的救世主，是合法皇帝。

这段描述看起来感觉有些抽象。武则天夺取李唐天下、建立

第七章 混乱至极——政变后中宗的糟心事

武周这么重大的变化一个字都没提,直接无视。从683年高宗去世算起,到705年神龙政变发生,总共也没多少年,很多当事人都活着,为什么要这么明目张胆地撒谎?这就涉及政治斗争既丑陋又精密的特点了。

一个比较浅显的原因当然是因为这时武则天还活着。作为儿子和皇位继承者,中宗显然不能在自己即位的诏书里把母亲和皇位授予者给骂一顿,而更深层的原因则在于中宗即位的合法性构建。所谓"构建",说白了就是把历史事件重新排列或者重新解释,给出一个符合自己需要的所谓的"历史真实"。那我们来想一下,为什么中宗要如此构建武则天登基的问题。答:"中宗的皇位是从武则天手里接过来的,如果中宗当皇帝是合法的,那武则天当皇帝也必须是合法的。如果武则天被定义成了李唐天下的篡夺者,那她的皇位就来源不正,同样也就意味着中宗得位不正。"

那还有人问,就直接摆明了说不好吗?把武则天夺权建立武周、神龙政变又重新夺回来这段历史直接写明,就叫"大唐复兴之路",不也挺好?答:"稍微有点政治头脑的人都知道,这根本就不可能。大唐和武周的关系不能在官方文件里这么明白地摆开来说,政变这种不光彩的事情也不能拿出来公开讨论,它们都会损害大唐王朝和皇帝的神圣性、权威性。而且从现实利益纠缠上来看，武则天虽然把皇位交出去了，但她的政治影响力并没有消退，武家人和支持她的势力已经与大唐深刻绑定在了一起。这些人既是武周的重臣，也是复兴大唐的功臣，他们怎么会让这样一份诏书面世。"

退一万步讲，若诏书里真的直接写明武则天是篡位者，那他们就都是罪人，甚至包括武周年间担任过宰相、朝廷命官的人都要被算成"附逆"，这得是多大一场政治风波？刚刚从湖北山区跑出来没几年的中宗，根本没有政治实力应对，说不定当天晚上就得被人重新从被窝里拉出来，送到海南岛吹海风。

在论述中宗即位合法性的过程中，主要侧重点在于武则天的个人原因。《则天太后命皇太子监国制》中强调武则天不能掌权的因素之一是她专心于求仙问道、无为而治，已经厌倦了皇帝事务，而二张的因素则被完全忽略了。笔者认为这反映了中宗始终不肯承认自己与政变有关的心理活动。然后制文中对于中宗即位的合法性也做了全面的陈述，所谓重启大唐社稷、开启中兴大业，重新供奉高祖的宗庙，遵太宗开创的盛世。说中宗完全继承了自唐高祖以来的事业，也具有中兴的性质，所以是"事宜更始，可改大周为唐"。

正因为制文中对于大周政权仍然采取了承认的态度，所以仍

第七章 混乱至极——政变后中宗的糟心事

然把武则天称为"则天大圣皇帝"。并且中宗即位后并未选择新的年号,而继续沿用武则天的"神龙"年号。这些做法都是继续继承武则天政策的一面,反映了中宗皇帝和当时的朝臣对于武则天的复杂心理。同时也说明了武则天在这段时期,在意识形态领域无可回避的重要性。

我们可以举一个比较有代表性的例子,就是中宗对于武则天开创的礼制的继承。我们前面讲过,武则天在谋求称帝的过程中为自己的祖先在长安立了庙。改唐为周后,定都洛阳,于是武则天也就在洛阳建立了大周朝的太庙。武则天就把原来在长安为祖先设立的崇先庙改为崇尊庙,礼仪等级仍然按照太庙处理。到了696年的时候,又恢复了长安崇尊庙作为太庙的正式名称。由此,确立了武周比较奇特的"双太庙"制度。

等到中宗复位的时候,他面临着如何对待武周太庙的问题。中宗的皇位虽然是从武则天手中抢过来的,但考虑到当时武则天还活着,他也不能断然否认武周的存在。同时,他又是李唐皇帝重新复位。所以实际上他的皇位包含了武周皇帝传位给他和李唐天子重新复位的双重合法性与正统性。那该如何处理最具有正统性象征意义的武周太庙就成为一个棘手的问题。

中宗采取了如下措施:东都洛阳(神都)是武周政权的都

城，改周为唐之后，就在此处重建了大唐的太庙和社稷坛，象征着大唐法统的重建。但中宗也没有毁掉武氏的神主，只是把它们迁回了长安崇尊庙并改名为崇恩庙，而且专门下了一道命令，禁止冒犯武氏三代祖先的名讳，将武氏先祖置于与李氏先祖同样的地位。崇尊庙是武周政权于长安的太庙，东都又同时存在李唐的太庙，这算是一种新的"双太庙"制度，表示了他的法统的双重性。

还有一个比较重要的调整是重新确认北周和隋的后裔是大唐的"二王"。所谓"二王"是"二王三恪"制度的一部分，这是中国古代普遍实行的一种对前代王朝末代帝王及其后裔的优待。他们的子孙可以世袭爵位和封号，成为当时特殊的贵族。这项制度的最大作用仍然是表示王朝正统性。

我们前面讲过，每个王朝都会确立自己的法统来源，而官方授予"二王三恪"，就是明确无误地宣示这一正统性的继承关系。李渊称帝后，便将北周、隋的后裔作为"二王"，表示大唐是继承了这两个王朝传下来的正统。武则天称帝后曾经两度调整了"二王"的构成，一再重新确认自己正统的来源。武则天第一次确认周朝和汉朝为"二王"，几乎完全架空了历史，回避处置唐帝以及对唐定位的难题。武则天第二次调整的时候就现实得多

第七章 混乱至极——政变后中宗的糟心事

了,以隋朝和唐朝作为"二王",表示自己是取代唐朝而来。

中宗登基后,其如何处理"二王"问题,一定程度上显示着他对武周的态度。从结果看,中宗选择仍然把北周和隋作为"二王",不承认武周曾经取代过李唐,而是认为二者,是合为一体的。

但制文中还在一直强调另外一些词汇,比如"光启""维新""更始",等等,这显然是中宗准备开启变革的一面。在接下来,制文中对于武周的制度进行了巨大的调整,包括"社稷、宗庙、陵寝、郊祀、礼乐、行运、旗帜、服色、天地等字、台阁官名等各种情况都重新采用永淳年间的规定"。也就是说,把朝廷运行的依据一口气改到了高宗永淳年间。为什么是永淳年间呢,因为在这个时期高宗皇帝最后一次对朝廷制度进行了大规模调整。现在中宗既然要在制度上完全放弃武周的各项规定,那总要找一个回归的原点吧。显然永淳年间是最合适的。

所以总体上看,中宗进行的这些调整可从"破"与"立"两个层面观察。从制度的角度主要是"破",包括官号在内的武周各项制度都被放弃了。为了体现恢复李唐的特征和新皇登基的气象,也必须废除武周时期的这些制度。"破"之外便是对于新制度的"立"。此时,中宗立制度的主要方式为恢复前朝规定,即

217

恢复永淳年间以前的规定，借以宣告彻底摆脱武周以来的各种影响。

三、政治大平反运动

中宗即位初期，为了彰显自己即位的合法性和新朝的气象，还有一项必须要做的事情，那就是给武则天执政时期遭受到诬陷或牵连的人进行大规模平反。我们前面提到过，武周末年已经着手开始进行这项工作，但由于开始的时间太晚，而被各种政治事件中断。现在中宗反正，李唐恢复，那平反工作也就迫在眉睫了。

705年正月，在政变成功后不久，中宗皇帝就下达了一份大赦令。除了张易之等人不被特赦之外，将其余被周兴、来俊臣等酷吏诬陷的人平反，子女被没入官府的一律恢复自由之身。这是一份非常紧急的诏书，它的发出时间甚至在《中宗即位制》之前，由此可见平反工作的重要性和紧迫性。

到了二月，朝廷颁布《中宗即位制》的时候，其中对平反工作又有了更为详细的规定。首先对五品以上遭到陷害身亡的官员进行礼葬，并优待其后人。其次恢复被贬官员的属籍和官爵。最

第七章　混乱至极——政变后中宗的糟心事

后赦免那些并未被酷吏陷害的官员,不过其中并不涉及"赃贿及畜蛊毒、造伪、避仇、反逆缘坐、勘会不免"的人员。可见这份制文是延续了正月赦文,只不过对平反的内容进行了更为具体的规定,将受到礼遇的官员进行了级别上的区分,而且在一定程度上缩小了平反的范围。

值得注意的是,这两份诏书虽然一脉相承,但仍然与武周末期的平反范围有所区别。相对于武周时期寻求的全面平反来看,《中宗即位制》及正月的特赦诏书中的平反是以稳定为主,反对彻底抛弃武周时期的政治遗产。

在平反的同时,朝廷还下令改葬武周时期遭到迫害、已经死亡的人,并礼遇他们的后代。武则天执政以来诛杀的李唐宗室诸王、妃、公主、驸马等都没有人敢埋葬,他们的子孙或者被流放岭南,或者被长年囚禁,或者藏匿在民间靠给人打工过活。现在不一样了,朝廷命令地方州县一定要四处求访,死要见尸,为他们提供棺椁并改葬,恢复他们的官爵和待遇。重新找回他们的子孙,并挑选合适的人继承爵位。如果实在没有合适的,那就从别处过继。

这条规定出来之后,确实有实实在在的效果。比如懿德太子于神龙二年(706)四月二十三日迁葬,永泰公主于神龙二年

（706）五月十八日迁葬，雍王李贤于神龙二年（706）七月一日迁葬。而且这三人的墓葬均为双室墓，同时懿德太子与永泰公主墓均"号墓为陵"，雍王李贤墓则不称陵。从最新的考古发掘情况看，太平公主第一任丈夫薛绍的墓也为双室砖墓，且改葬于神龙年间。

真正与武周最后一次平反活动相对应的是接下来三月颁发的制文：文明年间以来被处理过的臣僚，还其子孙恩荫。在扬州参与谋反者，除了徐敬业一房以外，其他的都可以赦免。从这份制文的内容看，强调对文明年间以来的冤假错案进行平反。同时发动叛乱的祸首并不在赦免范围内，这与长安四年（704）朝臣提出的谏言内容基本一致。此处虽然还是强调了徐敬业与裴炎不在赦免范围，但平反的力度更为强劲，不仅包括破家臣僚的所有子孙，同时处于赦免范围之外的人员也变得更少。

与赦免诏书同步颁布的，还有对武周时期酷吏的惩罚诏书。这份诏书将武周时期的酷吏分为两部分，第一部分为长寿二年（693）屠杀岭南道流人的6名酷吏；第二部分为周兴、来俊臣等其余酷吏。

屠杀岭南道流人的事件，影响非常恶劣。当年，有人上书告岭南流人中有谋反者，武则天派遣大理寺官员万国俊领监察御史的职务前往审问。要命的是，由于岭南距离京城太远，来回请示太浪费时间，所以武则天给了他专断的权力，告诉他只要拿到谋反的证据，可以将这些人就地处斩。

万国俊到了广州之后，把当地所有被流放的犯人召集过来，关到一起，然后根本不走审问流程，也不检验他们是不是真的谋反，就直接命令他们自杀。这些被流放的犯人罪行轻重不同，有的甚至马上就能回乡了，所以誓死不从。于是万国俊就命令士兵把他们全部驱赶到河边，然后将他们全数斩杀，300多人无一生还。万国俊杀完人之后，才开始假造谋反证据，回到洛阳复命。回到洛阳之后万国俊还不打算收手，他说根据广州的情况，流人中的不满情绪太严重，谋反的人很多，那其他地方也应该有类似的情况，请求武则天派出专人全面清查。

武则天对此深以为然，提拔万国俊为朝散大夫、行侍御史。另派右翊卫兵曹参军刘光业、司刑评事王德寿、苑南面监丞鲍思恭、尚辇直长王大贞、右武威卫兵曹参军屈贞筠等，全都领监察御史的职务，分别前往剑南、黔中、安南等五道审查流人。刘光业等人看到万国俊因多杀人而受赏，竞相效法，以杀人多为功劳。五人不问青红皂白，大开杀戒。刘光业杀900人，王德寿杀700人，其余几人所杀也都不下500人，甚至将武则天执政之前的流犯也一同杀了。

终于，这些事情闹大了，武则天也知道了他们滥杀的情况，这才下令让他们都回来，并且给六道（五道加上岭南）下发诏书，现在他们那里还活着的流人以及家属都可以回家了。但此时诸道流人已被杀得差不多了，根本没有几个人能活着回家。

四、政变之后的封赏与贬斥

按照惯例，一场政变结束后，能够最直接体现变化的就是人事变动。人事变动体现了当时各方势力对权力分配的设想，尤其是任命时间的先后以及赏赐内容的不同，最能够体现当权者对于政局的筹划以及政变带来的影响。

从时间上来看，最先获得封赏的人主要集中在中宗正式即位之前。此时封赏范围不大，仅仅集中于皇室内部，比如相王李旦和太平公主以及非常必要的人物，也就是袁恕己。

对相王的封赏。除了在中宗复位当日，封李旦为安国相王、太尉、同凤阁鸾台三品之外，还对其几个女儿进行了赏赐。李旦的第三、第四女分别为淮阳县主和寿昌县主，第五女为仙源县主，这些赏赐在当时诸位亲王中也是独有的。与相王同时受到封

第七章 混乱至极——政变后中宗的糟心事

赏的是太平公主,加实封五千户,进号镇国公主。

在以往的印象中,我们通常认为五王势力是紧密联系在一起的,所以应当一起对其进行封赏。但从史料中会发现,情况并不是如此。政变后,五王中最先得到封赏的是袁恕己。政变结束的第二天,在中宗尚未正式登基的时候,袁恕己就被任命为中书侍郎、同平章事,成了宰相。袁恕己在这个时间节点担任此职显然是有重要任务的。

中书侍郎为中书省核心官员,凡是朝廷之大政都能参议。再加上同平章事衔成为当朝宰相之后,就处于政令上行下达的枢纽,既可以参与政策的制定,也可以掌控政令下发的渠道,意义重大。在政变过程中,中书省官员十分关键,不仅需要按照新当权者的意图快速起草大量文书,同时还需要保证文书发布的时效。因此,能够在宫廷突发情况下第一时间担任中书省官员的人物必然是当时深得诸方势力认同的官员。只有这样在起草政令时才会令诸方满意,袁恕己恰好就是这样的官员。

政变之前,他是政变筹划者之一,与张柬之等人关系密切,同时也担任司刑少卿,兼知相王府司马事。在政变过程中,他也随相王在南衙戍卫,说明其与相王的关系较为密切。有了这样的身份,在政变后的第二天被予以重任自然符合各方势力的需求。

从史料记载看，袁恕己在担任中书侍郎、同平章事之后做的第一件事便是派遣十道使者分别带上盖有皇帝印玺的诏书去地方诸道安抚。这是一项十分重要的工作。朝廷之中猝然发生了如此重大的变化，当政十多年的武则天和她开创的武周在三天之内轰然倒塌。在古代消息如此闭塞的情况下，说不定地方上会有什么流言。万一有人趁机在地方起兵造反那就麻烦了。所以朝廷总是在发生重大变化之后，立刻派遣带有皇帝诏书的使者去联络各地官员。

唐前期的行政区划里，按照山川形便的原则主要分为十道，所以由十位使者分头出发。带着诏书去，主要是为了让官员明白朝廷发生了什么事。而专门强调上面盖了皇帝的印玺，就是告诉地方官员，皇位已经确定，朝廷已经安定，大家就不要乱想了。

在不久之后，就又开始了一次大规模的封赏，这次包括参与政变的主谋，即张柬之、崔玄暐、袁恕己、敬晖、桓彦范、李多祚和王同皎。

从具体职务来看，五王的封赏各有不同。张柬之、袁恕己为同凤阁鸾台三品，崔玄暐为中书令，敬晖与桓彦范为侍中。由于从武则天执政以来，两省长官及同中书门下三品都为宰相。所以这次封赏中，实际上五人均担任了宰相。李多祚政变前已经担任

第七章 混乱至极——政变后中宗的糟心事

羽林军大将军一职,政变结束后只是授予了李多祚封爵和物质奖励,职务并未发生变化。王同皎政变前的职务是朝散大夫、行太子典膳郎,政变结束后被封为云麾将军、右千牛将军、琅邪郡公。

同时,中宗也想要通过提拔东宫旧人的方式,来培养自己的势力,与如日中天的五王对抗,这算是最起码的帝王心术了。首先获得提拔的是太子侍读祝钦明,其一跃而成为宰相;老牌政治家魏元忠也又一次担任了宰相,刑部尚书韦安石转任吏部尚书,仍然知政事。这三人被任命为宰相之后,一定程度上削弱了五王在朝中的话语权。

到了705年二月,直接参与政变的大臣被封赏完毕后,便进入了清算与惩罚共存的阶段。在这一阶段中,最先受到惩罚的是韦承庆、房融、崔神庆。这三人在正月政变时便已被收押。此时,韦承庆被贬为高要尉,房融被流放高州,崔神庆被流放钦州。至于清算的理由,当然是因为他们是二张的党羽。

韦承庆和崔神庆被贬斥的理由主要是在审理张昌宗案件时处理失当。在我们前面讲过的李弘泰为张昌宗相面一案中,韦承庆和崔神庆均认为张昌宗已经将李弘泰的话奏报给皇帝,按照法律自首者应当被赦免,只将李弘泰收押。到了政变之后,他们因此遭到了清算。从两人以往的行为来看，说他们附逆，其实有些言过其实了，尤其是韦承庆。他常年在吏部任职，在选官方面堪称平允，这是非常高的评价。在组织部工作，负责官员调动和升迁，还能得到所有人的承认，起码说明韦承庆不仅能力强，还没什么私心。而且在政变后，他还主动待罪，怎么看都不像是依附于二张的幸佞之徒。另一位被贬的是宰相房融，但史书中对他的记载太少，甚至找不到能够体现他依附张氏兄弟的案例，也不知道为什么就断定他依附二张了。

所以从这三人被贬的原因看，他们唯一的共同点就是在政变前后没有与主流势力合作，尤其是其中两位还是当朝宰相。此时处理他们，恐怕是政变刚刚结束后，朝廷立威的手段。之所以这样说，是因为杨再思可以作为反例。

如果按照史书中所说韦承庆等人被处理的原因是依附二张，那杨再思是怎么也跑不掉的。偏偏就在政变结束后，他却岿然不动，仍然担任户部尚书、同中书门下三品、西京留守。如果将杨再思与韦承庆等人在政变前的行为对比，按照那些人被贬的原因看，杨再思无论如何也不会继续担任宰相。但现实情况确实是杨再思继续留在中央任职。造成这种情况的唯一合理解释，只能是政变后清理的不仅有依附二张的势力，还有不与朝廷主流势力配

第七章 混乱至极——政变后中宗的糟心事

合的人员。杨再思如此圆滑的人，总能在任何时候获得较好的待遇，这还真是既讽刺又现实。

从这方面看，五王确实有一定的私心，比如桓彦范和赵履温的事情就是一个很好的例子。赵履温当时是易州刺史，也是桓彦范的大舅子。在神龙政变之后进行封赏时，桓彦范称赵履温也是政变的策划者之一，为他也讨要了一份封赏。赵履温因此升官为司农少卿。赵履温投桃报李，送给桓彦范两个美婢。但赵履温怎么可能参与到政变策划，桓彦范明显是以权谋私。而赵履温这个人的品行也确实不行，等到桓彦范开始失势的时候，赵履温又要回了那两个婢女。

除了整肃官员队伍外，还有一个关键问题，那就是如何处理武氏诸王。政变结束之后，薛季昶、刘幽求两人先后向张柬之、桓彦范等人进言，顺势诛杀武氏诸王，但未被采纳。薛季昶说，两个元凶虽然已经被铲除了，但朝廷里类似吕产、吕禄这样的人还在，斩草不除根，春风吹又生啊。薛季昶这里用了一个历史典故，将武氏诸王比作了汉初的吕氏外戚。结果张柬之和桓彦范都毫不在意地说，大势已定，武氏诸王就好比是砧板上的肉，还能掀起什么大浪来。我们这次发动事变，杀的人已经够多了，不能再开杀戒了。薛季昶扼腕叹息，我恐怕以后都不知道是怎么死的了。刘幽求也向桓彦范和敬晖进言，武三思还活着啊，你们不除掉他，迟早会死无葬身之地。结果仍未被采纳。

五王不诛杀武氏诸王的原因，张柬之曾经在大势已去的情况下亲口说过，史书中对此的记载非常明确。张柬之认为，中宗皇帝当年还是英王的时候，性格刚强，堪称勇烈。把武氏诸王留下，就是希望皇帝能自己处理，树立威望。谁知道事与愿违，现在说这些也没有用了。要说五王这个时候一点儿没有麻痹大意肯定是不对的，但他们也实在是过于迂腐，还是不够果断。

从这些话里可以看到五王在此时并未想过亲自处理武氏诸王，而只是将相关意见转达给中宗，他们曾经数次上书劝皇帝诛杀武氏诸王，但皇帝都不听。不仅如此，就在封赏神龙政变功臣之后，中宗改封了武氏诸王。武三思不仅升为司空、同中书门下三品，重新担任了宰相，而且加实封五百户，加上之前他已有的，共一千五百户。驸马都尉武攸暨加封定王，为司徒，加实封四百户，加上之前已有的，共一千户。也就是说当时武氏诸王里地位最高的几个，这时不仅没有受到任何惩处，反而升官了。

这就牵涉两个问题，一是为什么政变后中宗要对武氏家族成员进行赏赐；二是中宗为什么不愿意清除武氏诸王，为李氏宗亲报仇。这两个问题其实也可以归结为一个答案，那就是武则天晚

第七章　混乱至极——政变后中宗的糟心事

年想方设法把李氏与武氏拧成一股绳的努力奏效了。现在尽管重新回到了李唐时代，但李氏家族与武氏家族之间已经密不可分，武氏诸王转变为了十分重要的、维护皇权的力量。所以为了政权与皇权的稳定，中宗选择了最为稳妥的方式，保存武氏家族的力量。

就在武三思和武攸暨被赏赐十多天后，他们就集体辞去了所有的赏赐。而且在此之前，相王李旦也让出了太尉及知政事的职务。这种接连出现的皇室亲族辞职的情况，显然很不正常。很多学者把出现这种现象的原因归结为五王在朝中打压异己，直接导致武氏家族与相王均选择辞去宰相职务换得安全，这也为接下来五王的悲惨命运埋下了伏笔。

第八章

沉渣泛起——武家势力的复起与覆灭

从武承嗣争夺太子之位失败开始,武氏诸王的活跃程度就开始大大降低。不论是武周晚年无比热闹的朝堂斗争,还是神龙元年的政变风云,这一股曾经无比活跃,同时也蕴藏着巨大能量的政治势力几乎完全蛰伏起来了。

但谁都清楚,这并不意味着他们从此退出了历史舞台。以五王为首的朝臣并没有忘记,时刻都在想着要完全铲除他们。而武氏诸王也很清楚这一点,他们不仅想要自保,甚至还想完全推翻现行的政治秩序,重新回到武周时代。

第八章　沉渣泛起——武家势力的复起与覆灭

中宗的政治能力一直受到历史学家的质疑，主要是因为在他第二次执政的短短几年期间，朝廷非常混乱。神龙政变成功之初，五王挟政变之功，一度主导了朝堂里的政治走向，不论是有意还是无意，他们确实有排斥异己、指点江山的跋扈行为。

武家势力抓住这个机会，和迅速崛起的韦氏集团达成了联合，并借此成为中宗维护皇权的倚仗。进而武家势力成功复仇，杀掉了五王，一度再现辉煌。但武家势力的做派同样不好，甚至比在武周时代还要恶劣，这又增加了新的仇敌。而且这次武家势力的重新崛起其实有些名不副实，绝大多数武家人都已经无法对朝政起到影响，只有武三思父子二人比较活跃，影响力较大。在武三思嚣张气焰之下，还是难掩武家势力整体衰落的颓势。而武三思在连续两次暴力事变的冲击之下突然殒命，如此，武氏的势力也就再次无可挽回地瓦解了。

一、武家势力的重新崛起

在神龙政变之后，除了二张一派确定无疑会受到打击之外，武氏诸王也是战战兢兢。所以武家势力复兴的第一步，其实是谋求自保。而他们非常具有政治眼光，一下就抓住了当时正在冉冉升起的韦氏集团。

　　中宗的正宫皇后是韦氏，我们一般简称她为"韦后"。韦后很有政治野心，热衷于干预朝政。上官婉儿在宫中比较活跃的同时又与武三思勾结，她把武三思介绍给韦后，实现了武韦势力的联合。武韦势力的牢固程度比较高，武三思的儿子武崇训娶了中宗的爱女安乐公主，成了驸马都尉。而且据说武三思和韦后之间不清不楚，有通奸的嫌疑。张柬之等人自然是反对武韦势力干政，这又引起了中宗、韦氏的不满，于是武三思被重新任命为宰相。

　　武三思的权势一度达到了即将复辟武周的地步。他让百官使用武则天时期的行政惯例，同时大力排斥不依附武氏的朝官，被五王驱逐的人也都被请了回来。

　　有一个案子能体现当时武三思对于朝政的影响。706年4月，京城有一个叫韦月将的平民上书，告武三思祸乱后宫，与韦后不清不楚，打算作乱。中宗听到消息之后暴怒，下令将韦月将处斩。这时候我们的老朋友宋璟又站了出来，说皇帝不能直接杀人，还是让我来审一审再说吧。

　　合着他不是说你们家的事儿啊，堂堂皇帝，竟然被一个平民说自己的正宫皇后和别人有染，让我在天下人面前丢尽脸面，朕恐怕是自古以来的头一个。中宗皇帝一听火气更大了，连帽巾都

第八章 沉渣泛起——武家势力的复起与覆灭

没顾得上整理,趿拉着鞋就从侧门冲出劈头盖脸地质问宋璟,我还以为已经把那个人杀了,原来还没有行动啊,你别废话,赶紧去把他杀了。

宋璟还是坚持己见,一定要审理。现在这个人听信传言说皇后与武三思私通,您连审都不审,就直接要杀了他。这就相当于坐实了这个传闻啊,那天下人一定会议论纷纷,谣言可就止不住了。皇帝当然还是不同意,这下宋璟也来脾气了。皇上你一定要杀了韦月将的话,那就先杀了我再说,不然的话,我一定不会奉诏。

中宗皇帝的意志一向不是特别坚定,他一看宋璟急了,自己反倒不怎么生气了。这时左御史大夫苏珦、给事中徐坚、大理卿尹思贞等赶紧帮忙解劝。跟皇帝说现在是夏天,夏天怎么能杀人呢,应该是秋后处斩啊。皇帝只好下令将韦月将打一顿板子之后流放岭南。韦月将确实没逃过一死,秋分之后的第一天,天刚蒙蒙亮,广州都督周仁轨就将他处斩了。

朝廷里的事情也没结束,御史大夫李承嘉是武三思的党羽,他借此机会在朝中大肆诋毁尹思贞。尹思贞听说之后,当面向李承嘉挑明,你附会奸臣,是不是打算图谋不轨,要暗害忠臣?李承嘉脸上挂不住,表示一定要弹劾尹思贞。结果奏章送上去之

233

后，自己反倒被贬为了青州刺史。他的同僚都很好奇，就问尹思贞，你平时说话都不怎么利索，怎么当面怒斥李承嘉的时候，思维如此敏捷。尹思贞说，凡事就怕激将。李承嘉平时就依仗权势欺压同僚，我只是不想平白受辱，也不知道从哪来了说那些话的思路。

这是一件不大不小的案子，但里面透露了非常多的信息。首先，武三思和韦后的那点事儿都已经传到了平民的耳朵里，哪怕他们之间真的没有什么，但对于老于世故的朝臣来说也是不敢轻易质疑的。只好认为他们之间有非比寻常的关系，后台很硬。其次，中宗对于这件事的态度很值得玩味。他只是一定要处死韦月将，但丝毫不提武三思和韦后。这就给人一种非常奇怪的感觉，皇帝是有多信任他们，武三思的后台也太硬了。最后，这么一件与朝中官员毫无关系的小事，都能引起武三思同党借机生事的兴趣，可见他们这一派的势力在当时有多嚣张。

而武三思之所以这么强势，除了确实受到中宗和韦后的庇护之外，还必须提到他构建的一个不同于以往的政治团体。武三思非常清楚地认识到，除了韦氏之外，朝廷中还有非常多游离在五王之外的政治势力。于是他非常注重吸纳这些人作为自己的党羽，最终形成了比较庞大的武氏势力集团。这个势力集团可不像

第八章　沉渣泛起——武家势力的复起与覆灭

所谓的二张势力集团那样，武氏集团内部的关系极为紧密，甚至可以认为是唐朝政坛中较早出现的朋党。

"武党"的核心成员非常明确。当时的兵部尚书宗楚客、将作大匠宗晋卿、太府卿纪处讷、鸿胪寺卿甘元柬都是武三思的重要羽翼。而御史中丞周利用、侍御史冉祖雍、太仆丞李俊、光禄丞宋之逊、监察御史姚绍之等人则皆为武三思的耳目，时人称呼他们为"五狗"，而其中作用最大、历史记载最为详细的是宗楚客和纪处讷。

宗楚客和宗晋卿是兄弟俩，他们的哥哥是宗秦客。宗秦客早年就是靠劝武则天称帝，而当上了侍中。但很快就因为贪赃，兄弟三人全部被发配岭南。宗秦客运气不好，死在了岭南，而宗楚客二人活着回来了。

纪处讷娶了武三思妻子的姐姐，他们俩算是连襟。靠着这层关系，纪处讷当上了太府卿。神龙年间，有一年谷价很高，中宗皇帝让纪处讷亲自调查原因。就因为这件事，武三思专门授意掌管天文礼法的太史迦叶志忠和傅孝忠编了一套鬼话。说这天夜里天上出现了祥瑞，有摄提星入太微，至帝座。这是表示皇帝和大臣有过近距离接触，而这个大臣是忠臣，所以才会有此星象。中宗一想，我今天只见过纪处讷，那他就是大忠臣喽。于是专门下了一道褒奖纪处讷的诏书，还赏赐给他很多东西。

历史上能营销自己甚至想到各种办法赢得皇帝信任的人太多了，但能像武三思这样想到这种办法的，还真是独一份。

二、五王的黯然退场

以五王为首的朝臣，错过了政变初期诛杀武氏诸王的良机，中宗又不肯下诏惩治他们，导致五王只能眼睁睁看着武氏诸王的势力一步步坐大无可奈何。在当时的局势之下，他们已经没有办法纠结起一支力量，绕过中宗自行处置武氏诸王，所以只能一遍遍地上奏中宗，期望他能回心转意。

有一次，张柬之等人跟中宗说，当年武则天改唐为周的时候，李氏宗亲几乎被屠杀殆尽。赖天地保佑，陛下您重新登上皇位，而现在武氏却高官厚禄，安堵如故，这哪是大家期望看到的局面啊。希望陛下能稍微削夺一些诸武的官职来告慰天下。张柬之等人这次甚至都没有要求诛杀诸武，而只是希望能削夺官职，就这样中宗还是不听。张柬之他们实在是失望，但又完全没有办法，只能徒呼奈何。

中宗曾经一次性赏赐给张柬之、武攸暨、武三思和郑普思等

第八章 沉渣泛起——武家势力的复起与覆灭

16人丹书铁券，宣称他们都是功臣。这个做法让五王无法接受。敬晖等率朝廷官员上表反对，他们说，当年武则天改唐为周的时候，把李氏宗亲差不多杀完了，我们今天怎么能和诸武一起接受封赏。希望能削夺诸武的爵位，以安定天下人心。中宗又不同意。

面对这种局面，五王等人开始担心受到诸武的威胁，于是在诸武身边安插耳目。他们选定的是考功员外郎崔湜。结果崔湜发现皇帝明显偏向武三思，反倒对五王等人很防备。于是他丝毫没有犹豫，直接投靠了武三思，把五王的谋划全都告诉了武三思。武三思由此将崔湜提拔为中书舍人，让崔湜成为自己的谋士。

武三思还有一个谋士名叫郑愔。由于当年郑愔讨好过二张，在神龙政变之后，被贬为宣州司士参军。他在任上又犯了贪污罪，所以干脆逃到东都，私自拜见武三思。他见武三思的时候要了一个心眼。刚一见到武三思，郑愔就先哭了一通，哭得要死要活，哭过之后就开始大笑。武三思出身比较高贵，没见过这种场面，一下子愣了。郑愔要的就是这个效果，他见目的已经达到，才开始游说。

他说我刚开始见到大王的时候哭，是为你即将被杀死，甚至被灭族而感到悲哀。然后开始大笑，是恭喜大王得到了我这个谋士，可以不用死了。大王你现在虽然得到天子的庇护，但那五个人可都是占据了将相之位。他们是非常有胆略的,废掉武则天都易如反掌,大王你还能比得过武则天吗?他们这五个人日夜谋划,一定要除掉大王,所以大王如果不想办法除去这五个人,那就永远都没有好日子过。他这段话可算是说到了武三思的心坎里,所以武三思将他当作知己,向他请教自保之策。

有了两个谋士之后,武三思更是如虎添翼,联合韦后持续不断地在中宗面前说五王的坏话。说五王凭借功劳专权,将有叛逆之举。中宗对此深信不疑。紧接着,武三思又给中宗出主意,不如明升暗降,封他们五人为王,而罢免他们的宰相之位。

直到这个时候才真正诞生了"五王",侍中敬晖为平阳王,桓彦范为扶阳王,中书令张柬之为汉阳王,袁恕己为南阳王,特进、同中书门下三品崔玄暐为博陵王。而且还赐桓彦范姓韦氏,与皇后同籍。但他们处理政务的权力被削夺。

不久之后,他们又都被派往地方任职,远离京城。崔玄暐检校益州长史、知都督事,又改梁州刺史。张柬之对朝局感到失望,请求回家养老。中宗也还算客气,直接任命他为襄州刺史,可以不管政务,只拿俸禄。还在京城的三人,不久之后也全部被外放,分别担任滑州刺史、洺州刺史和豫州刺史。至此,五王全部被赶出了京城。

第八章 沉渣泛起——武家势力的复起与覆灭

但武三思还是没放过他们,继续在中宗面前进谗言。于是敬晖被贬为朗州刺史,崔玄暐为均州刺史,桓彦范为亳州刺史,袁恕己为郢州刺史。此后,武三思又指使郑愔继续诬告他们五个人谋反。五人再次被贬官,敬晖为崖州司马,桓彦范为泷州司马,张柬之为新州司马,袁恕己为窦州司马,崔玄暐为白州司马,并剥夺一切勋爵。桓彦范也被剥夺了被赐姓韦氏的荣誉。

当他们的官爵已经贬无可贬的时候,武三思终于亮出了屠刀。他派人写了一张榜单贴在了天津桥上,内容都是关于韦后私生活不检点的传闻。天津桥,是皇宫正门外大街上的那座桥。这里是百官上朝的必经之地,这等于把皇后的名誉全给毁了。中宗得知后大怒,命令御史大夫李承嘉捉拿凶手。

李承嘉本就是武三思的党羽,所以他自然遵从武三思的意思,上奏说是桓彦范与敬晖、张柬之、袁恕己、崔玄暐等人派人写了这张榜单。虽然上面写的是想要废掉皇后,其实是在威胁皇帝。这实在是谋逆大罪,应该抄家灭族。同时,武三思又让安乐公主在宫内给中宗吹风,让郑愔在外朝宣扬。在内外双管齐下的攻势下,最终中宗同意了李承嘉的建议,并让大理寺办理。

但是大理寺内部官员面对这个命令产生了分歧。大理丞李朝隐上奏说,敬晖等人还没有经过审问,不能杀。请朝廷派遣御史前去调查，如果属实，就请按法律处置。大理卿裴谈却说，敬晖等人确实应该按照皇帝所说的处置，不用再审问了。

中宗最终还是没有选择杀掉他们，考虑到以前他们都领过免除死罪的丹书铁券，所以就把他们全部流放了。桓彦范被流放到瀼州，敬晖被流放到崖州，张柬之被流放到泷州，袁恕己被流放到环州，崔玄暐被流放到古州，以上五人终身流放，不许返回家乡。他们的子孙中16岁以上的流放岭外。武三思看到皇帝竟然没杀五王，于是怂恿太子上表，请皇帝诛杀他们三族。皇帝还是没有允许。

这时候武三思的谋士崔湜说，他们五个时刻都想着回到京城，如果不现在就杀掉他们，总是一个祸患。我们派遣使者，假传圣旨，杀掉他们吧。于是他们商量派自己的党羽大理正周利用来做这件事。周利用到了五王流放地的时候，张柬之和崔玄暐已经死了，算是逃过一劫。但剩下的三人备受周利用的折磨，死得非常痛苦。

五王之外，第一个提出要诛杀武氏诸王的薛季昶也没有被放过。他也累次被贬，在儋州司马任上，看到五王的结局之后，喝毒药自杀。这批人中，唯一逃过追杀的就是杨元琰。薛季昶虽然早就看到了五王不杀武氏诸王的危险，但也没有采取什么措施，

第八章 沉渣泛起——武家势力的复起与覆灭

只能跟着他们一起殉难。杨元琰不同,当他看到武三思势力已成火候的时候,就向皇帝提出要放弃官职,出家当和尚。皇帝没同意,敬晖等人也嘲笑他。要是我提前知道杨元琰想当和尚,那我就一定劝皇上同意他的请求。能亲自给胡人剃头,这多有意思。

杨元琰毛发比较旺盛,脸上胡子很多,样貌有点像当时的胡人,所以敬晖才如此打趣。杨元琰看到敬晖他们完全没有意识到危险,就只好很认真地说,功成名就之后,如果不早点隐退,迟早要有危险。我要去当和尚是认真的,不是开玩笑。敬晖听出了杨元琰的言外之意后,非常不高兴。最终五王都死于非命,而只有杨元琰没有被卷进去。

终于杀了五王,武三思觉得自己已经没有对手了。权倾朝野,一人之下,万人之上。于是他经常把一句话当作口头禅:我不知道这个世上怎么判断谁是好人,谁是恶人。但是对我来说,我说好的就是好人,我说坏的就是恶人。可见此时武三思已猖狂至极。

五王被杀之后"中兴"这个词就不许再提了。原来各地都建设的中兴寺、中兴观也都要改名为龙兴寺、龙兴观。为什么要取消"中兴"的说法,历来史学家都有不同的解释。但其中一个基本的原因是,中宗对武周的认识不一样了。五王发动神龙政变是推翻了武周的统治,逼迫武则天传位给中宗,所以中宗的皇位是

神龙政变：重回大唐

从武则天手中夺来的，大唐是靠武力从武周手中夺回的天下。

但是现在政变的领导者、最大的功臣五王都已经被贬斥，甚至被秘密处死，武氏诸王又重新在朝中执政。那关于武周和大唐关系的认识自然也就不同了。就如同我们前面所讲的一样，中宗认为武周和大唐是一体的，不存在谁取代谁的问题。既然都是一家人，那从大唐到武周，再从武周到大唐，就是一家人内部的事情。儿子继承母亲的皇位，根本不存在什么"中兴"。

有一个典型的例子，反映了中宗对武周认识的变化。707年二月，中宗派遣武攸暨和武三思去乾陵求雨，然后居然真的下雨了。中宗非常高兴，下令恢复了武周在长安设立的崇恩庙以及昊陵和顺陵的称呼。

崇恩庙是供奉武氏祖先神位的庙，是武周时代的西京太庙。中宗复位之后仍然保留了它。但这只是暂时的，武则天一死，崇恩庙就被废了。现在中宗对武则天和武周的认识发生了变化，所以又下令恢复了崇恩庙。昊陵是武则天父亲武士彟的墓，顺陵是武则天母亲杨氏的墓，在武周时代它们可以顺理成章地叫"陵"，中宗复位之后它们被取消了这个资格，现在同样恢复了这个资格。

最有争议的是，中宗诏令里说负责武氏崇恩庙祭祀事务的斋郎要以五品以上官员的儿子充任。负责制定礼仪的太常博士杨孚

第八章 沉渣泛起——武家势力的复起与覆灭

上奏反对,他说我们李唐太庙的斋郎以七品以下官员的儿子充任,结果现在武氏庙斋郎却用五品以上官员之子,这到底哪个才是太庙啊？中宗这才发现不妥,赶紧找补说太庙用也改斋郎五品以上官员之子不就行了。杨孚说那也不行,臣子的待遇等同君主就可以判定为僭越,可以按照谋反来论处。现在倒好,是把君主的待遇等同于臣子,这怎么行。中宗只好取消了这一规定。

除了礼制待遇方面,这个时期很多大臣看到武氏重新得势,开始纷纷上书要求恢复已经被废除的武周时代的规矩,以献媚武氏。比如言官权若讷上奏说,武则天亲自创造了天、地、日、月等新字,敬晖他们什么都不懂,就给废除了,我们现在应该恢复这些字,这样也是符合孝道。而且神龙政变后下令朝廷办事,都要参照贞观年间的规矩办,这是舍近求远,皇帝陛下的母亲武则天执政的时候就有过很多好办法,怎么能丢掉母亲创立的规矩呢？对于以上请求,中宗全部批准,还专门给他写了一封表扬信。

三、王同皎刺杀武三思

武三思如此飞扬跋扈,武家复兴的势力如此招摇,不招惹众怒也很难。在神龙年间,武三思经历了两场以诛杀他为目的事变。虽然从结果上看,两次事变最终都失败了,但武三思也在第二场事变中走上了与谋划刺杀者同归于尽的结局。

第一次事变是王同皎主导的,对武三思不成功的刺杀。这场刺杀是在五王已经开始受到排斥,但还未曾遭难之前。王同皎作为当年参加神龙政变的人物之一,亲眼看着武三思的势力逐步发展起来。武三思不仅祸乱宫廷,还在朝中一手遮天,现在竟然连五王都被排挤了,他心中非常气愤。

于是,王同皎经常和自己的朋友张仲之、周憬、李悛、冉祖雍、祖延庆等人,坐在一起激烈地表达不满。渐渐的,他们之间形成了一个初步的想法,趁着武则天灵柩从东都出发的时候,埋伏人马,用弩箭刺杀武三思,为国除奸。

以上这些人中,王同皎、周憬、张仲之三人的关系比较密切,算是核心成员。除了王同皎之外,其他人地位都很低。周憬是武当丞,他对武三思祸乱朝政的行为非常厌恶。张仲之的哥哥张循之,早在武周时期曾经因上书触怒武则天而被杀,他对武氏诸王也没有什么好感。祖延庆的情况不太明了,只知道他和宋之逊有着较远的亲戚关系。

除了这几个比较铁杆儿的朋友,其他几个人就算是他们交友不慎了。因为他们很快都当了叛徒,把计划全都泄露给武三思。

第八章　沉渣泛起——武家势力的复起与覆灭

第一个叛徒是李悛，他是唐朝著名诗人宋之问的外甥。当初，少府监丞宋之问和弟弟兖州司仓宋之逊，因为攀附二张被流放到岭南。他们受不了岭南的恶劣生活条件，带着一大家人偷偷跑回了东都。作为好朋友，王同皎收留了他们，将他们藏在了自己家里。一个偶然的机会，宋之逊听到了王同皎和朋友的密谋，觉得这是一个立功的好机会。有了这个功劳，他们就能合法地在洛阳生活，不用躲躲藏藏了。他竟然立刻决定出卖收留自己的好朋友，怂恿自己的儿子宋昙和外甥李悛去找武三思告密。

第二个告密者是抚州司仓冉祖雍。其父为河州刺史冉实，其母为江夏王李道宗之女。冉祖雍也算是勋贵之家，却官运不旺，他向武三思告密，主要是想为自己谋求一个好官职。

他们告密的时候，夸大了王同皎的计划。说王同皎不仅要刺杀武三思，而且还要带兵杀进皇宫，逼迫中宗废掉韦后。于是皇帝先命令御史大夫李承嘉、监察御史姚绍之查案，然后又命令杨再思、李峤、韦巨源再次核验。

张仲之是个硬汉。审问的时候，他把武三思和韦后的事儿全说了出来，杨再思、韦巨源只能装睡，根本不敢听。李峤和姚绍之只好下令将他送回监狱里。被架起来押走的时候，张仲之还一直回头不断说着这些事儿。姚绍之为了让张仲之闭嘴，就用重刑，折断了他的胳膊。张仲之大呼，我记住你了，死了也要向上天告你。

审问过后，王同皎等人都被判处死刑。周憬不知道用什么方法竟然逃脱了，一路跑到比干庙中，对着外面追捕的官兵大喊，比干是古时候的重臣，他知道我的忠心。武三思与皇后通奸，危害国家，理应被处死，可惜我见不到了。说完，周憬自刎而亡。

王同皎、张仲之、周憬死了。告密的宋之问、宋之逊、宋昙、李悛、冉祖雍都被提拔为京官，过上了好日子。尤其是冉祖雍还成为了武三思一党的核心成员，成为五狗之一。通过此案，武三思不仅增加了党羽，还趁机把五王也牵扯了进来，说他们也和王同皎有关联，这才有了对五王的第二次贬斥。

总体来看，王同皎刺杀武三思一案，非但没有打击武三思等人的气焰，反而令朝官在朝中的力量更为弱小，武氏力量更加壮大。尤其是在五王被杀之后，武三思更为嚣张跋扈，引发了第二次事变。

四、景龙政变与武三思之死

第二次事变相对于第一次事变来说，规模有点儿大，所以对

第八章 沉渣泛起——武家势力的复起与覆灭

其还有一个专门的称呼——景龙政变。它的发起者是中宗节愍太子李重俊。

李重俊是中宗皇帝的第三个儿子,跟着他在房州吃过苦。回到京城后,他被封为义兴郡王,中宗神龙元年(705)复位后他被封为卫王,第二年就被立为太子。

李重俊能当上太子并非他有多么突出,而是只有他合适。中宗一共有4个儿子,其中只有大儿子李重润是韦后所生,但他不明不白地死在了武周末年的那场大案里。此时在世的有第二子李重福、第三子李重俊和第四子李重茂。李重福在中宗刚刚复位时便被韦后排斥,说他参与了二张杀死李重润的案子,然后把他贬为濮州员外刺史,但实际上是被发配到均州,由当地官员看押,不许他管事。而老四李重茂年龄太小,所以唯一合适的皇子只有李重俊。

李重俊当了太子之后发现,自己的处境很不好。中宗并没有多重视他,只因大臣一直上书,要求必须赶快立太子,这才把他扶上了位。韦后不喜欢李重俊,因为他不是韦后亲生的。中宗和韦后最宠爱的女儿安乐公主也不喜欢李重俊。安乐公主很有政治野心,她一直向中宗要求废了太子,立自己为前所未有的皇太女,将来由自己做女皇。权臣武三思也不喜欢李重俊,不仅仅是因为他早年参与过武周晚年的太子之争而没有得到储位,对太子

神龙政变：重回大唐

这个位置念念不忘，更是因为只要立了太子，那太子就会成为他将来继续扩大权势、谋求恢复武周的障碍。

这些人不喜欢李重俊的态度几乎完全是公开的，所以李重俊也不被其他人尊重。比如娶了安乐公主的武崇训，他的官职是太子宾客。按理说，他是太子的侍从官，应该和太子关系最好，但偏偏武崇训很看不起太子，公开以"奴"字骂太子。也正因为不受重视，所以皇帝很不重视对太子的教导。以往按惯例，凡是立太子之后都要找一些德高望重的人，或者是朝廷里的能臣干吏充当太子府的官员，教导太子，辅佐太子，培养太子。但这时候聚集在太子李重俊身边的只有一些纨绔子弟，整天带着他打马球、斗狗，参与这些玩物丧志的活动。

但李重俊至少还是有追求的。他对自己目前的处境很不满意，对于这些人的欺辱也越来越不能忍受。所以他开始四处结交，准备培植自己的势力。只是他结交的人有点儿不一般，大多都是禁军将领，比如左羽林大将军李多祚，将军李思冲、李承况、独孤祎之、沙吒忠义等以及成王李千里。

李多祚的情况就不用多介绍了。算上景龙政变，他已经连续两次参与宫廷政变了。如果按照一般的说法，他可以算得上是军人干政的典型，不是为了谋求权势，就是为了荣华富贵。但李多

第八章　沉渣泛起——武家势力的复起与覆灭

祚在神龙政变之后既没有升官,也没有发财,还是回到了禁军任职。在五王相继遇害之后,李多祚倒是没有受到什么冲击,只是他为求自保,还是表面上对韦氏势力集团表示效忠。但从他事后的表现来看,李多祚其实并不像是贪图富贵的人,他两次主动参与宫廷政变,都是为了拥戴太子,主持正义,反而更像是一个不被人理解的孤忠。

李思冲,他的父亲是高宗时的宰相李敬玄,算是高门之后。但李敬玄早就被贬官,他也就只能混迹于禁军之中,而不能在从政的道路上得到什么帮助。李承况是宗室子弟,但由于他的父亲被过继到唐高祖的儿子楚王李智云的名下,所以也长期不受朝廷重视。记载独孤祎之的史料太少,他的情况不甚明了。沙吒忠义是李多祚的部下,他参与政变可能是因为与李多祚的个人关系吧。

成王李千里的情况比较复杂,他原名为李仁,是太宗皇帝的儿子吴王李恪的长子。李恪在贞观年间因为继承问题被杀之后,四个儿子都被流放到岭南。睿宗第一次当政时期的光宅年间他们才被赦免,并恢复了爵位。武则天夺权时期,对李唐宗室中有名望的人一概采取诛杀的政策,老王爷们几乎都死光了。但李千里不一样,他一看情形不对就立马采取谄媚的态度,不断给武则天送礼,送祥瑞,有什么送什么。他曾经给武则天送过两个小宦官,一个叫金刚,一个叫力士。这个力士就是后来鼎鼎有名的高力士。靠着这一手,李千里成功在武周年间的腥风血雨中活了下来,中宗年间被封为成王,并担任左金吾卫大将军。

至于李重俊和他们之间到底是怎么联系上的,完全没有史料可以参考,但从他们的经历来看,除了李多祚之外,其他人基本都是不得志。可能是他们的经历让他们有了共同语言吧。

707年7月,政变发生。他们也是分兵两路。左金吾卫大将军、成王李千里带着他的儿子天水郡王李禧利用金吾卫负责京城治安的便利,分兵把守宫城诸门,做好关门打狗的准备。太子李重俊实在是太恨武三思,所以根本没有先进宫控制皇帝和韦后,而是和左羽林大将军李多祚、将军李思冲、李承况、独孤祎之、沙吒忠义等人率领北门的羽林军和千骑军士兵300多人为主力,直奔武三思的家,杀了武三思、武崇训以及10多个党羽。然后他们才率兵进宫。

李重俊主力来了之后,斩落肃章门的关锁,冲进皇宫。由于事先并没有在内宫安排内应,他们一时之间找不到韦后、安乐公主的位置。同时,他们觉得上官婉儿平时和武三思等人狼狈为奸,就把她也列为寻找的目标之一。另一路,成王李千里和他的儿子天水郡王李禧率领亲信数十人砍开右延明门,追杀武三思的

第八章 沉渣泛起——武家势力的复起与覆灭

党羽宗楚客、纪处讷等人。

不过正是由于李重俊率主力进宫太晚,给了宫内比较充足的预警时间。上官婉儿最先发现情况不对,她大喊乱军正在找我,然后就是韦后,最后就是皇帝了。韦后、安乐公主和上官婉儿带着中宗皇帝跑到了玄武门城楼之上。由于这里靠近北门禁军,他们找来了左羽林将军刘仁景等人率领飞骑以及其他禁军100多人在城楼之下防守。李重俊和李多祚率兵找到玄武门的时候,他们已经完成了防守布置。李多祚只好领兵硬冲,但是没能冲开守军的阵营,双方形成了对峙的局面。

李多祚和太子这时候不知道怎么办了,他们只好按兵不动,希望能和皇帝对话。恰好,唐代前期最有军事才能的宦官杨思勖正好在城楼上,他发现了叛军阵形的弱点,请求主动出击。杨思勖率兵进宫,斩杀了李多祚的女婿、叛军先锋野呼利,致使叛军的气势一下就低落下来。

看到叛军的攻势已经被遏制,叛军气势也不足了,中宗站出来,在城楼上对着李多祚率领的禁军喊话:"你们都是皇帝的禁军,为什么要跟随他们叛乱啊?如果你们能倒戈,斩杀李多祚,我就给你们加官晋爵,保你们荣华富贵。"皇帝毕竟还是有威望的,而且还有名利在眼前,李多祚率领的禁军立马就乱了,士兵

神龙政变：重回大唐

王欢喜等人杀了李多祚、李承况、独孤祎之、沙吒忠义等人，剩下的乱军也就溃散了。李重俊看到事情反转，只好率领他的100多名亲信从肃章门出宫，逃奔终南山。皇帝命令赵思慎等人率军追击。

李千里和他的儿子一路追到了太极殿前面，但这里的防守更为严密。宰相杨再思、苏瓌、李峤和兵部尚书宗楚客、左卫将军纪处讷带着2000多兵马屯驻在这里，叛军根本没有机会。

李重俊一直跑到了鄠县以西40多里的地方，李重俊此时身边只有几个奴仆，其他人都跑散了。正在林子里休息之时，这些奴仆抓住机会，杀了李重俊，回去领赏。皇帝下令用李重俊献祭太庙以及武三思和武崇训的灵柩。李千里和他的儿子在宫内被斩杀，而后续惩罚也非常有武周时代的特色，除了抄家之外，还被改姓为蝮。

最后，关于这次政变还得有一个简单的总结。关于太子李重俊发动的这次政变，一些历史学家认为这是属于"激变"，也就是被人逼迫之后，临时起意发动的一场政变。这种观点的核心是，从李重俊的行动来看，政变缺少计划性，尤其是先派主力去杀武三思，不仅完全没有必要，而且还浪费了大量的时间。

笔者认为这种说法其实不太准确，李重俊这次政变肯定是有

第八章 沉渣泛起——武家势力的复起与覆灭

计划的,他们的分工很明确,步骤也大致紧凑。那就只能说,这次政变压根就不是冲着皇帝去的。他们根本没有想过要取代中宗,而只是为了杀掉武三思及其党羽,废掉韦后、安乐公主,杀掉上官婉儿,以达到"清君侧"这个目的。

因此,在政变初期太子才会放弃带兵直接进入皇宫,而是先去杀了武三思。要知道,去杀武三思的时候,太子调动了此次参加政变的几乎所有的武装力量,可以说是力求一击必杀。而进入皇宫之后,这些乱军的目的也很明确。甚至在玄武门城楼下,与皇帝对峙的时候,李重俊按兵不动,想要等中宗出来询问政变的理由,而他也准备把武三思的罪行全部上报。

显然,李重俊这么想实在是十分幼稚。政变就是政变,尤其是率大军逼宫,怎么可能不引起皇帝的警惕。这种事情,要做就要干脆彻底。所以,笔者很同情李重俊,但并不可怜他。

五、武家势力走向衰落

武三思及武崇训死于景龙政变之后,中宗赠武三思太尉、梁王,武崇训开府仪同三司、鲁王,并为之废朝五日。可以说是极尽哀荣了。但毕竟在这个时期,武家势力的领头人是武三思一系，他这一死也就意味着武氏力量遭受重创。

在神龙元年（705）五月的时候，朝廷已经把诸武的爵位全部降低了。梁王武三思，从亲王降为德静郡王，定王武攸暨降为乐寿郡王，河内郡王武懿宗等12人全部降为国公。五王当时一直在强烈要求降低诸武的爵位，中宗死活不肯松口。但五王失势之后，朝廷里对此意见还是很大，就在这种压力之下，中宗只好同意降低武氏诸王的爵位。从此，"武氏诸王"这个词就退出了历史舞台，而只能用"武家势力"来代替了。

从这次削爵的情况来看，朝廷里还能称为王的武家人就只剩下武三思和武攸暨。我们都知道武攸暨就是个不问世事的老实人。所以说武三思是武家势力的领头人可能不太准确，实际情况是武家当时只剩下武三思父子在朝中还保持着重要影响力。其余武家人大多数都在外地任职，对朝局基本已经没有太大影响，只有武延秀此时依附韦后集团，还有不错的政治潜力。

而且就在这几年之内，武家人接连身亡，也给他们的势力造成重大打击。武懿宗死于神龙二年（706）六月，武嗣宗死于神龙三年（707）正月，这两人的死亡日期是有明确记载的。其余还有武攸宜、武重规、武攸望等人也相继去世。截至神龙三年（707）七月武三思被杀的时候，武三思这一辈基本都死了。而等到武延

第八章　沉渣泛起——武家势力的复起与覆灭

秀几年后在唐隆政变中被杀，武家人又经历了大规模的诛杀和流放，武家就真的彻底没有人了。

更重要的是，在武周灭亡、武则天死亡之后，武家势力就彻底没有了主心骨，实际上武家已经处于一盘散沙的状态了。武家人本来内部就不太团结，这下就更加分崩离析，内部已经基本瓦解，就更别提团结对外了。武攸暨这一支靠着太平公主，与其他势力基本没有交集。武三思、武延秀则是和韦后一派走得比较近。

唐史研究的早期代表人物陈寅恪先生曾经对李唐的统治阶层有过一个精准的概括，称之为"李武韦杨婚姻集团"。武则天时期构成了"李武婚姻集团"，到中宗时代又形成了"李武韦婚姻集团"。在这一时期李氏、武氏与韦氏的合作关系中，中宗为代表的李氏是当之无愧的主导，而武氏和韦氏都是中宗主导之下的合作者。中宗援引武氏和韦氏控制朝局。必须要注意的是，由于武三思的势力很强，导致在李重俊政变前武氏仍然在与韦氏的关系中处于主动地位，而韦氏外戚势力在当时还不成气候。同时，武家势力的强势在一定程度上也限制了韦氏势力的增长。但当景龙政变之后，武三思父子一死，武家就失去了中宗朝最有政治势力的人，武氏内部的分化也更加严重，从此武氏再次走向衰落。

武家势力衰落之后，韦氏力量乘机崛起，开始大肆扩张势力，接过了中宗朝政局的主导权。此时，武氏诸人中的一部分依附韦后与安乐公主，一部分依附太平公主。唐隆政变之后，已经如此分散的武家势力算是彻底走向了衰落。直到玄宗年间的武惠妃时期，才又溅起来几朵水花。

尽管太平公主还和武家有联系，在当时的势力也很大，但她与武家结合的程度一直不是很深。名义上太平公主是武家的媳妇，但她其实和武家的关系一直不是很亲近，不能算作武氏家族政治势力的代表人物。尤其神龙政变后，太平公主基本是以李唐公主的身份参与朝政，而非武家媳妇，因而与太平公主有关的武家人，也只能算是依附于她，而双方并非合作关系。中宗后期开始，韦后、太平公主、李隆基等人成为政治斗争的主角，这可以算是李韦之间的权力争夺，武家这时就只能算是参与者，而不再是操盘手。

第九章

女主再现——中宗后期混乱的朝局

景龙政变失败了，这场政变未能完全完成诛杀武三思及其党羽以及废黜韦后等人的全部目标，不过武三思还是死在了政变之中。这一场突如其来的变故使得中宗后期的政局出现了新情况。

武家势力从快速复兴走向了急速衰落，很快就消失在朝堂之上。五王没有完成的愿望，被节愍太子李重俊实现了。但武家势力快速退场留下的空白，又迅速被韦后势力集团的崛起填补了。武三思一派原本就与韦后势力勾结，现在群龙无首，以宗楚客、纪处讷等人为代表的武氏党羽，也就顺势转投到了韦后门下。韦后和安乐公主都很有政治野心，她们的崛起并非仅仅代表了一股新的外戚势力，而是重新掀起了女主政治的回潮。

武则天能够破天荒地开创女性当皇帝的例子，从历史学分析来说，这当然与北周隋唐以来的社会风气有关。现在被广泛认可的说法是自从魏晋南北朝以来，一直到隋唐时代，北方汉人经过长时期与游牧民族的共存，已经严重沾染了北地民族的习气。尤其北周隋唐皇室都有北族血统，所以对女性参与政治持宽容态度。而且，这一时期的社会文化与宗教思想非常多元化，禁锢女性思想和行为的宋明理学还没有影子，所以当时尽管也强调女德，女性也早已被视为男权的附庸，但毕竟女性还有一定的自由度。这两点，也就造成了这一时期女性还存在自我主体意识，能意识到自己的权力和行动力，有参政议政的自觉。如果遇上了政局不稳定的特殊时期，一贯处于辅助地位，或者隐藏在幕后的女性就会纷纷走上历史前台，展现出更为丰富多彩的一面。

武周之后，武则天尽管淡出了历史舞台，但她留下的鲜活事例还存在，影响也在。女性可以当皇帝，女性可以在政治中不依附于男人存在，女性可以有超出性别规训的更大作为，等等，这些思想意识仍然蔓延整个社会，尤其是宫廷上层之中。在中宗复位过程中，以太平公主为代表的女性政治家就已经凭借自己的功

第九章 女主再现——中宗后期混乱的朝局

绩获得了超额优待。而在中宗确立统治之后,韦后以及安乐公主也相继开始主动扩张自己的势力,从而造成了女性政治的活跃,历史学上也称为"女主政治"。中宗时期女主政治的代表人物是韦后、安乐公主、太平公主以及上官婉儿。不过她们之间却通常不是合作关系,而是有着纷繁复杂的矛盾,更加丰富了女主政治的表现。韦后和安乐公主都有效仿武则天,执政于朝堂的愿望,这使得本就混乱的中宗朝政局变得更加波谲云诡。

有鉴于此,很多人都说这个时期是一个"女性时代",女人少有地成了政治主角,但笔者认为这实在是过于赞誉那个时代了。且不说这些上层女性的政治活动,对于中下层女性的社会地位、家庭地位改善基本没有影响,就是在当时的政治中,韦后、太平公主等人活跃的基础仍是完全架构在男权社会之上,根本无力冲击对于女性日趋严密的控制。

笔者一直认为,可以关注到某些女性超出于时代限制的活跃和个别行为,但不能用"女性时代"来称呼那个时期,这不仅有严重的误导性,还脱离了历史实际,没有做到用历史的眼光看历史。

神龙政变：重回大唐

一、中宗对女主政治的养成

唐中宗时期兴盛起来的朝廷势力主要有三股，有两股已经成为过去式了，也就是作为神龙政变功臣的五王、企图重新崛起的武家。可以发现这两股势力其实都源于武则天时代政治斗争的实体——朝臣和武氏诸王。而第三股势力，女主政治，也跟武则天时代有关，不过却是源于意识领域。

中宗时期女主政治回潮的表现非常杂乱，为了理清楚头绪，笔者准备用两节内容来阐述。前一节阐述中宗对于部分重要女性政治家的封赏以及对于女主政治环境的培养，后一节我们主要介绍韦后、安乐公主和上官婉儿在中宗朝政坛上的活跃表现。

中宗时期首先壮大的女主势力是太平公主。神龙政变一结束，她就被赏"镇国太平公主"的称号，实封五千户。这两点都标志着太平公主已经超越了一般的皇室公主。

首先是称号问题。皇室现任皇帝的姑姑被称为"大长公主"，姊妹被称为"长公主"，女儿被称为"公主"。太子的女儿是"郡主"，亲王的女儿是"县主"。而这些人的命名规律却是相通的。有用西周以来分封的诸侯国命名的，比如郧国、代国、霍国等；

第九章 女主再现——中宗后期混乱的朝局

有用当朝或者历史上的地方州郡名命名的，比如平阳、宣阳、东阳；也有用一些带有美好含义的名号命名的，比如太平、安乐、长宁。

但太平公主的称号打破了以上所有的规律，在已经有了正式封号"太平公主"的情况下，又专门给加了一个政治性的褒扬词语"镇国"。这通常是授予危难情况下挽救皇室的男性大臣或将领的美称。而太平公主能享受到这个待遇，显然与她在神龙政变过程中立下的功劳有关。同时也与当时皇室后裔凋零，朝中只有李显、李旦与太平公主兄妹三人互相护持，互相支撑度过了一段艰难岁月有关。

然后是实封问题。历史学界对于实封户在唐前期之于宗室的意义，已经基本有了确定的结论。在唐代前期，宗室的主要经济来源就是这些实封的收入。也就是说，实封数越多，这个宗王或者公主的财富也就越多。按照唐初的规定，亲王实封八百户，最多一千户。公主三百户，长公主六百户。可见，公主们在唐初都是比较穷的。但高宗时期，这种情况就已经有所改变了。太平公主由于是武则天所生，所以受到了特别荣宠，她的实封户一开始就超过了规定限额。而武则天成为太后之后，太平公主的实封数已经加到了一千二百户，武周时期到了三千户。所以这次加封就直接达到了五千户。太平公主由此成为唐廷中获得封赏最多的公主，这也为太平公主谋求权力提供了经济基础。

而中宗即位后，对韦后的封赏就不只是提供经济基础，还包含了各种各样的特殊政治待遇，亲手把她推上了女主政治的道路。中宗之所以会特别优待韦后，主要是出于对她的补偿以及对她发自内心的喜爱。

当年中宗第一次被废的时候，韦后还怀着身孕，也跟着这一大家子千里迢迢地被送到了房州。在颠沛流离的路上，生下了后来的安乐公主。他们一家人在房州被看管期间，供应不足，过了一段苦日子。生活条件比较差倒也没什么，关键是心理压力太大了，中宗总是担心武则天要杀了他。以至于每次朝廷派特使来的时候，中宗只要一听到消息，什么都还没问明白，就闹着要自杀，就怕之后遭受更大的折磨。这时候，韦后表现得比中宗坚强。她把中宗拦住了，告诉他祸福自有天命，大不了就是一死，这也没有什么大不了的，不用这样寻死觅活。

同时韦后的父亲韦玄贞就因为中宗说了一句要把天下给他，算是倒了大霉。中宗被废以后，韦玄贞一家被流放岭南，韦玄贞很快就去世了，他的妻子、韦后的母亲被当地部落首领杀了。韦后的四个哥哥也全部在流放地遇难，只有韦玄贞的两个女儿逃走

第九章　女主再现——中宗后期混乱的朝局

了。可以说，韦皇后的直系亲属几乎被灭门。

在艰难困苦中，中宗和韦后夫妻俩带着长子李重润、次女长宁公主以及幼女安乐公主苦中作乐。从他们的表现来看，在这个时候，韦后就已经成了家里的主心骨，中宗什么都听她的。中宗对这个媳妇儿一定是特别满意，也特别愧疚。所以他曾经私下向韦皇后发誓，如果以后咱们还能重见天日，过上自由的生活，你想干什么就干什么，我绝对不管。

哪里料到，中宗后来不仅当了太子，还复位登基为帝。中宗可能在政治上确实没什么才干，但他对自己的家人确实足够照顾，要什么给什么，想怎么干就怎么干，韦后和安乐公主都被宠上了天。这下韦后是彻底翻身了。从中宗即位之初开始，韦后就跟着他一起上朝。皇帝坐在宝座上，旁边还专门有一个地方挂着帷幔，皇后坐在帷幔后，与中宗一起听政。就跟当年武则天和高宗一起上朝的时候一样。这下五王可不干了，我们辛辛苦苦才弄下去一个武则天，这后脚又来了一个。

桓彦范带头上奏疏表示反对，话说得很难听。一定要皇帝吸取教训，让皇后老老实实待在中宫，做好天下女子的表率，可别再外出干政了。中宗自然是没有听。

705年二月，中宗封韦后的父亲韦玄贞为上洛王，其母崔氏为王妃。此举自然遭到朝官的反对，毕竟当年武则天也是这么干的。言官贾虚己的奏疏里就明确说了这一点。他说，陛下您怎么能把朝廷的名爵当作自己的私人恩惠呢，您的这个举动连樵夫都在议论啊。之前武则天赠给她父亲太原王爵位，这个教训距离今天可不远啊。我给您出个主意，您也不用收回成命，最好是让皇后写一封拒绝的奏表，让天下人都知道皇后是个谦让守礼的人，两全其美。中宗当然并未听从朝臣的劝谏，因为他很清楚武则天当年的行为。这次是中宗主动赐予韦玄贞的礼遇，所以他根本不在乎。甚至之后韦玄贞改葬的时候，中宗还专门强调所有仪式都要参照当年太原王的规格。

追封韦后父亲两个月之后，皇帝举办了一场宴会，把李氏宗亲和皇后的亲戚全都请来，并赏赐他们。这件事虽然不大，但表明了中宗对韦后亲戚的重视。另外，我们前面提过，五王中的桓彦范曾经被赐姓韦氏，并且被编入了皇后家族的族谱中。这又是一次对皇后地位的提升。

通常来说，皇帝赐给异姓大臣姓氏，一般是赐国姓（唐朝的国姓就是李），或者是赐大臣皇后的姓氏，再或者就是赐大臣当时高门大族的姓氏，体现对这个大臣的褒奖。但这次不同，表面上是优待桓彦范，实际上却起到了同时奖励桓彦范与韦后的作

第九章　女主再现——中宗后期混乱的朝局

用。桓彦范是当时神龙政变的功臣，朝廷众臣的领袖，让他改姓韦氏，显然是对皇后地位的抬升。

705年四月，改赠韦后的父亲韦玄贞为酆王，她的四个弟弟全部被封为郡王。707年二月，又赠给韦玄贞"文献"的谥号，他的庙为"褒德庙"，陵为"荣先陵"，庙和陵都设置官员，还设置了守陵户100人。同时赠予他的孩子官职，韦洵为吏部尚书、汝南郡王，韦浩为太常卿、武陵郡王，韦洞（泂）为卫尉卿、淮南郡王，韦泚为太仆卿、上蔡郡王，并派使者把他们的灵柩迎回京城。

这两次追赠韦后的父兄，最值得注意的是对韦玄贞的赠爵。上一次韦玄贞被追赠的上洛王是郡王，而这次却是亲王，而且为他立了庙，他的墓也被称为"陵"。这又跟武则天当年一样了。不仅如此，韦玄贞是享受到100户守陵户待遇的，而根据唐朝当时的规定，只有李渊的父亲李昺之墓，李渊祖父、大唐太祖李虎之墓能享受到100户守陵户。这可是大大地逾越礼制了。

通过太平公主、韦后受到的超额优待，我们可以发现中宗对女性政治人物非常宽容，甚至到了放纵的地步。这也为她们势力的增长营造了比较好的环境。

706年闰正月，皇帝发布诏命太平公主、长宁公主、安乐公主、宜城公主、新都公主、定安公主和金城公主等7个公主一起开府，设置属官。除此之外，高宗女儿高安公主、中宗女儿成安公主也都陆续开府置官署。（有研究显示，金城公主可能是成安公主的误写，那就一共只有8位公主）这又算是一次开天辟地的大事件。

按照唐朝制度，亲王和公主都可以设置府官帮助管理府内事务以及封地事务。没有开府的公主府一般设有令一人（从七品下），令的副手丞一人（从八品下），录事一人（从九品下）。其余还有主簿、谒者、舍人、家吏等各两人，他们就都是没有品级的小吏了。可以说，在开府之前公主家里能提供的朝官职位太少了。而且由于公主地位比亲王低，未来也不会有什么好的前途，所以公主府一般不是什么好去处。

不过公主开府之后，公主府官的意义就不能同日而语了。公主开府后完全是比照亲王府设置官员的。与公主相比，亲王的王府官员阵容就豪华多了。亲王府常备的有一套文官系统和一套武官系统。文官系统里主要有亲王傅一人（从三品），谘议参军一人（正五品上），友一人（从五品下），文学二人（从六品上），东阁祭酒、西阁祭酒各一人（从七品上）。

武官系统里主要有长史一人（从四品上），司马一人（从四

第九章 女主再现——中宗后期混乱的朝局

品下），掾一人（正六品上），属一人、主簿一人、记室参军事二人、录事参军事一人，均为从六品上；录事一人（从九品上），功曹参军事、仓曹参军事、户曹参军事、兵曹参军事、士曹参军事等七曹参军事各一人，均为正七品上；参军事二人（正八品下），行参军四人（从八品），典签二人（从八品下）。

此外，亲王府内还设有亲事府和帐内府，都是军事侍从卫队，也能提供大量的朝廷职位。一旦亲王在京城之外有封地，那还要另设一个"亲王国"系统。总之，如果把有品级的官和没品级的吏都算上，一个亲王府大概有1000名府官。而且相较于公主府官来说，亲王府官的出路更好，一般来说两者是十分重要的官员迁转的途径。

更重要的是，所谓"开府"是指府主有权自行招募并任命自己的僚佐，对僚佐的数量和等级虽然朝廷有明确规定，但其实很难限制。也就是说，这些公主从此以后可以光明正大地发展自己的势力，而不用担心受到朝廷在用人方面的制约。想想看，以前公主只能特别委屈地接受朝廷发配过来的几个小官，而现在却能自由支配上千名府官，其中还有几百名是有朝廷正式编制的官员。这可为公主扩大自己的势力提供极大的便利。

公主府扩大规模有了制度上的保障，在公主府任官成为官员迁转的重要途径，并开始对中央朝局产生影响。因此，公主开府制度实际上成为女主政治在朝廷大规模扩张的显著标志和女主在朝廷政治地位确立的明确标志。所以这份诏书一公布就引起了朝臣的注意。酸枣尉袁楚客曾经对宰相魏元忠说，开府设幕是男人的事情，女人怎么能有这项权利？现在公主都纷纷开府设官，那岂不是把女人放到了男人的位置上，这是阴盛阳衰啊。希望他可以向皇帝进言收回成命，不过终究还是没有拦住。

袁楚客这段话的主旨很明确，不过倒是可以从中挑出一个小错误，算是一句题外话吧。他说开府是男人的事情，公主不应该开府，但实际上唐朝开国初期的时候已经有公主开府的先例，而且还是公主自主决定开府，根本没有经过皇帝的同意。这个公主就是平阳公主。

当李渊在太原起兵的时候，他的女儿平阳公主和自己的丈夫柴绍正在长安，基本算是落入敌人的心脏了。按照一般剧情，他们俩不是想办法逃跑，就是已经被隋朝留守官员给抓住了。但平阳公主夫妇走出了第三条路，她们就在长安附近招兵买马，拉起来了两支队伍，在关中地区横冲直撞。甚至李渊等人率领大军靠近长安的时候，她们不仅不需要救援，还能赶过来支援唐军。

那为什么是两支队伍呢？因为平阳公主和柴绍各自开府建

衙，各自成功组建起一支队伍。平阳公主独立领兵的这支队伍因为首领是女性，所以也号称"娘子军"。

二、上官婉儿与安乐公主

在中宗皇帝如此纵容，而且提供了比较宽松的政治环境等便利条件之下，韦后迅速纠集了一股比较强劲的势力。除了韦后的亲族之外，她还通过上官婉儿和当时朝中风头最盛的武家势力进行了合作，而以安乐公主为首的势力也算是韦后集团的分支。

先说上官婉儿和武家势力。我们前面说过，上官婉儿此时的身份很特殊，她由于在神龙政变中立功，不仅逃过了清算，还成为中宗的妃嫔。但要注意的是，上官婉儿与一般的后宫妃嫔并不一样，她更算是后宫中专门帮皇帝处理政务的官员，而不是与皇帝有肌肤之亲的妻妾。

上官婉儿在武则天时期是后宫的宫官，专门为后宫妃嫔服务。由于武则天是女皇，没有后宫妃嫔，所有宫官中比较有政治才能的，就被选出来辅助武则天处理政务。因而早在武则天时期，上官婉儿就已经能够很熟练地处理核心机密的奏疏和其他日常政务，算是宫官里的人才。神龙政变的时候她立了功，中宗这才赏赐了她妃嫔的封号。但从后来她的经历来看,中宗甚至韦后看重的是她的政务才能,仍然让她专门负责为皇帝起草诏敕。

借助后宫嫔妃的身份,上官婉儿搭上了韦后这条线;借助处理政务的便利,上官婉儿也能和外朝有较为密切的联系。上官婉儿成为韦后势力集团中难得的政务能手以及沟通内外朝的桥梁。比如上官婉儿在中宗朝搭上了武三思,又通过她的牵线,韦家势力和武家势力达成了合作。

此外,上官婉儿也在发展自己的势力。在709年三月同时拜相的宗楚客、萧至忠、韦嗣立、崔湜、赵彦昭五人中,崔湜就是上官婉儿引荐的。至于他们之间是如何联系起来的,那也是一笔烂账。上官婉本来是和武三思有奸情,而崔湜是武三思的谋士,武氏倒台之后,他又和上官婉儿勾搭到一起。

不过崔湜也有点儿不争气。他当上宰相之后和自己的老搭档、已经投靠韦后的郑愔一起负责官员选授。结果他俩公然贪赃枉法,卖官鬻爵,任命拟定名单之外的官员,而曾经被选中的官员得不到官职,吏部被弄得乌烟瘴气。然后就出事了。

崔湜的父亲崔挹,虽然只是小小的国子司业,但很多人走他的门路买官。崔挹的职业道德不太高,有一次拿了别人的钱,也没向崔湜说。崔湜根本不知道,所以就没有给那个人官做。买官

第九章 女主再现——中宗后期混乱的朝局

人随后找上门问崔湜，你身边的人收了我的贿赂，为什么不给我官做。崔湜大怒，你说那个收你钱的人是谁，我一定把他抓来打死。买官人倒也幽默，你可别杀他啊，杀了他你就要丁忧了。崔湜立马明白是他父亲收了钱，一时间无话可说。

这件事被御史李尚隐知道以后，总算是抓到了弹劾他的证据。李尚隐就在上朝的时候当面弹劾了崔湜和郑愔，皇帝把他们关进狱中，另派监察御史裴漼审理。这两人现在是韦氏势力集团的大将，而且卖官的事也有安乐公主的份儿，所以公主就和裴漼打了个招呼，想让他能放过两人。裴漼是个硬气的人，直接在上朝的时候弹劾崔湜、郑愔，郑愔被流放到了吉州（江西吉安），崔湜被贬为江州司马。最后，上官婉儿、安乐公主、武延秀集体出面求情，崔湜改授为襄州刺史，郑愔改授为江州司马。

我们再说以安乐公主为首的这一批人。为什么是一批人呢？因为当时中宗的所有公主都很受宠，都很肆意妄为。她们又勾结了一大帮贵妇，形成了一个影响很坏的团体。这个团体最大的特点是肆意妄为，又没有明确的政治追求。在她们中间，安乐公主无论哪方面都是最突出的，坏得冒了尖儿。

安乐公主出生在中宗被贬到房州的途上，那些年也是跟着中宗吃了不少苦。对于这个最小的女儿，中宗一直觉得很愧疚，所以非常宠溺她。中宗当了皇帝之后，安乐公主就算是没人管得了了，既有公主的命，也得了公主的病，还是大病。从安乐公主短暂的政治生涯来看，她根本没什么政治能力，完全是仗着自己当了皇帝的父亲，任意胡闹。她做的每一件事都是在为这个结论作证明，她做的事没有不出格的。

她嫁给武崇训的时候，觉得自己和武家人是一体，然后就经常被武三思当枪使。不论武三思搞什么阴谋，都让安乐公主在宫内给中宗皇帝吹风。贬斥五王的事情里就有她参与，凌辱太子李重俊的事儿里也有她推波助澜。武崇训被杀之后，安乐公主还很伤心，想参照永泰公主的先例，号墓为陵。给事中卢粲表示反对，认为永泰公主已经是特例，而武崇训只是公主的丈夫，与永泰公主根本不能比。中宗立马亲自给卢粲写了一份敕令说，安乐公主和永泰公主没有区别，而且公主和驸马以后要葬在一起，给他的待遇就是给安乐公主的待遇啊。卢粲大义凛然地回答，我知道陛下很宠爱公主，可是您不能把对女儿的宠爱也给与到她丈夫身上，总不能乱了君臣纲常、上下之别啊。中宗总算是没有继续坚持。安乐公主拗不过中宗，就拿卢粲撒气，将他贬到陈州当刺史。

相较于其他政治人物的复杂来说，安乐公主实在是过于简单

第九章 女主再现——中宗后期混乱的朝局

了,她的绝大多数行为都是比较纯粹的祸国殃民。从祸国这方面来说,安乐公主经常插手朝政,以至于当时宰相以下很多官员都出自她的引荐。比引荐官员更恶劣的是,她和一群贵妇人肆无忌惮地公开卖官鬻爵。安乐公主、长宁公主,皇后的妹妹郕国夫人,上官婉儿以及她的母亲沛国夫人郑氏,尚宫柴氏、贺娄氏,女巫第五英儿,陇西夫人赵氏等人勾结在一起,利用权势,大肆买卖国家官职。哪怕你原来是打鱼的、卖肉的,只要钱花到位就能买到官做。

由于这类官员都不是经由正规选官渠道做官,而是由皇帝直接发出诏敕授官,所以任官诏敕上就没有中书门下审核通过后盖的红章。这种不经过中书门下的诏敕叫作"墨敕",他们的授官途径就叫作"墨敕除官"。墨敕除官本来是皇帝可以使用的一种非常规手段,却被安乐公主等人钻了空子,搞成了发财的买卖。通过这种途径做官的人仍然需要去中书门下备案,领取当官的正式凭证(告身)。为了帮他们解决换取凭证时的麻烦,这些人的授官诏敕都用一张斜着的纸条封住。就因为这个特点,这批官员也被称为"斜封官"。

斜封官人数众多,有成千上万之众,涉及各类官职。他们的存在极大冲击了朝廷秩序的正常运转,甚至一直到唐玄宗年间这

神龙政变：重回大唐

批斜封官还没有被清除干净，给唐代官制的迅速崩溃以及唐后期职官阶官化和使职泛滥添了一把火。

从殃民这方面来说，安乐公主也是太缺德了。安乐公主和长宁公主等人挣钱无度，她们在卖官鬻爵之外，也卖僧尼的度牒（出家人的凭证）。她们为了挣钱，甚至贩卖人口。公然让自己的奴仆出去抢百姓的子女，卖给别人当奴婢。有一次侍御史袁从之抓到了一批她们的爪牙，将人押到大狱里治罪。安乐公主直接将此事告诉了中宗皇帝，中宗亲手写信让袁从之放人。袁从之非常悲愤地回信说，陛下您竟然放纵派奴仆掠夺良民的行为，还有什么脸面治理天下。话尽管说得很重，中宗还是让他把人放了。

话说回来，安乐公主以上这些行为放在中国古代那些纨绔子弟身上也不新鲜，恶劣是恶劣，但还是前有古人，后有来者。不过，安乐公主确实干过一件别人都没有干过的事儿，也就是我们前面简单提过的——做皇太女。

所谓"皇太女"当然是跟"皇太子"相对应的。但这个词在中国古代从来没有被官方认可过。安乐公主想当皇太女这件事影响很大，朝野震惊。朝臣震惊的不仅仅是在太子已经确立的情况下，她竟然破天荒地要求废了太子，改立她为从来没有过的皇太女。更让朝臣震惊的是，她向中宗皇帝要求的时候，中宗竟然认

第九章 女主再现——中宗后期混乱的朝局

真考虑了。

中宗专门找了德高望重的魏元忠商量这件事行不行。神龙政变之后,魏元忠当然重新回到朝廷当宰相了。他回来的时候,朝廷里已经特别混乱,大臣们都盼着他拿出当年的战斗力,重振朝纲。可惜的是,也许是魏元忠年龄大了,不想再折腾了,他的政治态度消极了很多,对于朝廷的这些乱象他很少管,让朝臣大失所望。

不过尽管如此,魏元忠听到"皇太女"这个词的时候还是吓了一跳,然后坚决表示反对,跟皇帝说你想都不要想这件事。中宗也知道肯定不行,这才让魏元忠回去。安乐公主知道是魏元忠阻止了这件事,对魏元忠出言不逊,他就是个冥顽不灵的老头,哪里有资格议论国家大事。武则天那样出身的人都能当上皇帝,我可是皇帝的女儿啊,为什么不能当皇帝?

如果仔细想想安乐公主的发言,绝对会让人后背发凉。这是一个对政治毫无畏惧的人,把残酷的政治斗争当作儿戏。

安乐公主之所以会有当皇太女的非分之想,当然是因为中宗的无限宠溺,让她把政治当作了儿戏。例如,安乐公主经常会拿着自己写好的诏书,把内容一盖,让中宗签字。中宗竟然也给签了。

安乐公主要求当皇太女这件事，看似没有产生什么严重的后果，但实则贻害无穷。她后来一直对此事念念不忘，直至走上了支持韦后发动政变这条路。同时，安乐公主还为此专门结成朋党，与同样是参政公主的自己的姑姑太平公主打对台戏。朝臣是奈何不了安乐公主的，但太平公主可以，过不了多久就能见分晓了。

三、韦皇后势力的崛起与活跃

与上官婉儿只是充当各派势力的马前卒，安乐公主凭借皇帝的宠爱横冲直撞不同，韦后更有领袖气质，她在积极干政的过程中，总是被动或者主动地效法武则天。被动地效法武则天，主要是指中宗赐给她的各类超额待遇；而主动地效仿，则是有以下几个典型事例。

上官婉儿猜到了韦后想要更进一步的心理后，劝韦后效法武则天，向皇帝上表，以获得人望。上官婉儿建议她主要做两件事：一个是请求让天下人为出母服丧三年；另一个则是请改动标准，让百姓年23为丁，59岁免役。中宗皇帝当然都同意了。

先说为"出母"服丧三年的问题，这绝对是一个好的提议。

第九章　女主再现——中宗后期混乱的朝局

在隋唐时期，中国古代凶礼范围内的丧服制度已经非常成熟，由重到轻分成了五等九级。其中子女为母亲服丧的规定就非常复杂，需要分情况。如果母亲去世的时候，父亲早已经去世，那子女可以为她服丧齐衰三年，也就是次一等。而且要注意的是，这里所提到的母亲，不仅包括生母还包括继母（生父再婚后的妻子，或者被过继的子女的养母）和慈母（抚养孩子长大的庶母）。但如果母亲去世的时候，父亲还在人世，那么她们所生、所养的子女，就只能为她们服齐衰杖期，也就是齐衰执杖一年。值得一提的是，还有一类为"出母"，也就是被丈夫休了的妻子。那子女为出母服丧的条件就比较苛刻了。只有从小就由出母抚养长大的孩子，才能为出母服齐衰杖期。

但在实际实行过程中，难免会产生一些不对劲的地方。比如对子女来说，继母在丧服制度当中的礼仪地位，有时竟然要比自己生母的高。假如某个人的生母去世，而他的生父还健在，那他只能为生母服丧齐衰杖期。如果他的生父后来娶了继母，继母又死在生父后面，那他就要为继母服丧齐衰三年，比他为生母服丧的时间多了两年。如果生母很早被生父休弃，成了出母，那被生父抚养的子女甚至不能为生母服丧。

这样的制度就有点违背天理人情了。武则天正是看到了这个漏洞，才会提出让天下所有人都为自己的母亲服丧三年，哪怕是父亲还健在。武则天的提议确实部分地解决了继母比生母在丧服制度中为地位高的问题，但"出母"的问题还是没有解决。其实是否为"出母"服丧本来不是个问题，孔子的儿子孔鲤还为自己的出母服丧呢。但到孔鲤的儿子、孔子的嫡孙孔伋的时候却不能这样做了。所以实际上，这个影响了中国礼仪制度好几百年，让无数母亲吐槽的规定，是孔伋搞出来的。

孔伋，字子思。子思在儒家中的地位很高。他上承孔子，下启孟子，对宋明理学的诞生有直接影响，因而他被追封为"述圣公"。子思的儿子叫孔白。孔白的母亲很早就被孔伋休了，因此在她去世的时候，孔伋不让孔白为她服丧。这时连孔家的门客都很不理解，问孔伋为什么不让儿子为出母服丧。孔伋的理由被后人总结为八个字，即"非父之妻，母则非母"。也就是说只要你的母亲当时已经不是你生父的妻子，那他就没有当你母亲的资格了。因为孔伋的地位很高，所以他的这个说法后来被士大夫阶层广泛接受，进而演变为礼法规定，天下人从此就都不能为出母服丧了。

这套理论隐含的逻辑是女性对男性的绝对依附。一个女人能不能成为母亲，根本不在于她是否生育或抚养过子女，而在于她

第九章　女主再现——中宗后期混乱的朝局

是不是某个人的妻子。任何女性首先是某个人的妻子,其次才能成为这个人孩子的母亲。韦后正是瞅准了这个不合情理的地方,提出了要让子女为出母服丧齐衰三年的建议。这样其实就突破了母亲必须依附于妻子身份的限制,让每一个生育和抚养过子女的女性,都可以得到应有的尊重。所以说韦后绝对是办了一件好事。

再来说修改丁男年龄的问题,这就是一件有争议的好事了。中国古代为了收税和征调劳役,依据年龄不同,将天下的男女都划分了等级。等级不同,承担的税赋和劳役都不一样。唐代普遍实行的划分方法为:3岁以下称为"黄",15岁以下为"小",20岁以下为"中",21岁至60岁为"丁",60岁以上为"老"。其中"黄、小、老"这几个阶段一般什么都不用承担,"中"这个阶段开始部分承担赋税和劳役,而"丁"则是国家征收税赋和劳役的主要来源。比如"中"一般是不当兵的,只有成"丁"才会被征调去当兵。

从这个意义来说,如果把"丁"的年龄压缩,就像韦后提出的这样,改成23—59岁为"丁",那对于被刨出去的那部分普通百姓来说确实是好事。但对于还在"丁"范围内的人来说就不一定了,他们会被更加频繁地征税和被抽调服劳役,因为"丁"的总量少了。不过中国古代一般认为，这种缩减"丁"年龄范围的举措是德政。

上官婉儿建议的对这两项制度的修改，显然是经过了深思熟虑，意图获取天下人的支持。尽管这两项措施从实施效果来看，都肯定是正面意义大于负面意义，但因为同样的手段曾经被武则天使用过，韦后再用的话，必然会引起朝臣的警惕。

韦后另一个被朝臣所警惕的行为，就是谋求做"亚献"。709年，朝廷将要举行南郊祭天大礼的时候，国子祭酒祝钦明和国子司业郭山恽上奏，希望能让皇后助祭，充当亚献。太常博士唐绍、蒋钦绪，国子司业褚无量立马表示反对，认为以往皇后最多只是充当先公先王的助祭，从来没有过皇后参与祭祀天地的先例，不应该让皇后参与南郊祭天。不过皇后根本没有理会他们的争论，而是让自己的党羽宰相韦巨源亲自修改了祭天的礼仪程序，把皇后亚献一条写进去了。中宗看到仪注都已经写好了，也就顺势同意了。祝钦明得逞之后，再接再厉，还打算让安乐公主为终献。唐绍、蒋钦绪更加激烈地表示了反对。最终这件事没成，还是以宰相韦巨源为终献。

武则天曾经在泰山封禅的时候掺和了一把，给自己争取了亚献的资格。现在韦后也搞这一套，安乐公主甚至也想让自己做终

第九章 女主再现——中宗后期混乱的朝局

献,这还得了?而且韦后这次硬要修改国家最高等级的祭天礼仪,与武则天当年相比有过之而无不及。武则天是在祭地的过程中,因为有先朝两个太后陪祀,她才主张由现任皇后亚献。也就是说,武则天好歹还有一个男女授受不亲的理由。但韦后硬要在压根就没有女性角色的祭天礼中强行加入,这完全是僭越行为,她的行为引起了朝臣的警惕。

韦后在争取亚献之位的前一年,还为自己搞过一次大规模的形象宣传。708年2月,宫里突然传出一个充满神异色彩的消息,说是皇后的衣箱上升起了五色祥云。中宗专门让人画了一幅图给百官看。宰相韦巨源请求将这幅图遍传全天下,让所有人都能看到。中宗同意了,并且为此大赦天下。韦后衣箱上有没有五色祥云并没有人能说得清,但借助这件事,韦后又搞起了武则天特别喜欢的祥瑞事件,这倒是真的。在当时的朝廷之上,韦后的党羽就此又搞了一系列的献祥瑞事件。

迦叶志忠向皇帝上了一道奏疏说,当年高祖皇帝还没有得天下的时候,民间就流传《桃李子》歌;太宗皇帝还没即位的时候,民间也流传《秦王破阵乐》;高宗皇帝还没继承皇位的时候,民间流传《堂堂》歌;则天皇后还没称帝的时候,民间流传《武媚娘》歌;陛下还没有做皇帝的时候,民间流传《英王石州》

281

歌；韦皇后还没有当皇后之前，民间流传《桑条韦》歌。这大概就是天意要让韦后当国母啊。为此我特别创作了《桑韦歌》12篇，请皇帝把它们编进乐府里，等皇后主持先蚕礼的时候演奏这些歌。专门负责礼仪的太常卿郑愔也赞同迦叶志忠的提议，希望皇帝能采纳。中宗皇帝很高兴，不仅接受了这个提议，还厚赏了他们。

迦叶志忠说的倒不都是假话，这些歌确实都是曾真实出现过的，只不过其中有的是很久之前就流行的，现在把它和韦后强行联系起来而已。从这一点上看，迦叶志忠拍马屁的功夫还是不如宗楚客。在这次事件之后，宗楚客指使言官赵延禧上了一道奏疏，这是一篇堪称神文的马屁文章。

太史赵延禧在奏疏中说，中宗从武则天的手里接过了皇位，实现了周、唐一统，大唐和武周加起来一共能流传一百代。从武则天是第一代算起，中宗是第二代，后面还有九十八代，加起来正好是一百代，李唐还有长达3000多年的国运。这件事至少有八条祥瑞可以作为证明。哪八条呢？赵延禧在奏疏中一一列出，我们一起拜读。

第一条，唐高宗曾经册封当时的皇子李显为周王，这是埋下了武周兴旺的预示，而武则天立陛下为太子，这又是埋下了复兴

第九章 女主再现——中宗后期混乱的朝局

李唐的伏笔。

第二条,武则天为周文王修过庙。(这一条比较隐晦,需要解释一下。武则天称帝的时候曾经号称自己的祖先是周文王,并且追尊他为武周的始祖文皇帝。而在西周时,周武王姬发之子,周成王姬诵的同母弟被分封在了唐国,称为唐叔虞。这是历史上第一次出现了"唐"这个国号。所以这一条也能隐晦地证明周、唐本就是一体的)

第三条,唐同泰曾经进献过一块祥瑞石头,武则天称之为《洛图》,石头上写了"永昌帝业"。

第四条,民间现在流传一句谶语,叫"百代不移宗"。(这恐怕是赵延禧说唐能流传一百代这个说法的来源)

第五条,孔子曾经说过"百世继周"。(这里还得解释一下,赵延禧有点儿纯粹胡说了。《论语·为政》第二十三则,子张曾经问孔子,今后十世的礼仪制度是否可以预知。孔子说:"殷代沿袭夏代的礼仪制度,所增删的,可以知道;周代沿袭殷代的礼仪制度,所增删的,也可以知道。假如有谁继承周代的礼仪制度,就是往后一百代,也是可以预知的。"所以孔子的本意是周礼很稳定,哪怕过了一百代也不会变。赵延禧和朝中的所有大臣都熟读经义,怎么可能不知道这句话的原意。很明显,这是为了给上一条提供理论支持而随意曲解圣人的话。）

第六条，《桑条韦歌》的歌词预测了二圣，也就是中宗和韦后要在位九十八年，他们之后也会有九十八代子孙继承皇位。（武则天算第一代，所以一共一百代）

第七条，韦后衣箱上的五色云祥瑞，就是上天给出的明确预示。

第八条，宫中在去年六月九日的时候出现过瑞蒜。

赵延禧东拉西扯、胡乱拼凑的能力令人叹为观止。赵延禧的这篇奏疏充分说明了当时朝中的政治倾向，朝臣已经完全不避讳武则天，甚至把武周和李唐视为一体。这至少给韦皇后带来了一个好处，那就是她效仿武则天搞的这些事情，大臣尽管很警惕，却不好反对。所以我们前面看到中宗追封她父亲为亲王、为她父亲修庙，她自己谋求充当亚献，等等，都没有群臣大规模反对。这要是在五王执政时期，绝对是不敢想象的，光大臣的口水就能淹了他们。

不知道大家有没有注意到，赵延禧这篇奏疏里专门称呼中宗和韦后为"二圣"。"二圣"这个称呼可是以前高宗和武则天共同执政的时候常用的，武则天也是顶着"二圣"的名头在高宗在位后期接管了朝政。现在不仅"二圣"这个称呼回来了，韦后干政的野心也同样回来了。在中宗后期无比混乱的朝局之下，韦后确实有机会更进一步了。

四、中宗朝政局的持续动荡

在打击五王、武三思专权、女主们瞎搞一通的情况下，刚刚恢复国祚的大唐显得混乱不堪。尤其是李重俊发动景龙政变之后，中宗朝政局更是持续动荡，乱到了无以复加的程度。

李重俊发动政变后，韦后势力集团由于和武家势力一直有很密切的联系，很快就完成了对武三思党羽的收编。变成了韦后党羽的杨再思、李峤、宗楚客、纪处讷等人由于成功保卫了太极殿也都升官了。李峤在政变刚结束20天后被任命为中书令。兵部尚书宗楚客为左卫将军，兼太府卿，纪处讷为太府卿，二人都加同中书门下三品衔。也就是说两人都被授为宰相。随后侍中兼左御史台大夫杨再思也被授予中书令，吏部尚书韦巨源、太府卿纪处讷都升为了侍中。这也就表示韦后势力集团开始在朝中占据了绝对优势地位。韦后势力集团因而变得非常活跃，想借此机会搞事情。

景龙政变刚刚结束的时候，朝廷把太子率兵经过的城门的防守者全部流放,韦后党羽提出要将他们全部处死。在整场政变中,这些人确实严重失职。毕竟太子的全部兵力也就300多人,这点人对于守卫森严的皇宫城门来说,防守压力确实不大。只要守门者负责,太子的兵力估计过不了几道门就消耗殆尽了。不过韦后党羽要求将守门人全部处死,也确实过分。

所以中宗皇帝决定将这件事交给有关部门讨论。大理寺卿郑惟忠的建议起到了决定性作用。他说大变之后,人心浮动,不应该在这个时候再兴大狱,这样恐怕会激起更大的变乱。

此事作罢之后,韦后党羽开始利用各种机会找出政变与其政敌之间的联系。没想到一出手就是个大目标——相王李旦。右御史大夫苏珦在审问李重俊党羽的时候,有一个囚徒竟然供认相王也参与了政变,苏珦立刻明白过来此事可能有人指使,他秘密向皇帝解释相王不太可能参与政变,所以皇帝也就没有再追究了。

这就让操纵这件事的人大失所望,于是他们主动跳了出来。安乐公主、宗楚客等人经常在皇帝面前说相王李旦的坏话,而冉祖雍更是把太平公主也扯了进来,说相王和太平公主都是李重俊同谋。皇帝终于被说动了,召来吏部侍郎兼御史中丞萧至忠,让他去审问这个案子。萧至忠很激动,对皇帝说,陛下您富有四海,但只有一个弟弟和一个妹妹啊,连他们俩都容不下吗?非要

第九章 女主再现——中宗后期混乱的朝局

让人去诬陷他们。相王还是皇嗣的时候,为了把太子的位置让给您,绝食了好几天,这是天下人都知道的事情,为什么冉祖雍说了几句话,您就对相王产生怀疑?

中宗听了萧至忠的话,也被触动了,就放弃继续追究这件事。但这个苗头很不好,这让朝廷大臣颇为担心。苏珦刚开始处理案子,就有人将相王牵扯进来,甚至连太平公主也没放过。在中宗朝前期,相王及太平公主的政治活动并不频繁,两人只是凭借尊崇的地位而保持着较高的影响力。经过这件事之后,相王的活动仍然和往常一样,不过太平公主已开始在政治上比较积极地对付韦后势力集团。这就影响到了后来的历史进程。

韦后势力集团连续两次遭遇挫折之后,开始将矛头转向宰相魏元忠,对他展开了"不屈不挠"的政治追杀。这次他们的执着精神,也着实令人震惊。

严格来说魏元忠也是李重俊政变的受害者,他的儿子魏昇经过永安门的时候正好迎面撞上乱军,被裹挟到乱军之列。政变最后阶段魏昇不幸死在了兵乱之中。魏元忠本来都想好要颐养天年了,所以这次回京任职之后什么事儿他都不打算出头,甚至看到武三思把朝廷搞得乱七八糟,他也忍住了,只是在家里生闷气。没想到他还是没能躲过一劫。武三思激起的政变让自己的儿子无辜送命。因此，魏元忠特别激动。在李重俊死后不久，他就公开说引发这场政变的元凶虽然死了，但还不解恨啊，哪怕将他下油锅也不为过，只是可惜太子也没了。很明显魏元忠对这场政变的定性与朝廷对这场政变的定性根本就是两码事，他说元凶是武三思，而朝廷已经把武三思定为受害者，正嘉奖武三思呢。

中宗皇帝很体谅魏元忠，考虑到他是高宗、武后以来的三朝老臣，根本就没在意魏元忠说的话。但宗楚客和纪处讷不干了，他俩强烈要求将魏元忠治罪，甚至要诛灭其三族。魏元忠不想再和他们斗，干脆要求致仕。中宗同意了魏元忠的请求，但仍然让他每个月参加两次朝会。韦后势力集团对这样的结果并不满意，他们又专门将右卫郎将姚庭筠升为御史中丞。姚庭筠上任的第一件事就是弹劾魏元忠。皇帝终于还是没保住魏元忠，将他贬为渠州司马。

就这样宗楚客等人还是不满意，让冉祖雍再次上奏弹劾。杨再思和李峤也跟着附和。中宗只好亲自出面劝杨再思等人不要再对魏元忠进行政治追杀。中宗说，魏元忠是老臣，这是我给他的特别待遇，而且诏书都已经下达了，绝对不能再改。赏罚大权应该是我这个皇帝说了算，你们一直纠缠不清，这可不是我想看到的。这几乎是中宗说过的最有皇帝威仪的话，一时间宗楚客等人也被镇住了，不敢再当面逼着中宗表态。

第九章　女主再现——中宗后期混乱的朝局

但中宗只是依仗皇权硬保下了魏元忠，并未就魏元忠对政变的态度下结论，所以韦后党羽就抓住这个机会继续纠缠。监察御史袁守一没过多久又上表弹劾魏元忠。袁守一说，李重俊是陛下的儿子都伏法了，何况既不是功臣又不是外戚的魏元忠，他凭什么能够逃过惩罚。这次中宗只好把魏元忠贬为务川尉（今贵州境内）。

这又鼓舞了韦后势力集团。宗楚客让袁守一继续上奏弹劾。这次袁守一翻出武则天末年狄仁杰曾经想让中宗提前监国，被魏元忠阻止的事，想激起中宗对魏元忠的怨恨。哪知道中宗早就看透了他们的计划，直接把杨再思等人叫过来说，我认为臣子必须对皇帝忠诚，哪有皇帝生了一场小病就急着让太子监国的。这是狄仁杰想要散布个人恩惠，魏元忠阻止他也没错。袁守一想用陈年旧事陷害魏元忠，这怎么能行。

中宗倒不是真的觉得狄仁杰做得不对，但这时为了保魏元忠，他必须这么说。宗楚客看到这一计未成，又暂时停止了纠缠魏元忠。不过还没等到他们再次纠缠，魏元忠的身体到底是支撑不住了，刚走到涪陵就病死了。这才彻底让韦后势力集团停止了对他的政治追杀。

从韦后势力集团对魏元忠持续不断的政治追杀来看，他们的势力确实已经足够强大。而且由于中宗个人威信不足,导致他们根本不怕皇帝,一个人碰壁就换个人再来,总有成功的时候。这种不把皇帝放在眼里的行为,远比他们在朝廷中扩张势力来得危险。面对这么危险的态势,中宗依然选择了纵容,而很多大臣则干脆选择加入或者阿附韦后势力集团,这又进一步助长了韦后势力集团的气焰。

中宗纵容韦后势力集团,除了因为这是他对韦后的一贯态度外,还因为他实在是个对繁杂事务没有耐心的人。比如他有个著名的外号,叫"和事天子",说的就是他这种性格。

这个外号很能代表中宗的性格。有一次御史崔琬在上朝的时候当廷弹劾宰相宗楚客和纪处讷收受贿赂、私通外国,导致边境屡次面临危险。按照惯例,如果一个官员被当廷弹劾,那就必须低着头、佝偻着身子从班列中走出来,在众目睽睽之下待罪。宗楚客这时好歹是宰相了,不想当廷丢面子,于是脸色大变、怒气冲冲地说崔琬诬陷。中宗皇帝的态度很有意思,他竟然没有继续追究的意思,而是让他俩结为异姓兄弟,不要再闹了。

尤其在中宗皇帝执政的最后三年里,他实质上已经放弃了对朝局的控制,反而更愿意举行游园会、诗会、宴会等娱乐活动。这些活动非常频繁,在他在位最后一年的时候几乎每个月都有。

第九章　女主再现——中宗后期混乱的朝局

中宗皇帝特别喜欢看人玩拔河游戏，有一次他专门让三品以上的高官分成两队进行拔河比赛，宰相韦巨源和唐休璟年龄大了，一时控制不住身体，跟跄摔倒，中宗就在旁边看着大笑。中宗又让宫女摆摊，让公卿大臣去买，看着他们因为价格谈不拢，互相争吵，他也很高兴。

面对这么一个朝局和这样一个皇帝，很多朝臣也就选择了随波逐流。比如国子祭酒祝钦明是个饱学之士，儒学修养非常深厚。但他在一次宴会上竟然主动要求跳自己编的"八风舞"。这个舞蹈跳起来摇头摆尾，丑态百出，令人大跌眼镜。吏部侍郎卢藏用私下跟别人说，祝钦明这次算是斯文扫地了。

祝钦明在中宗时期不是个例，有两个重量级的人物，他们的丑态更有名。一个是老臣唐休璟。他早年是武将出身，在武则天朝立下了赫赫战功，取得过对吐蕃作战少有的胜利。到中宗时期，唐休璟已经80多岁了，但他人老心不老，仍然十分迷恋权势，总想着能再得到高一点儿的官位。在韦后势力如此庞大的情况下，唐休璟打算攀附她。当时后宫宫官贺娄氏很得韦后的信任。唐休璟送钱送礼都不成的情况下，只好让自己的儿子娶了贺娄氏的养女，与贺娄氏结成了儿女亲家。这样，唐休璟终于得偿所愿，成为宰相。

另一个是窦怀贞，他做的事情更恶心。窦氏在唐朝是一个十分显赫的家族，在高祖、太宗、高宗三朝，其家族之人在朝中当官的比比皆是。不过窦怀贞虽然出身好，却十分的谦虚有礼、艰苦朴素，而且当官期间还清正廉明，名声很好。这就让十分爱才的狄仁杰认为窦怀贞是个人才，于是狄仁杰就向朝廷举荐了他，使他得以快速升迁。

窦怀贞还真不贪，终其一生，始终保持着俭朴的生活习惯。哪怕他贵为宰相，去世的时候家里也只剩下了一些粗米。但这也是窦怀贞为官仅有的一个优点了。他当官特别能钻营投机，最善于见风使舵。

中宗时期，窦怀贞见到韦后权势显赫，就自己把名字给改了。他说皇后的父亲叫韦玄贞，我叫窦怀贞，我俩名字中有一个字一样，算是犯了皇后家族的名讳。由于他字从一，所以之后他就只说自己叫窦从一。

窦怀贞干的一件最为士人所不齿的事，就是娶了韦后的乳母王氏为妻。有一年春节前，中宗在宫中举行盛大宴会，召公卿、学士、诸王、驸马等人来宫里守岁。在大家吃得差不多的时候，中宗打算开窦怀贞的玩笑。中宗对他说，听说你夫人早就去世了，我也很为你操心啊。今天是除夕，正是好时候，我给你介绍

第九章 女主再现——中宗后期混乱的朝局

个好媳妇吧,借这个机会,你们当场就结婚。对于这个儿戏的提议,窦怀贞不仅没有拒绝,还立刻下跪谢恩。等到婚礼办完,窦怀贞一看才发现原来新娘子是皇后的乳母王氏。

这已经很丢人了,结果后来中宗还册封王氏为莒国夫人,将她正式嫁给了窦怀贞。窦怀贞不以为耻,反以为荣,认为他获得了皇家的恩赐。唐人当时俗称乳母的夫婿"阿㚢",所以每次窦怀贞求见皇帝或上奏的时候都自称"翊圣皇后阿㚢"。当时人嘲笑他是"国㚢",他甚至还有点扬扬得意。唐隆政变后,韦后和安乐公主被杀,窦怀贞唯恐连累自己,就主动将王氏杀了,以此保住了身家性命,被贬为濠州司马。

就在一片阿谀声中,有人察觉到了危险,犯颜直谏。首先是定州一个名叫郎岌的平民上书皇帝说韦皇后和宗楚客就要作乱了。结果被乱棍打死。然后是在唐隆政变爆发前一个月,许州司兵参军燕钦融再次上书称皇后淫乱,干预国政。安乐公主、武延秀、宗楚客等人意图危害国家。中宗把燕钦融叫过来当面问话,他仍然神色不改,坚持进谏。中宗正陷入深思的时候,哪想到宗楚客已经命令飞骑冲上去把燕钦融拉起来扔到大殿前的石头上。燕钦融摔断了脖子,死了。宗楚客等人在皇帝面前大呼小叫地庆祝,让中宗很不高兴。中宗的态度,让韦后一党开始害怕。

尾 声
尘埃落定——唐隆政变与先天政变

在中宗朝后期,韦后的势力急速扩张。对韦后来说,好的一面是,将很多朝臣笼络到自己的门下;坏的一面是,朝廷上的矛盾焦点被吸引到她的身上。尤其是韦后频繁效仿武则天的做派,让很多刚刚重回大唐的朝臣都不适应。

尽管中宗对武则天的态度急速转变,甚至已经强调武周和李唐是一体,从而让朝臣不好明确反对韦后的做法,但暗中积蓄的反对力量还是涌向了较为沉默、却一直保持影响力的两位李唐当家人——相王和太平公主那里。

尾　声　尘埃落定——唐隆政变与先天政变

随着中宗不明不白地暴毙，韦后一伙人由于占有信息优势而获得主动权。在安排了小皇帝即位的情况下，韦后选择了临朝称制，用韦家人控制军队，用其党羽控制朝局，女主似乎又要降临大唐天下。安乐公主甚至又做起了从皇太女到登基为女皇的美梦。

韦后这次至少遭到了三种势力的阻击。除了朝臣不愿意再次接纳新的女主之外，李家也出现了两位实力派人物——太平公主和李隆基反对韦后。是的，相王没有出面，出面的是他的儿子李隆基。李隆基几乎是在一夜之间就从对政坛毫无影响力的年轻贵族，变成了在朝中举足轻重的成熟政治家，展示了高超的政治能力。

经过了唐隆政变的洗礼后，睿宗再次登基做了皇帝，朝廷政局也为之一新。这并非睿宗的政治能力有多强，而实在是韦后势力集团人数太多，几乎把从武周以来活跃在朝堂的各类反面人物都囊括了进去。将这些人物清理出朝堂后，朝廷里也就清爽多了。

不过，清爽不代表清净。太平公主和李隆基这姑侄两人又开始了对朝政控制权的争夺。在历史记载中，太平公主被塑造成了强势进攻的一方，李隆基则是只能退缩防守的形象。实际情况当然不是这样的,由于李隆基朝政根基太浅,实在是没有办法通过朝局博弈抗衡太平公主,所以他一直在暗中积蓄力量。

睿宗的态度成为关键的转折点。太平公主一再要求自己的哥哥注意这个危险的儿子,却没想到睿宗干脆把李隆基立为太子,然后又传位给他,自己躲起来去当太上皇了。能够三让帝位,睿宗实在是有趣的人。

李隆基当上了皇帝,手里能够控制的力量就不是太平公主能比的了。他和姑姑太平公主之间的斗争又通过一场决赛般的政变见了分晓。所以尽管经历了如此长时间的混乱,李隆基接手的中央朝局其实并不复杂,使得他很快就能依靠姚崇、宋璟两位贤相整顿朝局。大唐也就迅速迎来了第二个盛世——开元盛世。

一、中宗之死与韦后临朝

中宗是在710年六月突然暴毙的,之前根本没有任何预兆。所以一直以来大家都说他是遇害了,而且就是韦后势力集团毒死了他,但对于是谁下的手,各家的观点都不一样。

一些当时流传下来的材料显示,下手的人是当时的宰相、韦后的堂哥韦温。《安乐公主墓志》则将幕后凶手指向了韦温和安

尾　声　尘埃落定——唐隆政变与先天政变

乐公主的第二任丈夫武延秀。在《资治通鉴考异》转引的唐朝实录与《旧唐书》的相关传记中又将中宗去世后出现的乱局归咎于武延秀、宗楚客等人。

《资治通鉴》给的说法是，韦后有两个情人——会医术的散骑常侍马秦客和会做饭的光禄少卿杨均，他们怕自己和韦皇后的奸情被泄露。而安乐公主想让韦后称帝，她当皇太女。所以这些人商量好之后，在送给中宗的饼里下毒，毒死了他。也就是说上述记载将最终凶手指向了韦后与安乐公主。

历史记载中，第一次有人明确指出韦后毒死了中宗皇帝，是在李隆基发动唐隆政变的那天晚上，他给禁军做思想动员时说，韦后毒杀了先帝，想要颠覆国家。我们今天晚上就要诛杀韦后势力集团，他们家里个子比马鞭高的人都要杀。然后我们拥立相王以安天下。

现代史学家对以上说法提出了质疑，并且认真回溯了这些观点到底是怎么在历史中一步步形成的。因为要涉及大量的版本学知识，还要对史料进行溯源所以其中的过程很枯燥乏味。但在喜欢探究历史的人眼里，这个过程又很有趣，就像警察侦破案件一样，一点点在历史资料里抽丝剥茧，排除掉那些后来者出于各种目的强加在史书中的不真实记载。

历史学家已经基本确认，各部史书都对史实进行了大量的修改或者添加了很多暗示，树立了韦后等人篡权者的形象，为后来的唐隆政变赋予合法性，进而也确立了唐玄宗即位的正统性。韦后是中宗之死罪魁祸首的观点，也是逐步形成的。随着唐隆政变的爆发，韦后等人被置于政变合法性的对立面，所以中宗之死必然要由她们负责。

但是经过这么一通研究之后，大家虽然否定了韦后害死中宗这件事，却始终找不到"真凶"。

由于实在没有可以参考的定论，也不好说到底是谁害死了中宗，又或者说中宗是突然遭遇了什么变故。因此，我们还是把关注点放在中宗死后的朝局上。不管怎么说，中宗死了之后，韦后势力集团企图完全把控朝局，这些记载还是比较可靠的。

韦后第一时间知道了中宗死亡的消息，然后她为了掩盖消息，秘不发丧，为自己争取时间，将朝政大权揽在手里。谋划了一整天后，在中宗死后的第二天，韦后把宰相找了过来，通知他们中宗逝世的消息，并公布了自己的安排。

韦后首先要抓的就是兵权。她让宰相韦温总知内外兵马，掌握最高兵权，防守宫廷。中书舍人韦元徼巡视京城，维持治安，防备有人作乱。令韦播、高嵩为羽林将军，管辖万骑，盯住最容

尾　声　尘埃落定——唐隆政变与先天政变

易作乱的北衙禁军。同时，为了防止京城禁军不可靠，韦后专门调集了各处折冲府的5万兵马进驻京城，由驸马都尉韦捷（娶成安公主）、韦灌（娶定安公主），卫尉卿韦璿、左千牛中郎将韦锜、长安令韦播以及郎将高嵩等分领之。与此同时，为了防止被她发配到外地的李重福听到李显驾崩的消息后起兵争夺皇位，又让左监门卫大将军薛思简率领500兵马赶往均州防备。

上述人员中，除了高嵩、薛思简外，均为韦氏族人，可见韦后企图依靠军队将京城牢牢掌控在自己手中。不过由于这些人员之前并无统率禁军的经验，突然成为禁军将领后，只能通过严苛的刑罚来树立威信。这对于平时待遇一直很好的禁军来说当然很不习惯，所以他们反而成为韦后掌权的不稳定因素。

随后，她提拔亲信吏部尚书张嘉福、中书侍郎岑羲、吏部侍郎崔湜并同平章事，充当宰相，留在朝中帮她处理朝政。刑部尚书裴谈、工部尚书张锡也一并同中书门下三品，担任宰相，到东都担任留守，控制东都局面。

当控制住长安、洛阳两地的局势之后，韦后开始筹划皇位继承人的问题。所以该如何写皇帝遗诏就成为关键问题。在一般人看来，皇帝遗诏都是皇帝临死之前自己写的，至少也要皇帝授意，大臣代笔。但实际上并非如此，很多皇帝的遗诏都是在皇帝死后由大臣商量着写的。所以历史上才会出现那么多骂皇帝本人的遗诏。

李显是突然驾崩的,根本就来不及留下遗诏,所以他的遗诏也得由大臣写。但这次负责起草遗诏的臣子身份比较特殊,是太平公主和上官婉儿。她们俩商量立中宗唯一还在京城的幼子李重茂为皇太子,皇后韦氏实际掌握政事,相王李旦参预政事。对于这份遗诏,宗楚客对韦温说,皇后临朝听政,相王辅政,于理不通啊!相王和皇后可是叔嫂关系,叔嫂不通问,他俩同处一个大殿处理政务,该怎么处理这个礼仪难题?所以宗楚客和韦温率领全体宰相请求只要韦后临朝听政,收回李旦辅政的权力。期间宰相苏瓌表示反对,说遗诏的内容已经确定了,怎么能意便更改?不过,当他看到韦温、宗楚客向自己怒目而视,也就没有坚持,同意相王李旦改任太子太师。

一切都安排妥当之后,在李显驾崩后的第三天,终于为皇帝发丧并举行了皇后临朝听政的典礼。为了安抚李唐宗室,这次特别进封相王李旦为太尉,晋封李贤的儿子雍王李守礼为幽王,晋封李旦的长子寿春王李成器为宋王。

又过了三天,韦皇后将李重茂扶上了皇位。由于李重茂只有16岁,所以韦后以皇太后的身份继续临朝听政。又过了五天之

尾　声　尘埃落定——唐隆政变与先天政变

后，韦后命令纪处讷、岑羲、张嘉福持节巡视关内道、河南道和河北道，控制这三个在当时最为重要的地方。

这时候韦后已经算是基本平稳地控制了朝局。在南北衙禁军、国家机关都已经被韦家人控制的情况下，韦后的党羽宗楚客、太常卿武延秀、司农卿赵履温、国子祭酒叶静能以及她的娘家人都开始劝说她效仿当年的武则天登基称帝。宗楚客还特意向韦后秘密地上了一份奏疏，说已经到了韦氏取唐而代之的时候。如果大家还记得的话，就在不久前，宗楚客可是专门派人向中宗列了8条大唐天下能传100代的充分理由。

但谁都没想到的是，就在这一片平静的表象之下，韦后从来没有关注过的一个政坛新秀即将出场并摧毁韦后的一切安排。他就是当时的临淄王、后来的唐玄宗李隆基。

二、李隆基与唐隆政变

从现在的各种记载来看，李隆基从小就是一个特别有魄力的人。李隆基7岁的时候就已经开府，有一次他去朝拜皇帝，金吾将军武懿宗看到李隆基的车骑仪仗威严整齐，就想找他点儿麻烦。李隆基小小年纪却毫不畏惧，理直气壮地责问："吾家朝堂，干汝何事？敢迫吾骑从！"据说武则天知道这件事后，当场夸了李隆基，说："此儿气概，终当是吾家太平天子。"

还有一个关于李隆基的小故事，非常能体现出李隆基那种盛世天子从出生就带有的骄傲之气。李隆基早年的时候在潞州（今山西长治附近）当别驾，有一年他去京城朝拜皇帝。一路上他都谦虚谨慎，避免招惹事端。直到进了长安，走到昆明池旁边的时候，有很多权贵子弟也在此游玩。李隆基鲜衣怒马，胳膊上驾着鹰，直接冲了过来。这些权贵子弟很不高兴，就有一个人在船上大声喊，我们今天来各自比比家世吧。诸人当然都是各自夸赞祖上如何荣耀。李隆基也掺和了进来，他说，我曾祖是天子，祖父也是天子，我父亲是相王，我是临淄王李某。这帮权贵子弟吓得一哄而散。

武则天长寿二年（693），李隆基被封为临淄郡王，然后他就在各地辗转历练。直到景龙三年（709），中宗皇帝要举行南郊礼的时候，李隆基才回到京城并且定居下来。从这里可以看出，李隆基在京城开始活动，并最终发动军事政变的准备时间实在是太过匆忙了。不过李隆基并非单打独斗，而是有太平公主无处不在的支持。

李隆基虽然在京城的根基很浅，但他还是集结了一批势力，

尾　声　尘埃落定——唐隆政变与先天政变

尤其是北衙禁军的中下级军官。李隆基早就判断出朝廷要有大乱，所以几乎是一回到京城就开始四处活动，拉拢各方面的人。他最开始只是借助自己出身禁军的家奴王毛仲去接触禁军将领，收获不大。但是拜韦家人所赐，禁军军官开始主动联络李隆基。前面说过，韦家人由于没当过军人，为了在军中树立威望，经常惩罚士兵。所以禁军中以葛福顺、陈玄礼、李仙凫、麻嗣宗为代表的下级军官，就主动联络李隆基。李隆基透露出要诛杀韦皇后的消息时，他们都积极报名，表示誓死效命。这样李隆基发动政变就有了军事基础。

除此之外，他还结交了一些志同道合的中下级官员作为他的同谋。比如曾经劝五王诛杀武三思的前同州朝邑县尉刘幽求，兵部侍郎崔日用，宫内的尚衣奉御王崇晔、宫苑监钟绍京，等等。他们负责在外部谋划。以上所有人和李隆基之间的联络途径都完全保密，他们之间很少直接接触，而是通过宝昌寺僧普润、东明观道士冯处澄等人间接传递消息。

尤其是兵部侍郎崔日用，他本来是韦后势力集团的党羽，与宗楚客的关系很好，李隆基算是在敌人的核心位置安插了一个间谍。安乐公主及其党羽曾经策划要动手诛杀相王李旦和太平公主，崔日用通过宗楚客知道了他们劝韦后发动取代唐朝的行动以

神龙政变：重回大唐

及要他们对相王和太平公主动手的计划。于是，崔日用通过普润把消息传递给了李隆基。李隆基和太平公主等人商量之后，决定提前动手。太平公主派了自己的儿子薛崇简以及王府官王师虔等人加入李隆基的政变队伍。

政变这天，李隆基和刘幽求便装潜入宫苑来见钟绍京。钟绍京是宫苑监，需要他配合打开门禁，李隆基的军队才能闯过禁军的防守，直接抵达玄武门下。结果这时钟绍京后悔了，想退出。他的妻子许氏站出来劝他，你是为国锄奸，老天也会帮你的。而且你们之前就定好了一起行动，现在你哪怕退出了，以后追究的时候也跑不了。钟绍京这才坚定了信念，出来见李隆基，并且带了200多名工匠，拿着干活用的斧头、锯子参加政变。

李隆基顺利抵达玄武门附近的禁军军营，和葛福顺、陈玄礼、李仙凫等人见了面。二更一到，政变准时发起。葛福顺率先带兵闯入羽林军营中，斩杀韦璿、韦播、高嵩。随后葛福顺跟禁军将士说是韦后毒死了中宗，我们要拥立相王这番话。葛福顺成功控制羽林军之后，回来告知李隆基。李隆基立刻和刘幽求率兵从宫苑南门出发。李隆基安排葛福顺率领左骑军攻玄德门，李仙凫率领右骑军攻白兽门，然后到凌烟阁前会合。这两路兵马立刻大喊着冲破了宫门防御，进入皇宫。李隆基率领羽林军和那些工

尾　声　尘埃落定——唐隆政变与先天政变

匠直接攻入玄武门，一路冲到了太极殿门口。这时候太极殿前还有看守中宗灵柩的卫兵，他们也都披上铠甲，加入了李隆基的队伍。

大乱之下，韦后跑到了飞骑营中寻求保护，却被飞骑兵斩首献给李隆基。安乐公主更惨，还在化妆就被士兵杀了。武延秀死在了肃章门外，贺娄氏死在了太极殿西。最可惜的是上官婉儿，她和太平公主一直暗中有联系，这次她草拟遗诏的时候还专门写了让相王辅政。所以她以为自己和李隆基是一伙儿的，大军杀入宫中的时候，上官婉儿还拿着灯笼、带着那份遗诏的草稿去迎接李隆基。但李隆基也没管那么多，直接把她杀了。

关于上官婉儿，因为几年前新出土了她的墓志，所以很是火爆了一阵子。不仅社会上炒作她是才女、政治能手，学术界也因为她墓志里的一些内容而争论了很久。不过笔者还是坚持自己的观点，上官婉儿只是一个在上层政治斗争中随波逐流的人，她有才华，也有政治能力，但没有政治气节，也没有突出的政治品格。在各个势力之间左右逢源，总有翻船的那一天。她的死，很可惜，既是为她的才华，也是为她不得已卷入政变之中的遭遇。她的死，不可怜，因为是她自己选择了这一条路。

相较于韦后和安乐公主一直被钉在耻辱柱上，从出土的墓志内容和墓室规格来看，上官婉儿死后的经历也很坎坷。政变结束后，在太平公主的主持之下，她经历了一次平反，恢复了昭容的身份，按品级重新安葬，被追赠谥号为惠文，等等。但李隆基斗败了太平公主之后，又破坏了上官婉儿的坟墓。不过最终政局平稳之后，李隆基还是给了她平反后的待遇，出版了她的诗集，并让著名文学家张说作序。

至此为止，随着中宗时期女主政治的三个重要代表人物全部香消玉殒，所谓的女主政治也就基本结束了。可见，那个"女性时代"就是这么脆弱。

少帝李重茂在太极殿内，也被他们抓住了。刘幽求说我们约好了今天要推举相王为天子，现在就是好机会啊。刘幽求的意思是现在就直接废黜李重茂。但李隆基很冷静，他知道现在不是好时机，还是要等到政变完成以后，走一个更加正式的流程为好。于是他制止了刘幽求，开始部署封堵四面宫门，斩杀宫内所有韦后的亲信。直到天亮以后，一切才尘埃落定。

在政变之前就有人提出，这么重大的事情，应该先禀告李旦。李隆基不同意。他说，虽然我们都是为了江山社稷，而冒着风险去干这件大事，只是风险很大啊！如果成功，我们还能归功于相王，可要是失败了，那就牺牲掉我们自己，不要牵连相王。

尾 声 尘埃落定——唐隆政变与先天政变

而且如果相王不同意我们的计划怎么办，我们听还是不听？现在事情成功了，所以李隆基立刻亲自拜见自己的父亲相王李旦，并告知他政变的详情。父子两人抱头痛哭之后，相王立刻入宫，以辅政的名义去见少帝。然后带着少帝站在城楼一起安抚京城的百姓。

而李隆基则继续指挥大军封闭宫门和京师城门，部署追杀韦后余党。宰相韦温在东市北面被杀。宗楚客穿了孝服、骑着驴，和宗晋卿准备逃跑，在通化门被抓住，就地处斩。宰相韦巨源在大街上被乱兵所杀。马秦客、杨均、叶静能等人一个都没跑掉，全都被杀。崔日用更是派兵把韦后家族的人包围在杜曲，除了尚在襁褓的婴儿之外，其他人全部被杀。纪处讷和张嘉福两人在外巡视，也被抓住，被就地斩杀。这次政变连武氏家族也没有被放过，武氏之人不是被杀，就是被流放。

不过杀戮大致到此停止，朝廷发布诏令通告天下，罪魁祸首都已经被杀，从今以后其他余党都不再追究。唐隆政变至此结束。韦后势力集团在经历了短暂的辉煌之后，迅速消逝。她们不仅是政治生命的终结，而且是生物学意义上的消亡。

三、太平公主的权威

在这个时期一场政变的结束并不意味着朝廷获得了安宁,而是意味着又一轮势力角逐的开始。从六月二十日夜,李隆基发动政变,到二十五日相王正式登基,这五天的时间里,太平公主和李隆基就迅速从共同对付韦后的盟友,变成了争夺权力的对手。

政变结束最先获得利益的是当天晚上由李隆基带领的行动人员。临淄王李隆基被加封为平王,同时兼领宫内的内外闲厩和左右万骑禁军。薛崇简封立节王。钟绍京为中书侍郎,刘幽求为中书舍人,两人同时负责处理机密事务。尤其是刘幽求,在被正式任命为中书舍人之前,就已经开始履行职责,草拟并发布了数百道诏书。而这些诏书的拟定显然都是由李隆基授意的,既不是出自辅政的相王李旦,也不是出自名义上的皇帝少帝李重茂。这充分反映出李隆基希望抓紧一切时间夺权的心理。

在初步夺取权力之后,李隆基开始担任殿中监、同中书门下三品、陇右群牧大使。同中书门下三品是宰相,很好理解。李隆基为什么会要一个陇右群牧大使的名号就很值得玩味。陇右群牧大使管理的是在陇右地区的官方牧马,这是唐廷最大的军马来源

尾　声　尘埃落定——唐隆政变与先天政变

地。而李隆基兼任内外闲厩使，也就是控制了宫里的所有军马。李隆基这两个头衔一并列，就可以发现，他已经基本控制了京城和全国的大部分军马。有了军马当然就有骑兵。恰巧他还统领着左右万骑军，这就意味着李隆基手中有了京城最强大的骑兵部队。可见李隆基夺权的基本目标非常明确，那就是要牢牢地掌握军队。

太平公主倒也没忘了军权，但她采用的是分散统兵权的手段。封宋王李成器为左卫大将军，衡阳王李成义为右卫大将军，巴陵王李隆范为左羽林大将军，彭城王李隆业为右羽林大将军，光禄少卿嗣道王李微为检校右金吾卫大将军。这些人里面除了嗣道王李微之外，都是相王的儿子。太平公主显然是想着李隆基不可能跟这些兄弟直接争夺军权，从而达到分散禁军控制权的目的。

不过太平公主的思路和李隆基截然不同，她想的是赶快实现皇位更迭，立下拥立大功，进而实现控制朝局。于是在政变之后，尽管李隆基率先抓住了少帝，却是太平公主一手策划了少帝让位给相王李旦的行动。

中国古代特别讲究让位的程序，决不能让位一次就同意，一般都要谦让三次。所以李重茂第一次让位的时候，李旦没有接受。

于是刘幽求劝李旦的长子宋王李成器和三子平王李隆基,希望他们能让李旦赶快即位,不要再讲究这些小节。李成器和李隆基赶快去见相王李旦,好说歹说,相王终于同意了。

这天,少帝坐在太极殿里的御座上,背向东方,面向西方,相王李旦站在了中宗的灵柩旁边。太平公主装模作样地问大臣,皇帝主动想把皇位让给叔叔相王,大家觉得行吗?刘幽求带头跪地发言,国家正是危难之际,少帝仁德,能比得上尧舜。相王慈爱,如果代替少帝的话,一定能担起这个重任。刘幽求果然是写官方文章的好手,愣是把一次典型的逼宫,说成了少帝仿效尧舜,主动让贤的义举。

既然刘幽求已经代表大臣发言了,那就等于大臣们都同意了。太平公主立刻掏出了提前写好的诏书,以少帝的名义发布了退位宣言。而少帝全程都是蒙的,直到这时他还坐在御座上,不知所措。太平公主以为少帝不愿意,就跟他说,天下已经归心相王,这个座位不属于你了。然后就派人把他提起来,扔了下去。睿宗即位以后,立刻按照程序登上承天门,和天下百姓见面。这是他第二次登上皇位了,追平了哥哥李显的记录。

在皇位更迭完成之后,睿宗立刻决定立太子。太平公主对此倒是不太担心,因为睿宗的嫡长子就在他身边,也就是宋王李成

尾　声　尘埃落定——唐隆政变与先天政变

器。不论是论嫡论长,只要睿宗按照礼法,那太子的位置就一定是宋王李成器的,而不可能是李隆基。但事情偏偏出现了变化。

李成器非常有自知之明,他知道他这个三弟不简单,现在不给他太子的位置,恐怕以后要遭罪。所以李成器立刻向睿宗上了一道奏疏,表示国家安定的时候可以立嫡立长,但是国家危难的时候就一定要先立有功的皇子,我绝对不会位居平王李隆基之上。随后李成器拿出了他父亲当年的架势,连续哭着向睿宗求了好几天。以刘幽求为首的大臣也都同意把太子之位给李隆基,说他有拯救江山社稷的功劳,没有比他功劳更大的人了,而且他也很贤德,太子之位给他绝对没错。

睿宗比他哥哥中宗李旦聪明的地方就在于他非常识时务,也非常知进退。睿宗一看这个情况,立刻就同意了让李隆基当太子的要求。李隆基当然也表示推辞。睿宗说,不行,就得是你。李隆基顺坡下驴,说,那行吧。

虽然在立太子这方面吃了亏,但太平公主在朝政控制权方面获得了大胜。借着政变之后论功行赏和惩罚罪臣的机会,太平公主大肆安插自己人,而排斥其他派系之人,几乎实现了对朝政的垄断。

首当其冲的是在朝中代表李隆基势力的最核心的两个人——

钟绍京和刘幽求。钟绍京的经历简直像是坐过山车，他在成为中书舍人之后，很快就被提拔为中书令，但凳子还没坐热，三天后就被罢免为户部尚书。刘幽求则由中书舍人改任为尚书右丞、从两人的职务变化来看，钟绍京确定无疑是被贬职了，而刘幽求却被明升暗降。因为他们都被调离了政务运行的最核心环节，由于远离决策中枢，这两个官职的重要性远不如中书舍人。虽然两人依旧可以知政事，但既然本职已经发生变化，那对政事的参与程度就已经被削弱。在这个政局未稳的情况下，李隆基安插在中书省的两个心腹都被调走，这对他来说无疑是个打击。

然后由于在前朝与韦后有瓜葛，一些刚刚被贬官五天的官员就又被提拔了。宋州刺史韦嗣立、许州刺史萧至忠重新当上了中书令，绛州刺史赵彦昭为中书侍郎，华州刺史崔湜为吏部侍郎，他们一同加"平章事"衔，都成了宰相。紧接着姚崇重新回到了权力核心，担任兵部尚书，加同中书门下三品；宋璟任检校吏部尚书、同中书门下三品，也成为宰相。值得注意的是，这次任命的宰相，虽然不都是太平公主的亲信，但确实没有一名官员与李隆基关系密切。也就是说短短几天之内，随着这些官员的任命，李隆基在朝中的势力几乎全被排除出了权力核心。李隆基一度丧失了对于朝政的参与权，这可不是太子该有的政治待遇。

尾　声　尘埃落定——唐隆政变与先天政变

太平公主本来就是神龙政变的幕后功臣，这次又是唐隆政变的功臣，她已经积累了足够的政治威望。现在太平公主又极大扩张了自己的势力，成了真正的实权派。李隆基虽然被排除出了政治核心，但他还是太子，仍然牢牢地控制着军权。所以睿宗一时之间被夹在了两个实力派之间。睿宗经常要和太平公主一起商议国家大事，因此太平公主每次入宫，都会和皇帝说很久的话才走。而如果某天太平公主没有进宫朝谒，睿宗就会让宰相到太平公主家里去商议朝廷政务。每次宰相有所请示的时候，他都要先问问，和太平公主商量了吗，和太子商量了吗？如果都商量了，那他就直接同意了。

这个时期，太平公主想办的事，就没有办不成的。她说的话，睿宗皇帝一定会听。自宰相以下的所有人事变动，太平公主一句话就办了。她推荐的清要官员数不胜数，比安乐公主还要去卖官鬻爵强多了。

太平公主势力最强盛的时候，朝廷里7个宰相，有5个出自她的门下。而且她废置宰相自如，睿宗皇帝什么都听她的。比如有一次睿宗专门登上发布重大诏命的地方——承天门，然后把韦安石、郭元振、窦怀贞、李日知、张说5个宰相都叫过来训话。他说现在国家形势很不好，水旱灾害多，国家却没钱，吏治也越来越腐败。虽然从根上说是我这个皇帝不行，但你们也不是当宰相的材料，都罢免了吧。于是将韦安石改为左仆射、东都留守，郭元振改为吏部尚书，窦怀贞改为左御史大夫，李日知改为户部尚书，张说改为尚书左丞。然后又以吏部尚书刘幽求为侍中，右散骑常侍魏知古为左散骑常侍，太子詹事崔湜为中书侍郎，都加同中书门下三品衔；中书侍郎陆象先为同平章事，几人全部被提拔为宰相。

这次集体更换宰相就是太平公主的意思。陆象先品行很好，被当时人所重视。而崔湜却劣迹斑斑，只不过因为和太平公主勾搭成奸，这才获得了升迁的机会。太平公主想把崔湜提拔为宰相的时候，他还想和陆象先一起被任命。这让太平公主都觉得看不过眼。在崔湜的苦苦哀求之下，太平公主也就答应了。太平公主跟睿宗一说，睿宗也摇头，甚至不愿意任命崔湜为宰相。但睿宗同样架不住太平公主的哀求，只好答应了。

当太平公主的权势达到顶峰之后，她看李隆基可就越来越不顺眼了。双方由此从间接对峙，进入到直接交手的阶段，进而引发了唐前期的最后一次重大政变。

尾　声　尘埃落定——唐隆政变与先天政变

四、尘埃落定的先天政变

　　唐隆政变之后仅仅4个月，太平公主就先向李隆基动手了。太平公主到处散布流言说，李隆基不是嫡长子，不应该由他来当太子。太平公主之所以要对李隆基下手，是因为她觉得李隆基比较难以控制，不利于她集权，想换一个能力差一点儿的太子。

　　可是，李隆基已经当上了太子，要换太子那就不容易了，所以太平公主才打算利用他的出身问题制造舆论。对于李隆基来说，出身问题是他永远也摆脱不了的问题。这件事倒也不用立刻见效，只要能引起议论就行。舆情汹汹之下，再加上其他问题，总有一天会搞掉李隆基。那这件事会不会引起议论呢？这就更不是问题了，太平公主的势力又不是摆设。谣言出现不久之后，睿宗专门下了一道诏命，让天下人不许再议论。这么看来，太平公主的目的已经达到了。

　　此后，太平公主接连采取了很多手段。比如派出专门的人员盯着李隆基，但凡他有什么动作，只要是能引发议论，就立刻上报给皇帝，让李隆基坐卧不安，让李旦脑子里时刻都是太子的恶行。

再比如，发动大臣向皇帝上书，要求必须换太子，理论根据当然还是李隆基非嫡长子。甚至太平公主亲自坐着辇车跑到宰相上下朝的必经之路光范门那里，专门截住宰相，劝他们上书换太子。有一次太平公主遇到了直性子的宋璟，她还是那套说辞。宋璟将她直接顶了回去："太子有大功于天下，就是这大唐社稷真正的主人，公主你为什么会提出要换太子啊？"

又比如，太平公主总是去睿宗面前各种暗示，说太子要造反，夺他的权。有一次，睿宗很神秘地把宰相韦安石找了过来，问他是不是现在朝廷里的人都倾向于太子，希望他能注意一下。韦安石马上回答说，陛下您怎么能说这种亡国的言论呢，这一定是太平公主的阴谋。太子对社稷有功，您不要听这些谗言。

太平公主正好在帘子后面偷听，这下气得够呛。她先是找了个理由要把韦安石下狱，幸好郭元振把韦安石了救出来。于是太平公主又用了明升暗降这招，任韦安石为左仆射，削掉了他的实权。

还有一次太平公主专门找了个术士，说五日之内当有急兵入宫。这就是赤裸裸地说要有人逼宫。谁能逼宫虽然没有明说，但当时掌握北衙禁军兵权的只有李隆基。幸好张说及时为李隆基解了围。他对中宗说，这句话一定是有人想要离间您和东宫太子的

尾　声　尘埃落定——唐隆政变与先天政变

关系，您只要表现出父子俩比以前更加亲密，例如让太子监国，那流言就会自己平息。

防守反击总不是长久之计，姚崇、宋璟联手去找睿宗，向皇帝提了个建议。宋王李成器是您的长子，豳王李守礼是高宗的长孙。这嫡长子、嫡长孙在朝中，太平公主又总是借机会找太子的麻烦，不如把这俩都外放为刺史吧。而且薛王和岐王也别当左右羽林大将军了，改为统领太子左右率吧，这样也能减少争议。最后就是请您将太平公主和武攸暨夫妻俩放到东都去住吧。睿宗听了之后回答，我已经没有兄弟了，只剩一个妹妹，怎么能将她放到东都去，这条不行。其他两条就按照你们说的办。睿宗为了让姚崇、宋璟好办事，还专门下了一道圣旨，说从今以后王爷和驸马都不许统兵。

不久之后，朝廷真的按照姚崇、宋璟两个人的建议，决定任宋王李成器、豳王李守礼为刺史，左羽林大将军岐王李隆范为左卫率，右羽林大将军薛王李隆业为右卫率。更出人意料的是，太平公主竟然被发配到蒲州（今山西运城）居住。

紧接着睿宗又下诏命让太子监国，六品以下官员的任免和一般轻罪的惩处都由太子全权决定。睿宗的这道诏命大概是根据张说的建议实行的。到了这一步，太平公主前期试探性的进攻算是

317

全面失败了。

太平公主听到这些消息之后都快气炸了。随后又打听到是姚崇、宋璟提的建议之后，就立刻去骂了太子李隆基一顿，让太子管好自己的人。李隆基只好退了一步，以离间亲人为名把姚崇和宋璟贬出了京城，宋王和豳王也不用离开京城了。

不过太平公主还是被送到了蒲州居住。如果太平公主能一直待在蒲州的话，那估计就没后面这些事儿了。但事情意想不到地出现了一个变化。睿宗皇帝突然把三品以上大臣都找过来，跟他们说，我以前就比较厌烦朝政，不仅让过皇嗣之位，也让过皇太弟（中宗加封）之位，现在又被抬上了皇帝宝座，我实在是不舒服。我想传位于太子，你们觉得怎么样？

文武大臣全都摸不准是怎么回事，吓得不敢说话。太子这边赶紧让右庶子李景伯劝阻，依附于太平公主的殿中侍御史和逢尧也劝皇帝千万不能传位。这才劝住了。但睿宗还是下令，以后国家所有的政务都由太子说了算，与军事有关的事儿、对涉及死刑案件审核以及五品以上官员的任命，你们都先找太子商量，然后告诉我一声就行。

这对于太子李隆基来说显然是好事，但惊喜太大了也容易是惊吓。太子怕是睿宗试探自己，于是赶紧上书说我想把太子之位

尾 声 尘埃落定——唐隆政变与先天政变

让给哥哥李成器,皇帝不许。李隆基只好揣摩皇帝的心思,再次上奏说希望能把太平公主请回来,这次皇帝同意了。

太平公主回来了,那斗争自然也就回来了。

先天元年(712)七月,太平公主再次出手。她派了一个术士到睿宗面前说,现在天象很不好,出现彗星了。彗星可是除旧布新的象征。那它具体指的是哪件事呢?术士说他发现原来象征皇帝的帝星和象征太子的心前星发生变动,这意味着皇太子要当天子啊。相信任何一个听得到这句话的人,都会觉得这很凶险,这是太子要逼宫啊。但睿宗的反应超出了所有人的预料,他说既然天象有预警,那我就遵从天意,传位给太子吧。

我累了,你们斗去吧,不陪你们玩儿了。

但是对太平公主来说,这可算是搬起石头砸了自己的脚,她怎么也没想到睿宗会是这个态度。于是太平公主紧急动员她的党羽,让他们一定要劝住睿宗。睿宗不为所动,坚持己见。太子李隆基很快也听到了消息,赶紧跑过来劝皇帝可不能这么干。皇帝劝太子说,你是有大功的,天下安定都是你的功劳,我这个皇位也是你给的。现在天象都预示了,你就别推辞了。太子还是不敢接受,睿宗只好说,你是个孝顺的孩子,何必等到在我的棺材前即位啊!

总之，睿宗来这么一手把两边都打蒙了。太平公主连太子都不想让李隆基当，怎么可能让他当皇帝，因此让她的党羽一定要劝住睿宗。而太子李隆基这边是拿不准睿宗到底是什么意思，万一睿宗只是试探，那自己的态度只要有一点儿不对，就是个死啊。

但睿宗是真的累了，他是唐朝，甚至是中国古代历史上少见的皇帝。第一次让出皇位也就算了，毕竟惹不起那个强悍的妈；第二次让出皇位继承人之位也行，还是惹不起那个强悍的妈；现在好不容易比自己资格老的都被熬死了，却还是惹不起自己的妹妹和儿子，那我再让还不行吗？

太平公主也不愧是政坛老手，她发现睿宗是真的想退位，实在是拦不住了，就马上转换思路，建议太上皇退位不退政，依然把持朝政。712年八月，睿宗正式退位，玄宗登基。太上皇自称"朕"，发出的诏敕叫"诰"，每隔五天去一次太极殿临朝听政。五日一受朝于太极殿。皇帝自称曰"予"，发出的圣旨叫"制"和"敕"，每天在武德殿听政。三品以上官员的任命和重大刑事处罚都由太上皇做主，其他的事情由皇帝做主。

如果和前面让太子监国的命令比较一下，就可以清楚地看到，睿宗这次退位非常不彻底。他仍然手握大权，只是不用管国

尾　声　尘埃落定——唐隆政变与先天政变

家日常事务了，皇帝甚至有些名不副实。这就是太平公主的高明之处，她借着睿宗这样的安排，仍然可以总揽朝政。但李隆基可就不高兴了，我凭什么当了皇帝还不能自己做主啊。

于是，两边的矛盾还是没有解决。而且从这以后双方再出手就不只是政治攻击那么简单了，而是快速升级成了不死不休的决战。不过，就在双方决战之前，还很意外地出现了一次预演。

当时朝廷里的宰相大多是太平公主的党羽。这时候玄宗的重要智囊刘幽求与右羽林将军张暐密谋，想率领羽林军把他们都杀了，以剪除太平公主的羽翼。刘幽求让张暐偷偷地告诉玄宗这个想法，玄宗觉得可行。但计划还没实施，张暐就把他们的密谋泄露给了侍御史邓光宾。玄宗得知后怕出纰漏，立刻率先禀告太上皇，说刘幽求等人有罪。刘幽求被逮捕入狱后，有关部门上奏说，刘幽求等人离间陛下的骨肉至亲，应当处死。唐玄宗又为刘幽求说情，才改判为流放。

玄宗这次密谋不成，刺激了太平公主一方抓紧行动。不过在进入先天政变之前，笔者想提前提醒大家，史书里记载的这段时间所有有关太平公主的活动，可能都不是真实的，而是经过了唐玄宗的精心修改。可是我们也没有什么其他更好的证据，只能根据这些记载尽力推测当时的真实情况。

神龙政变：重回大唐

先天二年（713年）六月。太平公主正式准备对玄宗发动政变。太平公主与宰相窦怀贞、岑羲、萧至忠、崔湜以及太子少保薛稷、雍州长史新兴王李晋、左羽林大将军常元楷、知右羽林将军事李慈、左金吾将军李钦、中书舍人李猷、右散骑常侍贾膺福、鸿胪卿唐晙，还有僧人慧范等人谋划了很久。他们最终确定了政变的基本手段是给唐玄宗下毒。

这就太侮辱智商了，一个堂堂的政治老手，外加5个宰相，一堆大臣，商量出来的政变手段竟然是非常不靠谱的下毒，让人不得不怀疑这是唐玄宗放出来的假消息。因为玄宗这边很快就收到了太平公主她们要下手的消息。

面对这个消息，唐玄宗的谋士王琚说，事情已经非常紧急，我们得先动手。甚至身处东都洛阳的张说都给玄宗送来一把刀，暗示他赶紧割断姑侄亲情，早点动手。荆州长史崔日用也跟唐玄宗说，太平公主已经密谋很久了，我们不赶快动手，万一让他们抢先，那就完了。事已至此，唐玄宗竟然犹豫起来。他说，我知道情况紧急，只是担心惊动太上皇。崔日用只好劝他，天子的孝敬在于安定四海。只要陛下先安定禁军，然后快速收捕逆党，就不会惊动太上皇了。

史书这段记载的漏洞实在是太多了，太平公主的密谋就像是

尾　声　尘埃落定——唐隆政变与先天政变

公开的计划一样，唐玄宗这边是个人就知道，甚至远在洛阳的张说都能提前好多天，专门给玄宗送一把刀暗示他。而玄宗所谓怕惊动太上皇的话，又实在是过于假惺惺了，一点儿都没有杀伐果断的气魄，根本就不像是玄宗本人的作风。

七月初一，魏知古告发太平公主打算在三天后动手，他们的计划是让禁军将领常元楷和李慈带领羽林兵突入武德殿，窦怀贞、萧至忠、岑羲等人在南衙举兵响应。这个计划看起来比上一个像样，但笔者仍然觉得值得质疑。不过这都不重要了，只要玄宗有借口就行。

唐玄宗听到魏知古的告密后，立刻与岐王李范、薛王李业、兵部尚书郭元振、龙武将军王毛仲、殿中少监姜皎、太仆少卿李令问、尚乘奉御王守一、内给事高力士、果毅李守德等制定反击计划。就在所谓太平公主政变计划实施的前一天，唐玄宗正式动手了。

他首先通过王毛仲调来自己管理的闲厩马，武装了300多精锐家丁，这些人就是玄宗的政变主力军了。看到这里，我们也许会有疑问。一个皇帝，发动一次针对臣下的清除计划，怎么连一支正规军都不能调动，还得用自己的家丁？这条记载可能是故意搞了个文字游戏。所谓家丁，应该是王毛仲豢养的精锐死士。而玄宗为了营造自己仓促迎战的假象，也故意略去了调动其他兵马的记载。因为纵观整场政变，玄宗根本就没有过对兵力不够用的担心。

史书里记载的政变过程是，唐玄宗亲自率领李范等数十名亲信出了武德殿，经过虔化门在北阙先行斩杀了常元楷和李慈，剥夺了太平公主一党对于北衙禁军的掌握。然后在内客省抓捕了贾膺福和李猷，又在朝堂逮捕了萧至忠和岑羲，在这里把他们一并处死。窦怀贞从水沟里逃跑，随后自缢而死，玄宗的人马赶到了之后仍然用刀砍他的尸体，后来又给他改姓为毒。

这时候太上皇听说发生了政变，急忙登上承天门城楼。郭元振赶到后奏报说，这是皇帝先前奉诰诛杀窦怀贞等人。唐玄宗很快也来到城楼上，太上皇只好下诰令，历数窦怀贞等人的罪状。第二天，太上皇睿宗下令，从今以后所有国家大事都交给皇帝，我就去颐养天年了。然后他就搬到百福殿去住了。

这一段记载也明显是被篡改的。所谓郭元振和唐玄宗很快来到睿宗旁边，很明显他们并非过来安抚太上皇，而是为了控制太上皇。就像是玄武门政变之后，尉迟敬德专门拿着兵器去找唐高祖，说是为了保护他的安全一样，其实根本是为了控制他。尤其是郭元振说的那句"皇帝先前奉诰诛杀窦怀贞等人"，这是明显

尾　声　尘埃落定——唐隆政变与先天政变

的胡扯。根据前面睿宗的安排，他退位之后发布的诏命才能叫"诰"。所以郭元振实际说的是玄宗奉太上皇的命令诛杀窦怀贞等人。如果真是这样的话，太上皇怎么能不知道他们今天动手？所以，郭元振的这句话只是为了给政变再披上一层合法的外衣而已。经过这次政变，睿宗也明白自己从此以后就是真正的太上皇了。因此，他也非常识时务地主动交出所有权力隐居去了。

不过从这次政变中我们还能发现一个问题，明明玄宗是为了诛杀太平公主一党，为什么一直强调诛杀的是窦怀贞等人，而在历史记载中甚至没有玄宗派兵去杀太平公主的记录呢？

笔者认为这还是玄宗部分修改历史记载了。真实的情况是，太平公主的主要势力都在朝堂里，杀了以窦怀贞为首的大臣，太平公主也就不重要了，她掀不起什么大浪。相对而言，更重要的反而是太上皇睿宗，他还保留着对朝政很大的控制权，只要他明确反对，那玄宗还是会遇到阻力。所以史书里专门强调了玄宗放下了对政变的部署，亲自控制睿宗。

而玄宗确实派兵去杀了太平公主，但他不想背上杀掉自己亲姑姑的骂名，所以将这段历史修改为太平公主跑到山里的寺庙，三天后才回来，然后被赐死。当然，这一部分记载也有可能是真实的，太平公主起码有了一个从容赴死的政治家风范。

但不管怎么说,太平公主风光的日子结束了。而随着她的失败,标志着神龙政变以来,各种政治集团和政治势力之间的较量最终结束了。先天政变是这30多年来所有政治势力的最后决赛。玄宗最终胜出了。

先天政变之后,胜利者玄宗登上了承天门宣布大赦天下。当年十二月,玄宗宣布把先天二年(713)改元为开元元年(713)。从此大唐的新盛世——开元盛世就要到来了。

后　记

行文至此，这本书的正文已经结束。还是觉得有些关于这段历史的话要说，或是意犹未尽，或是补充说明，不一而足。这里就再啰唆几句。

尽管在前言中已经表述过，但笔者还是想要着重说明一下。这本书虽然以"神龙政变"为主题，实际上讲的却是从684—713年这一长段历史时期。在这套"唐朝往事"系列里，正好匹配了从武周朝到玄宗朝之间的历史时段。在我看来，这一历史主线和时段的定位还是比较合适。

以"神龙政变"为标志，在短短几天之内，掌握政权20年，

神龙政变：重回大唐

称帝 15 年的武则天就被迫退位，完全交出了权力，并亲手终结了自己一手创立的大周王朝。由此，在鼎盛之时被突然篡夺国祚的李唐得以恢复社稷。如此重要的"神龙政变"史书却记载得很简略，甚至整个过程看起来是这样的：武周就是一座破房子，张柬之、敬晖等几个书生纠集了以李多祚为首的几百武夫，轻轻用脚一踹就给推倒了。

不过，这一场看似简单的政变其实一点儿也不简单，尤其是背后的政治较量根本上不了台面。历史学界争论它应该被称为"五王政变"还是"神龙政变"，实在不是闲得没事，而是基于对其历史性质、领导势力、政治目的等复杂因素的讨论，表现为名实之争。"神龙政变"发生得很突然，结束得也很快，单从政变本身来说非常成功，但它造成了很多历史遗留问题。

如果不了解武则天夺权的过程，武氏势力的形成，大臣的态度，李氏宗室的经历，武周政治的矛盾……就无法理解神龙政变为什么突然发生，而且轻易就取得了成功。要知道，在武则天的积极鼓励之下，当时政坛和社会上已经形成了一股风气，阴谋频发，告密成风，想谋划一次政变的难度非常之大。明朝锦衣卫的恐怖故事大家已经听过很多了，武周当时的恐怖气氛绝不亚于前者。甚至武周时期主要是靠互相告密，而不是有一个专门的情报

后 记

组织，可以说有过之而无不及了。

同样，如果不详解短促的神龙政变的内情，就无法理解重生的李唐为什么会立即陷入巨大的混乱之中。武则天长期执政形成的政治影响短期无法消退，中宗、睿宗如何处理与武周政治之间的关系，李氏宗室与武氏势力之间如何相处，新崛起的韦氏集团也要在政坛中分一杯羹……这一切问题的根源其实都是自武则天夺权以来在朝廷中积攒下来的政治张力造成的，以往只是被武则天强力掩盖了而已。神龙政变之后，由于中宗和睿宗在政治上的弱势，各类政治势力的能量充分膨胀，它们之间的激烈碰撞就表现为景龙政变、唐隆政变、先天政变等一系列严重的政治事变。直到玄宗与太平公主之间的决战结束之后，朝廷中的政治压力得到了较为充分的释放，玄宗才能安心搞建设，并迅速取得了名为"开元盛世"的成果。

从这个意义上来说，"神龙政变"的持续影响直到此时才完全消退。因此，笔者认为对"神龙政变"的讲述，既要上溯至武则天夺权之初，又要下延到玄宗掌权，也就形成了本书的基本逻辑线索和内容结构。

还有一点要说明。本书的最后一章涉及了两次政变，也就是唐隆政变和先天政变（其实还有一次李重福在洛阳搞的小政变，本书忽略未写）。从囊括的历史事件来说，体量比较大，却只挤到了一章里。而且与前面数章相比，内容要简略得多，历史情节的跳跃性更大，简单来说就是不如前面几章写得详细。这并非本书有意仓促收尾，而是基于多重考虑，大致来说可以归纳为三点。

其一，这本书的主题是"神龙政变"，正如前面所讲，其余政变都是它产生的政治余波。在此定位之下，围绕"神龙政变"最核心相关的前因后果的讨论才是主要问题，距离稍远而且重要性很强，甚至能单独写一本书讲述的政变就只能略讲了。

其二，这些政变与"神龙政变"的内容关联性很强。在叙述"神龙政变"的过程中，有关唐隆政变、先天政变的很多人物、矛盾、背景等内容，其实都已经涉及了。如此，在真正切入两次政变的过程叙述时，这些资料就不用再重复一遍，铺垫已经较为充分了。

其三，围绕两次政变的很多讨论不适合在这本书中展示。唐隆政变和先天政变在历史学界的讨论热度并不比神龙政变逊色。有关两次政变的很多讨论都已经极为深刻，矛盾争议也比较大，但这些内容的学术性太强，不是这本科普色彩比较浓重的小册子所能承载的。

有关这本书内容逻辑和篇章设计方面，笔者想交代的基本就

后　记

是这么多了。就这本书的写作过程来说，也算是比较坎坷了，甚至一开头就是个坑。我有幸参与这套丛书的撰写是在2022年11月，这是我独立撰写的第一本书，还是兴奋了一阵子。然后，现实很快就无情地告诉我写书这条路不是那么容易走的。12月，我病倒了，连续好几天烧到了39度。开始的时候身边连一粒布洛芬都没有，硬抗得我生无可恋。1月1日要交第一批稿子，我预估了一下，根本拿不出来，只好厚着脸皮向主编请假延迟交稿……结果，没想到整套丛书的作者都病倒了，很多人都交不了。

最后，这本书能顺利交稿，我要感谢很多人。主编耿元骊老师对整套丛书的撰写进行了非常详细的规划，让我能够很清楚地安排好各部分节奏。在撰写的过程中，耿老师也给予了充分的信任和积极的帮助，鞭策我最终按时完成了书稿。在写作过程中，我不止一次地克服过瓶颈，也有过很多次"灵光乍现"。我很清楚地知道，这些所谓的"灵感爆发"或是醍醐灌顶，其实都是基于长期学习积累下来的知识和良好学术训练带来的能力提升。所以，每到这个时候我都会不自觉地感谢自己学习生涯中传道授业的老师们，特别我的两位导师，杜文玉教授和张国刚教授。感谢老师们。

张　明